# 重庆市零售业蓝皮书

CHONGQING SHI
LINGSHOUYE LANPISHU（2016）

**（2016）**

曾庆均　张驰　宋瑛　王晓琪　张桂君〇著

西南财经大学出版社
Southwestern University of Finance & Economics Press
中国·成都

图书在版编目(CIP)数据

重庆市零售业蓝皮书.2016 / 曾庆均等著.—成都:西南财经大学出版社,
2017.10
ISBN 978 - 7 - 5504 - 3213 - 0

Ⅰ.①重… Ⅱ.①曾… Ⅲ.①零售业—经济发展—研究报告—重庆—2016
Ⅳ.①F724.2

中国版本图书馆 CIP 数据核字(2017)第 220817 号

**重庆市零售业蓝皮书.2016**

曾庆均 张驰 宋瑛 王晓琪 张桂君 著

责任编辑:李晓嵩
助理编辑:陈何真璐
封面设计:何东琳设计工作室
责任印制:封俊川

| | |
|---|---|
| 出版发行 | 西南财经大学出版社(四川省成都市光华村街 55 号) |
| 网 址 | http://www.bookcj.com |
| 电子邮件 | bookcj@ foxmail.com |
| 邮政编码 | 610074 |
| 电 话 | 028 - 87353785 87352368 |
| 照 排 | 四川胜翔数码印务设计有限公司 |
| 印 刷 | 四川五洲彩印有限责任公司 |
| 成品尺寸 | 170mm × 240mm |
| 印 张 | 14.5 |
| 字 数 | 250 千字 |
| 版 次 | 2017 年 10 月第 1 版 |
| 印 次 | 2017 年 10 月第 1 次印刷 |
| 书 号 | ISBN 978 - 7 - 5504 - 3213 - 0 |
| 定 价 | 88.00 元 |

# 序言

零售业是指以向消费者（包括个人和社会集团）提供所需商品及其相关服务为主的行业。零售业是最古老的行业之一。沿街叫卖是最早的零售活动的写照，人类早期的商业就是从这种沿街叫卖的行商中起步的。在市场经济条件下，商品资本转化为货币资本，马克思讲的"惊险跳跃"，一般是由零售来完成的，足见零售在社会再生产过程中的重要性。当今，零售业已成为国民经济中最重要的行业之一，在国民经济中占有十分重要的地位，其发展状况成为国家经济发展的"晴雨表"。零售业企业在世界 500 强中占 10%，在美国 50 强中占 20%。美国沃尔玛公司长期名列世界 500 强榜首。零售业已成为人们普遍关注的热点行业，电商与网购的兴起，在零售领域又掀起了一场"零售革命"，传统零售业的现代化成为时代发展的必然趋势。

重庆市零售业正是在直辖的环境与"零售革命"中快速健康发展，成为重庆经济发展的支柱行业。2015 年，全市零售商业面积突破 4 000 万平方米，零售从业人员超过 400 万人，保持全市非农行业第一位。长江上游地区购物之都建设成效明显，10 平方千米的中央商务区开发建设初具规模，建成城市核心商圈 30 个，其中零售额超过百亿的商圈 12 个；新建成社区便民商圈 152 个，建成市级商业特色街 10 条。2015 年，全市电子商务交易额达到 6 000 亿元，网络零售额 600 亿元，销售额 10 亿元以上的电子商务企业超过 10 家；百亿级商贸企业达到 10 家。城市共同配送加快发展，网订店取、智能快递柜等末端配送网络逐步形成；"万村千乡市场工程"实现全覆盖。纵观"十二五"时期，重庆零售业实力显著增强，长江上游地区商贸中心聚集辐射功能显著提升，为"十三五"建成"一带一路"重要流通节点和长江上游地区现代商贸中心奠定了坚实基础。

《重庆市零售业蓝皮书（2016）》是重庆市第一部零售业发展蓝皮书。本书针对"十二五"时期重庆市零售业的发展情况，系统总结了"十二五"时期重庆市零售业发展成就、经营能力、主要商品品类，就重庆市零售业在全国和长江经济带的竞争力进行了深入分析，并专题分析研究了重庆零售业发展历史、重庆农产品电子商务发展等问题。此外，本书紧扣国家"一带一路"和长江经济带发展战略、重庆市五大功能区域发展战略，对"十三五"时期零售业发展趋势进行了客观研判，并提出了对策建议。《重庆市零售业蓝皮书（2016）》既为政府进行宏观调控提供了决策依据，又为市内外投资者提供了参考依据，不仅有利于推动重庆零售业持续健康发展，也有利于推动重庆加快建成"一带一路"重要流通节点城市和长江上游地区现代商贸中心。

"十三五"时期，重庆市零售业面临结构性产能过剩、流通现代化水平低、结构调整和转型升级任务重等突出问题，但也迎来国家支持重庆建设自由贸易试验区、跨境电商综合试验区、中新示范项目等历史性机遇。重庆应准确把握战略机遇期蕴含的深刻变化，更加有效地应对各种风险和挑战，深化供给侧结构性改革，加强零售市场去产能，加快完善五大功能区零售业空间布局，大力实施"互联网+零售"行动计划，积极推动零售业创新驱动、转型升级，加快形成现代化零售流通体系。

"十三五"时期，重庆零售业会更美好！

# 目录

# 第一部分

## 综合篇

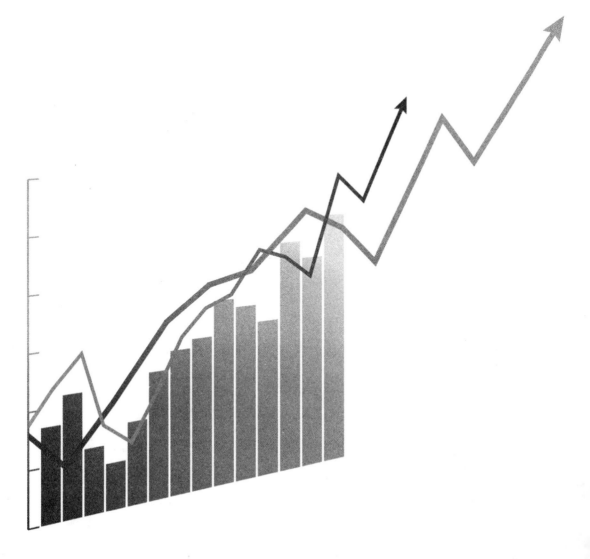

# 综合篇

# 第一章 "十二五"时期重庆市零售业 发展概况

## 一、社会消费品零售总额增速持续放缓，零售额贡献稳定

"十二五"期间，重庆市社会消费品零售总额增速放缓，由 2011 年的 18.7% 降至 2015 年的 12.5%；零售额对社会消费品零售总额贡献大且表现稳定，其占社会消费品零售总额比重维持在 85% 左右；零售额期末水平较期初实现近一倍增长。（具体见图 1-1）

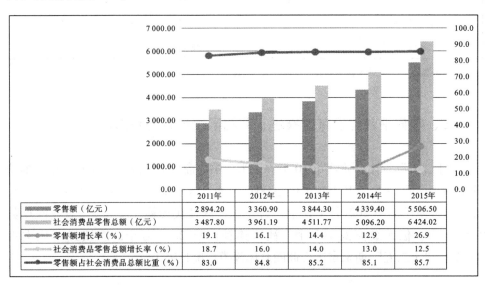

| | 2011年 | 2012年 | 2013年 | 2014年 | 2015年 |
|---|---|---|---|---|---|
| 零售额（亿元） | 2 894.20 | 3 360.90 | 3 844.30 | 4 339.40 | 5 506.50 |
| 社会消费品零售总额（亿元） | 3 487.80 | 3 961.19 | 4 511.77 | 5 096.20 | 6 424.02 |
| 零售额增长率（%） | 19.1 | 16.1 | 14.4 | 12.9 | 26.9 |
| 社会消费品零售总额增长率（%） | 18.7 | 16.0 | 14.0 | 13.0 | 12.5 |
| 零售额占社会消费品总额比重（%） | 83.0 | 84.8 | 85.2 | 85.1 | 85.7 |

图 1-1 "十二五"时期重庆市零售额与社会消费品零售总额及其增长速度

数据来源：2010—2016 年《重庆统计年鉴》。

## 二、大型零售设施发展态势良好，大型超市与购物中心优势渐显

重庆市大型零售设施发展态势良好，大型超市与购物中心表现出较好成长态势。截至 2015 年年底，重庆市已建大型零售设施共计 535 个，固定经营户数总计 38 600 户，固定从业人员总计 175 375 人。[①]（具体见表 1-1）

表 1-1　　　"十二五"期末重庆市大型零售设施总体规模情况表

| 指标<br>类型 | 网点个数<br>（个） | 经营户数<br>（户） | 从业人员<br>（人） |
|---|---|---|---|
| 大型超市 | 352 | 2 551 | 20 371 |
| 购物中心 | 60 | 14 492 | 54 900 |
| 百货店 | 56 | 9 509 | 36 657 |
| 专业店 | 15 | 2 520 | 5 852 |
| 专卖店 | 20 | 2 417 | 27 927 |
| 家居建材商店 | 32 | 7 111 | 29 668 |
| 合计 | 535 | 38 600 | 175 375 |

数据来源：重庆市 38 个区县商务局反馈数据，经课题组统计得出。

## 三、零售平台建设有序推进，商圈网络体系逐步形成

"十二五"期末，重庆市 10 平方千米的中央商务区开发建设初具规模，推动建成城市商圈 54 个，其中城市核心商圈 30 个，零售额超过 100 亿级商圈 12 个；建成社区便民商圈 202 个（其中，新建成社区便民商圈 152 个），商业网点数 5.68 万个，亿元级商圈 162 个，社区连锁门店 2.75 万个，连锁经营比重占 48.2%。"十二五"期末重庆市商圈总体规模情况见表 1-2。

---

①　根据国家《零售业态分类标准（GB/T 18106—2004）》和商务部《城市商业网点规划资料汇编》规定，依据重庆市零售业发展实际，本课题将营业面积超过 5 000 平方米的独立门市作为大型零售商业设施，主要包括大型超市、购物中心、百货店、专卖店、家居建材店、仓储式商场等。

表 1-2　　　　　　　"十二五"期末重庆市商圈总体规模情况表

| 指标<br>类型 | 个数 | 占地面积<br>（万平方米） | 营业面积<br>（万平方米） | 零售网点<br>个数 | 连锁网点<br>个数 | 年社会消费品<br>零售总额（亿元） |
|---|---|---|---|---|---|---|
| 商圈 | 54 | 5 728.36 | 2 349.90 | 122 264 | 11 412 | 3 174.86 |

数据来源：重庆市 38 个区县商务局反馈数据，经课题组统计得出。

截至 2015 年年底，重庆市已建成特色商业街 31 条（未计入城市核心商圈里面的综合性商业街以及特色美食街），其中市级商业特色街 10 条。主力业态主要包括专卖店、超市、百货店，主力业种主要涵盖购物、休闲、娱乐、旅游体验。

## 四、零售主体成长态势良好，规模化、品牌化程度不断提高

2015 年，重庆市全市零售业法人企业数量为 26 113 家，较上年增加 226 家。"十二五"期间，全市限额以上零售业法人企业数实现了快速增长，由 2011 年的 1 807 家增长到 2015 年的 3 180 家。2015 年实现零售额 3 684.7 亿元，比上年增长 15.6%，占全市社会消费品零售总额的 57.4%，其中前 100 强企业零售额为 1 700.8 亿元，比上年增长 13.7%，占全市社会消费品零售总额的 26.5%，占限额以上零售业法人企业的 46.2%。"十二五"时期重庆市限额以上零售企业分行业数量如表 1-3 所示。

表 1-3　　　　　　"十二五"时期重庆市限额以上零售企业分行业数量表

| 序号 | 行业 | 企业数量 | | | | |
|---|---|---|---|---|---|---|
| | | 2011 年 | 2012 年 | 2013 年 | 2014 年 | 2015 年 |
| 1 | 综合零售业 | 207 | 209 | 259 | 315 | 369 |
| 2 | 食品、饮料及烟草制品专门零售业 | 133 | 150 | 215 | 284 | 361 |
| 3 | 纺织、服装及日用品专门零售业 | 110 | 119 | 147 | 186 | 203 |
| 4 | 文化、体育用品及器材专门零售业 | 50 | 45 | 52 | 65 | 76 |
| 5 | 医药及医疗器材专门零售业 | 120 | 121 | 141 | 148 | 153 |
| 6 | 汽车、摩托车、燃料及零配件专门零售业 | 639 | 718 | 864 | 949 | 1 032 |
| 7 | 家用电器及电子产品专门零售业 | 300 | 325 | 364 | 415 | 450 |

表1-3(续)

| 序号 | 行业 | 企业数量 | | | | |
|---|---|---|---|---|---|---|
| | | 2011 年 | 2012 年 | 2013 年 | 2014 年 | 2015 年 |
| 8 | 五金、家具及室内装修材料专门零售业 | 199 | 194 | 247 | 368 | 425 |
| 9 | 无店铺及其他零售业 | 49 | 55 | 69 | 102 | 111 |
| | 合计 | 1 807 | 1 936 | 2 358 | 2 832 | 3 180 |

数据来源：相关年份《重庆统计年鉴》、课题组调研数据。

## 五、零售现代化发展迅速，现代零售技术普及较快

从连锁经营来看，重庆连锁经营企业发展迅速，限额以上商贸流通企业连锁比例在40%以上，在全国名列前茅。2015 年，全市连锁零售企业门店数 71 732 家，较上年增加 1 444 家，增幅为 2.05%。电子商务交易额为 59.6 亿元，同比增长 15.2%，占法人企业销售额的 2.2%；POS 刷卡销售额 605 亿元，同比增长 6.8%，占法人企业销售额的 22%；第三方配送率大型企业为 55%，中型企业为 28%，小微型企业为 15%。2015 年，全市电子商务交易额达到 6 000 亿元，网络零售额 600 亿元，销售额 10 亿元以上的电子商务企业超过 10 家，百亿级商贸企业达到 10 家。电子商务虽不断增长，但绝对交易额仍偏小，仅占法人企业销售额的 2.2%。POS 刷卡销售额占法人企业销售额的 22%。小微型企业的电子商务交易额、POS 刷卡消费交易额较少，中型、小微型企业的第三方配送率还有待提高。截至 2014 年年底，拥有超过 100 家门店的重庆本土零售企业仅 25 家。其中，专业店业态 13 家、超市业态 7 家、百货店业态 1 家，其他业态 4 家。（具体见表 1-4）

表 1-4　　**重庆市 100 家门店以上的零售企业基本情况表（2014 年）**

| 序号 | 企业名称 | 业态 | 连锁商号 |
|---|---|---|---|
| 1 | 重庆桐君阁大药房连锁有限责任公司 | 专业店 | 桐君阁大药房 |
| 2 | 云阳县腾龙商贸有限公司 | 超市 | 腾龙超市 |
| 3 | 重庆和平药房连锁有限责任公司 | 专业店 | 和平药房 |
| 4 | 中国石油天然气有限公司重庆销售分公司 | 其他 | 中国石油 |

表1-4(续)

| 序号 | 企业名称 | 业态 | 连锁商号 |
|---|---|---|---|
| 5 | 重庆鑫斛药房连锁有限公司 | 专业店 | 鑫斛药庄 |
| 6 | 万州区福意百货有限公司 | 超市 | 福意百货 |
| 7 | 重庆津科农业有限责任公司 | 其他 | 津科农业 |
| 8 | 万州区江南医药有限公司 | 专业店 | 江南医药 |
| 9 | 重庆绝味食品销售有限公司 | 专业店 | 绝味 |
| 10 | 开县孙氏商贸有限责任公司 | 超市 | 渝开心连心超市 |
| 11 | 重庆市新大兴爱家商业连锁有限公司 | 超市 | 爱家超市 |
| 12 | 重庆百货大楼股份有限公司 | 百货店 | 重庆百货、商社电器、新世纪 |
| 13 | 大足唯一食品有限公司 | 其他 | 唯一 |
| 14 | 重庆市万和药房连锁有限公司 | 专业店 | 万和 |
| 15 | 荣昌县老百姓副食超市 | 超市 | 老百姓 |
| 16 | 重庆丰谷农资荣昌连锁超市有限公司 | 其他 | 丰谷农资 |
| 17 | 万州区中兴医药有限责任公司 | 专业店 | 中兴医药 |
| 18 | 重庆医药合川医药有限责任公司 | 专业店 | 合川医药 |
| 19 | 合川区国泰生化药品有限责任公司 | 专业店 | 国泰 |
| 20 | 江津区新联佳商贸有限责任公司 | 超市 | 新联佳 |
| 21 | 合川区金利医药贸易有限公司 | 专业店 | 金利医药 |
| 22 | 重庆市涪陵医药总公司 | 专业店 | 桐君阁大药房 |
| 23 | 重庆重客隆超市连锁有限责任公司 | 超市 | 重客隆 |
| 24 | 重庆聚富再生资源有限公司 | 专业店 | 聚富再生资源 |
| 25 | 重庆新华书店集团公司 | 专业店 | 新华书店 |

资料来源:《2015中国零售和餐饮连锁企业统计年鉴》、课题组调研数据。

## 六、从业人员缓慢增长,保持全市非农行业第一位

2015年重庆市零售业法人企业从业人数为422 480人,较上年增加4 202人,增幅为1%;在内资企业、港澳台资企业、外资企业中的从业人数分别为386 866人、22 609人、12 948人,占比分别为91.57%、5.35%、3.06%。

# 第二章 "十二五"时期重庆市限额以上零售企业经营能力分析

　　"十二五"时期，重庆市大力推进商贸流通企业改革，培育发展大型商贸企业、商贸行业龙头企业、限额以上商贸企业、商贸微型企业及商贸企业品牌，形成以国有及国有控股商贸流通企业集团为骨干、民营商贸流通企业及个体商户为主体，外资商贸流通企业为补充的市场主体格局。同期，重庆市市场主体 90% 以上是民营企业和个体商户，社会消费品零售总额、商品销售总额 80% 以上是民营企业和个体商户的贡献。基于数据，本章分析限额以上零售企业经营能力。

## 一、基本经营情况

### （一）限额以上零售企业单位数

　　"十二五"时期，重庆市限额以上零售法人企业实现较快增长，增长率呈现"V"字形特征。2015 年年底，重庆市限额以上零售企业单位数达到 3 180 个，比"十二五"期初增长 76.0%。其中：2011 年实现跨越式增长，限额以上零售企业单位数达到 1 807 个，比上年增长 45.3%；2012 年增长率大幅跌落，限额以上零售企业单位数为 1 936 个，仅比上年增长 7.1%；2013 年开始，限额以上零售企业单位数增长率开始回升并逐步稳定，2013 年限额以上零售企业单位数为 2 358 个，比上年增长 21.8%；2014 年，限额以上零售企业单位数为 2 836 个，比上年增长 20.3%；2015 年，限额以上零售企业单位数为 3 180 个，比上年增长 12.1%。"十二五"时期重庆市限额以上零售企业增长情况如图 2-1 所示。

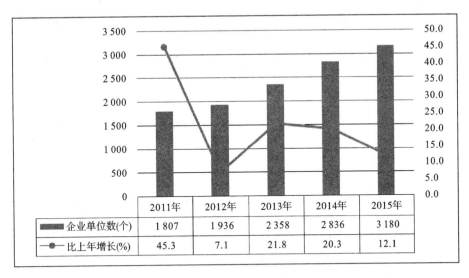

| | 2011年 | 2012年 | 2013年 | 2014年 | 2015年 |
|---|---|---|---|---|---|
| 企业单位数(个) | 1 807 | 1 936 | 2 358 | 2 836 | 3 180 |
| 比上年增长(%) | 45.3 | 7.1 | 21.8 | 20.3 | 12.1 |

**图 2-1 "十二五"时期重庆市限额以上零售企业增长情况**

数据来源：2010—2016 年《重庆统计年鉴》。

（二）限额以上零售企业年末从业人数

"十二五"期间，重庆市限额以上零售法人企业贡献就业能力持续增强，但年末从业人数年增长率波幅较大。2014 年年底，重庆市限额以上零售企业实现年末从业人数 202 286 人，比"十二五"期初增长 34.1%。其中：2011 年年末实现从业人数 150 871 人，比上年增长 25.9%；2012 年年末增长率大幅跌落，实现从业人数 157 785 人，仅比上年增长 4.6%；2013 年从业人数增长率迅猛回升，年末实现从业人数 187 399 人，比上年增长 18.8%；2015 年年末从业人数增长率大幅回落，实现从业人数 202 286 人，比上年增长 7.9%。"十二五"时期重庆市限额以上零售企业年末从业人数情况如图 2-2 所示。

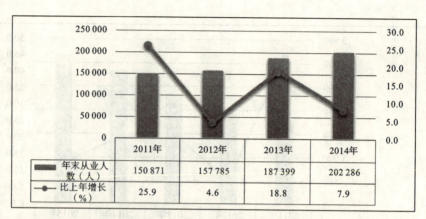

图 2-2 "十二五" 时期重庆市限额以上零售企业年末从业人数情况

数据来源：2010—2016 年《重庆统计年鉴》。

（三）限额以上零售企业商品购、销、存基本情况

如图 2-3 所示，"十二五" 期间重庆市限额以上零售企业商品购进额、销售额不断扩大，且库存额一直保持低位，呈现出 "两高一低" 的特征，体现出重庆市限额以上零售企业正在稳定、健康成长。但值得注意的是，如图 2-4 所示，不仅商品购进额、销售额增长率均呈现出 "高开低走" 的态势，而且库存额增

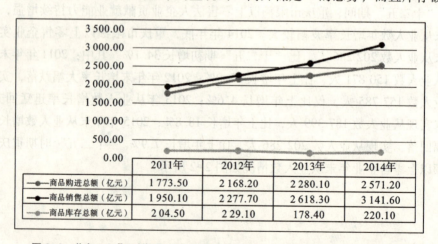

图 2-3 "十二五" 时期重庆市限额以上零售企业商品购、销、存基本情况

数据来源：2010—2015 年《大中型批发零售和住宿餐饮企业统计年鉴》、2010—2015 年《中国零售和餐饮连锁企业统计年鉴》。

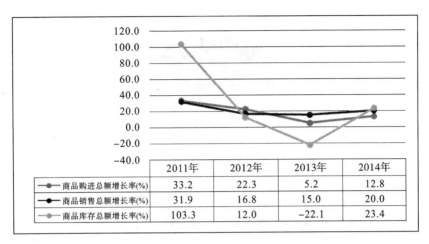

| | 2011年 | 2012年 | 2013年 | 2014年 |
|---|---|---|---|---|
| 商品购进总额增长率(%) | 33.2 | 22.3 | 5.2 | 12.8 |
| 商品销售总额增长率(%) | 31.9 | 16.8 | 15.0 | 20.0 |
| 商品库存总额增长率(%) | 103.3 | 12.0 | -22.1 | 23.4 |

图 2-4 "十二五"时期重庆市限额以上零售企业商品购、销、存增长率基本情况

数据来源：2010—2015 年《大中型批发零售和住宿餐饮企业统计年鉴》、2010—2015 年《中国零售和餐饮连锁企业统计年鉴》。

长率遭遇断崖式跌落，从 2011 年的 103.3%跌落至 2013 年的-22.1%，这突显出重庆市零售市场供给侧与需求侧的结构性问题已十分严重。"十二五"期末，重庆市限额以上零售企业实现商品购进总额 2 571.20 亿元，比期初增长 45.0%；实现商品销售总额 3 141.60 亿元，比期初增长 61.1%；实现商品库存总额 220.10 亿元，比期初增长 7.6%。

（四）限额以上零售企业实收资本及其构成

"十二五"期末，以私人控股零售企业集团为骨干，国有及国有控股、集体与集体控股零售企业集团为主体，港澳台及外资零售企业为补充的重庆市限额以上零售市场主体格局进一步形成。2015 年年底，重庆市限额以上零售企业实现实收资本 347.97 亿元。其中：国有控股为 46.62 亿元，占实收资本总额的 13.4%；集体控股为 0.82 亿元，占实收资本总额的 0.2%；私人控股为 222.22 亿元，占实收资本总额的 63.9%；港澳台资本为 44.53 亿元，占实收资本总额的 12.8%；外商资本为 11.23 亿元，占实收资本总额的 3.2%；其他控股为 22.55 亿元，占实收资本总额的 6.5%。"十二五"期末重庆市限额以上零售企业实收资本构成情况如图 2-5 所示。

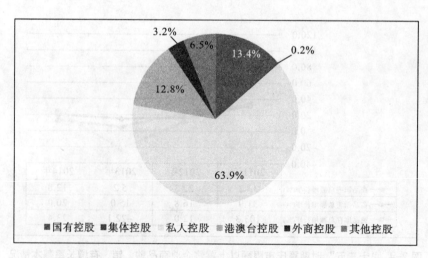

**图 2-5 "十二五"期末重庆市限额以上零售企业实收资本构成情况**

数据来源：2016 年《重庆统计年鉴》。

## 二、经营能力分析

（一）限额以上零售企业总体经营能力分析

1. 营运能力

营运能力是企业运用资产获取收入的能力，也表明企业经营、管理、运用资产的能力。对重庆市限额以上零售企业营运能力的分析，主要利用流动资产周转率①和总资产周转率②指标来反映。

流动资产周转率反映企业流动资产的周转速度。周转速度快，会相对节约流动资产，等同于相对扩大资产投入，增强企业盈利能力；而延缓周转速度，需要补充流动资产参加周转，形成资金浪费，降低企业盈利能力。该指标越高，说明企业流动资产的利用效率越好。

总资产周转率是综合评价企业全部资产的经营质量和利用效率。周转速度越快，说明总资产周转越快，反映出销售能力越强。而周转速度越慢，说明总资产

① 流动资产周转率=产品销售收入/流动资产平均余额。
② 总资产周转率=产品销售收入/总资产平均余额。

周转越慢，反映出销售能力越弱。

如表 2-1 所示，"十二五"时期重庆市限额以上零售企业流动资产周转率和总资产周转率表现平稳，年流动资产周转率保持在 4 次左右，平均流动资产周转率为 4.09 次，年总资产周转率保持在 2.5 次以上，平均总资产周转率为 2.73 次。

表 2-1　　　"十二五"时期重庆市限额以上零售企业运营能力分析表　　单位：次

| 指标＼年份 | 2011 | 2012 | 2013 | 2014 | 2015 |
|---|---|---|---|---|---|
| 流动资产周转率 | 4.30 | 4.10 | 4.15 | 4.06 | 3.86 |
| 总资产周转率 | 2.85 | 2.77 | 2.79 | 2.69 | 2.54 |

数据来源：2010—2016 年《重庆统计年鉴》、2010—2016 年《中国统计年鉴》。

2. 偿债能力

偿债能力是企业偿还到期债务（长期债务与短期债务）的承受能力和保证程度，是企业能否生存和健康发展的关键。静态来看，就是用企业资产清偿企业债务的能力；动态来看，就是用企业经营过程创造的收益偿还债务的能力。对重庆市限额以上零售企业偿债能力的分析，主要从资产负债率和产权比率指标来反映。

资产负债率是指负债总额对全部资产总额的比率，用来衡量企业利用债权人提供资金进行经营活动的能力，反映债权人发放贷款的安全程度。一般来讲，企业的资产总额应大于负债总额，资产负债率应小于100%。如果企业的资产负债率低于50%，说明企业有较好的偿债能力和负债经营能力。

产权比率是负债总额与所有者权益总额的比率。产权比率既反映了由债务人提供的资本与所有者提供的资本的相对关系，又反映了企业自有资金偿还全部债务的能力，因此它又是衡量企业负债经营是否安全有利的重要指标。一般来说，企业的产权比率越低，说明企业的偿债能力和负债经营能力越强。如果产权比率高，意味着是高风险、高报酬的财务结构；产权比率低，则是低风险、低报酬的财务结构。

如表 2-2 所示，"十二五"时期重庆市限额以上零售企业资产负债率和产权比率表现不佳，资产负债率高于50%，一直维持在66%左右，而产权比率由期初的 186.64% 上升到期末的 200.46%，体现出重庆市限额以上零售企业的偿债能力还有待提高。

表 2-2 　　　"十二五"时期重庆市限额以上零售企业偿债能力分析表 　　　单位:%

| 年份<br>指标 | 2011 | 2012 | 2013 | 2014 | 2015 |
|---|---|---|---|---|---|
| 资产负债率 | 65.12 | 68.02 | 66.60 | 67.68 | 66.72 |
| 产权比率 | 186.64 | 212.68 | 199.43 | 209.43 | 200.46 |

数据来源：2010—2016 年《重庆统计年鉴》、2010—2016 年《中国统计年鉴》。

### 3. 盈利能力

盈利能力是指企业获取利润的能力，也称为企业的资金或资本增值能力，通常表现为一定时期内企业收益数额的多少及其水平的高低。对重庆市限额以上零售企业盈利能力的分析，主要利用成本费用利润率[①]和主营业务利润率[②]指标来反映。

成本费用利润率是企业一定时期的营业利润总额与成本费用总额的比率。它表明每付出一元成本费用可获得多少利润，体现了经营耗费所带来的经营成果。该项指标越高，利润就越大，反映企业的经济效益越好；反之则反是。

主营业务利润率是指企业一定时期主营业务利润同主营业务收入净额的比率。它表明企业每单位主营业务收入能带来多少主营业务利润，反映了企业主营业务的获利能力，是评价企业经营效益的主要指标。该指标越高，说明企业商品定价科学，营销策略得当，主营业务市场竞争力强，发展潜力大，获利水平高；反之则反是。

如表 2-3 所示，"十二五"时期重庆市限额以上零售企业成本费用利润率和主营业务利润率均呈现出倒"U"形特征，即期初、期末数值低，期中数值高的特征。这一方面反映出重庆市限额以上零售企业在"十二五"前期的经营管理水平要高于后期，导致了成本费用利润率和主营业务利润率在"十二五"前期呈现上升态势，而"十二五"后期呈现下降态势；另一方面反映出重庆市限额

①　成本费用利润率=营业利润/（营业费用+管理费用+财务费用）×100%，由于 2014 年以前未统计企业财务费用，所以在成本费用利润率计算中，均未计入财务费用数据。
②　主营业务利润率=（主营业务收入-主营业务成本-主营业务税金及附加）/主营业务收入×100%。

以上零售企业经营管理水平近年来在逐渐地降低。

表2-3　　　"十二五"时期重庆市限额以上零售企业盈利能力分析表　　　单位:%

| 年份<br>指标 | 2011 | 2012 | 2013 | 2014 | 2015 |
|---|---|---|---|---|---|
| 成本费用利润率 | 3.3 | 3.4 | 6.0 | 5.4 | 4.4 |
| 主营业务利润率 | 10.2 | 10.5 | 13.4 | 13.4 | 12.3 |

数据来源:2010—2016年《重庆统计年鉴》、2010—2016年《中国统计年鉴》。

（二）按零售行业划分的限额以上零售企业经营能力分析

本课题从零售行业小类的角度，考察限额以上零售企业内部不同行业在"十二五"期间展现的经营能力。主要考察九大零售行业类别，分别是：综合零售，食品、饮料及烟草制品专门零售业，纺织、服装及日用品专门零售业，文化、体育用品及器材专门零售业，医药及医疗器材专门零售业，汽车、摩托车、燃料及零配件专门零售业，家用电器及电子产品专门零售业，五金、家具及室内装饰材料专门零售业；货摊、无店铺及其他零售业。

1. 营运能力

（1）流动资产周转率。

从营运能力强弱来看，以重庆市各零售行业"十二五"期间平均流动资产周转率为判断依据，可以发现营运能力由强到弱的行业依次为：五金、家具及室内装饰材料专门零售业（8.61次），食品、饮料及烟草制品专门零售业（5.87次），汽车、摩托车、燃料及零配件专门零售业（4.68次），货摊、无店铺及其他零售业（4.19次），综合零售业（3.99次），家用电器及电子产品专门零售业（3.83次），医药及医疗器材专门零售业（3.14次），纺织、服装及日用品专门零售业（3.02次），文化、体育用品及器材专门零售业（2.48次）。（具体见表2-4）

从营运能力稳定性来看，以重庆市各零售行业"十二五"期间流动资产周转率波动幅度为判断依据，可以发现五金、家具及室内装饰材料专门零售业，食品、饮料及烟草制品专门零售业，货摊、无店铺及其他零售业，文化、体育用品及器材专门零售业的流动资产周转率相比其他行业波幅较大，说明这几个行业在经营、管理、运用资产方面极易受外部因素影响，其抗风险性还有待提高。而且在剩余的行业中，除家用电器及电子产品专门零售业流动资产周转率在"十二

五"期间缓慢上升外，其余行业均体现出缓慢下降的态势，说明这些行业经营、管理能力均在下降。（具体见图2-6）

表2-4 "十二五"时期重庆市限额以上零售企业分行业流动资产周转率分析表

单位：次

| 序号 | 行业 | 2011年 | 2012年 | 2013年 | 2014年 | 2015年 |
|---|---|---|---|---|---|---|
| 1 | 综合零售业 | 4.53 | 4.45 | 3.80 | 3.66 | 3.51 |
| 2 | 食品、饮料及烟草制品专门零售业 | 5.71 | 7.51 | 5.17 | 5.33 | 5.63 |
| 3 | 纺织、服装及日用品专门零售业 | 3.61 | 4.05 | 2.72 | 2.49 | 2.26 |
| 4 | 文化、体育用品及器材专门零售业 | 1.83 | 2.11 | 3.54 | 3.31 | 1.62 |
| 5 | 医药及医疗器材专门零售业 | 3.81 | 2.88 | 3.55 | 2.84 | 2.64 |
| 6 | 汽车、摩托车、燃料及零配件专门零售业 | 5.34 | 4.97 | 4.39 | 4.44 | 4.26 |
| 7 | 家用电器及电子产品专门零售业 | 3.25 | 3.81 | 3.62 | 3.75 | 4.72 |
| 8 | 五金、家具及室内装饰材料专门零售业 | 7.63 | 9.75 | 10.01 | 7.85 | 7.82 |
| 9 | 货摊、无店铺及其他零售业 | 3.34 | 9.82 | 2.45 | 2.86 | 2.49 |

数据来源：2010—2016年《重庆统计年鉴》、2010—2016年《中国统计年鉴》。

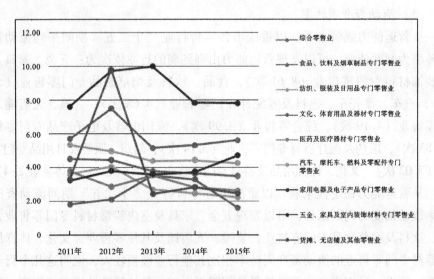

图2-6 "十二五"时期重庆市限额以上零售企业分行业流动资产周转情况（单位：次）

数据来源：2010—2016年《重庆统计年鉴》、2010—2016年《中国统计年鉴》。

（2）总资产周转率。

从营运能力强弱来看，以重庆市各零售行业"十二五"期间平均总资产周转率大小为判断依据，可以发现营运能力由强到弱的行业依次为：五金、家具及室内装饰材料专门零售业（4.21次），汽车、摩托车、燃料及零配件专门零售业（3.33次），食品、饮料及烟草制品专门零售业（3.20次），家用电器及电子产品专门零售业（3.01次），货摊、无店铺及其他零售业（2.94次），综合零售业（2.53次），医药及医疗器材专门零售业（2.21次），纺织、服装及日用品专门零售业（2.01次），文化、体育用品及器材专门零售业（1.47次）。（具体见表2-5）

表2-5　"十二五"时期重庆市限额以上零售企业分行业总资产周转率分析表

单位：次

| 序号 | 行业 | 2011年 | 2012年 | 2013年 | 2014年 | 2015年 |
|---|---|---|---|---|---|---|
| 1 | 综合零售业 | 2.86 | 2.81 | 2.38 | 2.32 | 2.29 |
| 2 | 食品、饮料及烟草制品专门零售业 | 2.88 | 4.56 | 2.98 | 2.70 | 2.86 |
| 3 | 纺织、服装及日用品专门零售业 | 2.29 | 3.02 | 1.79 | 1.52 | 1.45 |
| 4 | 文化、体育用品及器材专门零售业 | 1.13 | 1.24 | 2.09 | 1.97 | 0.92 |
| 5 | 医药及医疗器材专门零售业 | 2.57 | 1.91 | 2.59 | 2.04 | 1.96 |
| 6 | 汽车、摩托车、燃料及零配件专门零售业 | 3.79 | 3.58 | 3.15 | 3.16 | 2.98 |
| 7 | 家用电器及电子产品专门零售业 | 2.62 | 3.16 | 2.90 | 3.07 | 3.29 |
| 8 | 五金、家具及室内装饰材料专门零售业 | 3.78 | 4.65 | 5.18 | 3.73 | 3.73 |
| 9 | 货摊、无店铺及其他零售业 | 2.17 | 6.94 | 1.77 | 2.07 | 1.75 |

数据来源：2010—2016年《重庆统计年鉴》、2010—2016年《中国统计年鉴》。

从营运能力稳定性来看，以重庆市各零售行业"十二五"期间总资产周转率波动幅度为判断依据，可以得出各行业营运能力稳定性强弱度，因结论与流动资产周转率分析一致，这里不再赘述。（具体见图2-7）

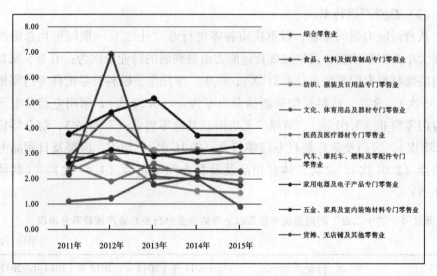

图 2-7　重庆市限额以上零售企业分行业总资产周转率波动幅度（单位：次）

数据来源：2010—2016 年《重庆统计年鉴》、2010—2016 年《中国统计年鉴》。

2. 偿债能力

（1）资产负债率。

从偿债能力强弱来看，以重庆市各零售行业"十二五"期间平均资产负债率大小为判断依据，可以发现偿债能力由强到弱的行业依次为：食品、饮料及烟草制品专门零售业（49.2%），五金、家具及室内装饰材料专门零售业（54.3%），货摊、无店铺及其他零售业（58.2%），文化、体育用品及器材专门零售业（60.5%），家用电器及电子产品专门零售业（60.8%），综合零售业（69.2%），纺织、服装及日用品专门零售业（70.8%），汽车、摩托车、燃料及零配件专门零售业（71.9%），医药及医疗器材专门零售业（73.2%）。（具体见表 2-6）

从偿债能力稳定性来看，以重庆市各零售行业"十二五"期间资产负债率波动幅度为判断依据，可以发现五金、家具及室内装饰材料专门零售业，食品、饮料及烟草制品专门零售业，货摊、无店铺及其他零售业的资产负债率相比其他行业波幅较大，说明这几个行业债权人发放贷款（长期债务与短期债务）的风险性较高。而且在剩余的行业中，资产负债率基本在50%以上，说明重庆市零售业整体偿债能力还有待提高。（具体见图 2-8）

表2-6 "十二五"时期重庆市限额以上零售企业分行业资产负债率分析表　　单位：%

| 序号 | 行业 | 2011年 | 2012年 | 2013年 | 2014年 | 2015年 |
|---|---|---|---|---|---|---|
| 1 | 综合零售业 | 71.0 | 69.6 | 67.0 | 68.0 | 70.6 |
| 2 | 食品、饮料及烟草制品专门零售业 | 52.9 | 55.9 | 42.2 | 46.8 | 48.2 |
| 3 | 纺织、服装及日用品专门零售业 | 70.1 | 75.9 | 68.6 | 67.9 | 71.4 |
| 4 | 文化、体育用品及器材专门零售业 | 57.2 | 63.9 | 61.7 | 62.1 | 57.4 |
| 5 | 医药及医疗器材专门零售业 | 71.9 | 72.6 | 77.0 | 76.5 | 67.9 |
| 6 | 汽车、摩托车、燃料及零配件专门零售业 | 71.3 | 70.3 | 72.1 | 74.5 | 71.1 |
| 7 | 家用电器及电子产品专门零售业 | 69.6 | 65.7 | 60.8 | 53.6 | 54.4 |
| 8 | 五金、家具及室内装饰材料专门零售业 | 58.0 | 48.8 | 49.9 | 60.2 | 54.5 |
| 9 | 货摊、无店铺及其他零售业 | 64.7 | 58.0 | 47.2 | 56.1 | 65.2 |

数据来源：经2010—2016年《重庆统计年鉴》、2010—2016年《中国统计年鉴》相关数据计算得出。

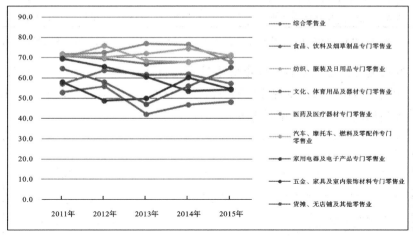

图2-8 "十二五"时期重庆市限额以上零售法人企业分行业资产负债率波动幅度（单位：%）

数据来源：2010—2016年《重庆统计年鉴》、2010—2016年《中国统计年鉴》。

（2）产权比率。

从偿债能力强弱来看，以重庆市各零售行业"十二五"期间平均产权比率大小为判断依据，可以发现偿债能力由强到弱的行业依次为：食品、饮料及烟草制品专门零售业（98.7%），五金、家具及室内装饰材料专门零售业（120.7%），货摊、无店铺及其他零售业（146.3%），文化、体育用品及器材专门零售业（154.1%），家用电器及电子产品专门零售业（161.9%），综合零售业（226.1%），纺织、服装及日用品专门零售业（245.9%），汽车、摩托车、燃料及零配件专门零售业（256.6%），医药及医疗器材专门零售业（278.5%）。（具体见表2-7）

表2-7　"十二五"时期重庆市限额以上零售企业分行业产权比率分析表　　单位:%

| 序号 | 行业 | 2011年 | 2012年 | 2013年 | 2014年 | 2015年 |
|---|---|---|---|---|---|---|
| 1 | 综合零售业 | 245.3 | 229.4 | 203.2 | 212.2 | 240.6 |
| 2 | 食品、饮料及烟草制品专门零售业 | 112.4 | 127.0 | 72.9 | 88.0 | 93.2 |
| 3 | 纺织、服装及日用品专门零售业 | 234.1 | 315.8 | 218.2 | 211.3 | 249.9 |
| 4 | 文化、体育用品及器材专门零售业 | 133.8 | 177.3 | 161.3 | 163.6 | 134.5 |
| 5 | 医药及医疗器材专门零售业 | 255.6 | 265.0 | 334.2 | 326.0 | 211.5 |
| 6 | 汽车、摩托车、燃料及零配件专门零售业 | 248.1 | 236.8 | 259.0 | 292.6 | 246.4 |
| 7 | 家用电器及电子产品专门零售业 | 228.6 | 191.6 | 154.8 | 115.5 | 119.1 |
| 8 | 五金、家具及室内装饰材料专门零售业 | 137.9 | 95.2 | 99.5 | 151.3 | 119.8 |
| 9 | 货摊、无店铺及其他零售业 | 188.5 | 138.2 | 89.4 | 127.8 | 187.6 |

数据来源：经2010—2016年《重庆统计年鉴》、2010—2016年《中国统计年鉴》相关数据计算得出。

从偿债能力稳定性来看，以重庆市各零售行业"十二五"期间产权比率波动幅度为判断依据，可以发现除医药及医疗器材专门零售业波动较小外，其余行业偿债风险均较大。（具体见图2-9）

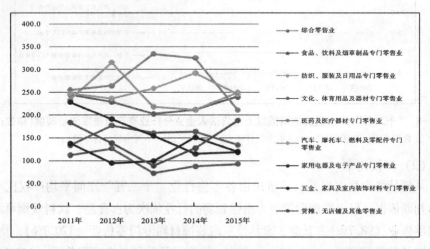

图2-9　"十二五"时期重庆市限额以上零售企业分行业产权比率波动幅度（单位:%）

数据来源：2010—2016年《重庆统计年鉴》、2010—2016年《中国统计年鉴》。

3. 盈利能力

（1）成本费用利润率。

从盈利能力强弱来看，以重庆市各零售行业"十二五"期间平均成本费用利润率大小为判断依据，可以发现盈利能力由强到弱的行业依次为：五金、家具及室内装饰材料专门零售业（173.6%），文化、体育用品及器材专门零售业（160.5%），货摊、无店铺及其他零售业（82.3%），食品、饮料及烟草制品专门零售业（69.5%），汽车、摩托车、燃料及零配件专门零售业（67.6%），家用电器及电子产品专门零售业（53.6%），医药及医疗器材专门零售业（34.7%），纺织、服装及日用品专门零售业（26.0%），综合零售业（21.8%）。（具体见表2-8）

表2-8 "十二五"时期重庆市限额以上零售企业分行业成本费用利润率分析表

单位：%

| 序号 | 行业 | 2011年 | 2012年 | 2013年 | 2014年 | 2015年 |
|---|---|---|---|---|---|---|
| 1 | 综合零售业 | 23.7 | 25.5 | 25.4 | 21.0 | 13.3 |
| 2 | 食品、饮料及烟草制品专门零售业 | 59.0 | 52.8 | 85.0 | 78.3 | 72.5 |
| 3 | 纺织、服装及日用品专门零售业 | 24.1 | 13.5 | 36.5 | 26.0 | 29.9 |
| 4 | 文化、体育用品及器材专门零售业 | 168.5 | 53.2 | 246.9 | 257.9 | 76.2 |
| 5 | 医药及医疗器材专门零售业 | 21.6 | 37.3 | 37.9 | 28.9 | 47.7 |
| 6 | 汽车、摩托车、燃料及零配件专门零售业 | 84.2 | 46.6 | 95.8 | 59.7 | 51.8 |
| 7 | 家用电器及电子产品专门零售业 | 52.4 | 42.4 | 76.3 | 47.7 | 49.1 |
| 8 | 五金、家具及室内装饰材料专门零售业 | 65.1 | 162.9 | 210.2 | 242.8 | 187.1 |
| 9 | 货摊、无店铺及其他零售业 | 80.1 | 162.9 | 46.5 | 47.9 | 74.3 |

数据来源：经2010—2016年《重庆统计年鉴》、2010—2016年《中国统计年鉴》相关数据计算得出。

从盈利能力稳定性来看，以重庆市各零售行业"十二五"期间成本费用利润率波动幅度为判断依据，可以发现五金、家具及室内装饰材料专门零售业，货摊、无店铺及其他零售业，文化、体育用品及器材专门零售业波动幅度十分巨大，是盈利水平最不稳定的几个行业。其次是家用电器及电子产品专门零售业，汽车、摩托车、燃料及零配件专门零售业，食品、饮料及烟草制品专门零售业。剩余行业表现较稳定。（具体见图2-10）

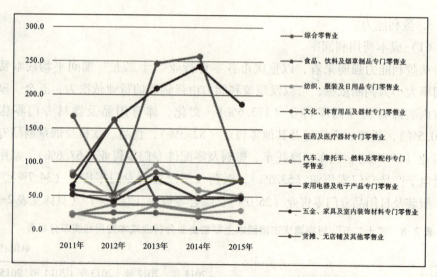

**图2-10 "十二五"时期重庆市限额以上零售企业分行业成本费用利润率波动幅度(单位:%)**

数据来源：2010—2016年《重庆统计年鉴》、2010—2016年《中国统计年鉴》。

（2）主营业务利润率。

从盈利能力强弱来看，以重庆市各零售行业"十二五"期间平均主营业务利润率大小为判断依据，可以发现盈利能力由强到弱的行业依次为：文化、体育用品及器材专门零售业（23.6%），纺织、服装及日用品专门零售业（21.6%），五金、家具及室内装饰材料专门零售业（18.7%），食品、饮料及烟草制品专门零售业（14.3%），综合零售业（13.9%），医药及医疗器材专门零售业（13.4%），货摊、无店铺及其他零售业（10.4%），家用电器及电子产品专门零售业（10.3%），汽车、摩托车、燃料及零配件专门零售业（7.6%）。（具体见表2-9）

**表2-9 "十二五"时期重庆市限额以上零售企业分行业主营业务利润率分析表**

单位:%

| 序号 | 行业 | 2011年 | 2012年 | 2013年 | 2014年 | 2015年 |
|------|------|--------|--------|--------|--------|--------|
| 1 | 综合零售业 | 13.2 | 13.8 | 14.3 | 14.3 | 13.8 |
| 2 | 食品、饮料及烟草制品专门零售业 | 16.3 | 10.7 | 15.2 | 15.1 | 14.4 |
| 3 | 纺织、服装及日用品专门零售业 | 16.8 | 17.3 | 26.4 | 24.6 | 23.1 |
| 4 | 文化、体育用品及器材专门零售业 | 21.2 | 15.1 | 25.6 | 27.3 | 28.6 |

表2-9（续）

| 序号 | 行业 | 2011 年 | 2012 年 | 2013 年 | 2014 年 | 2015 年 |
|---|---|---|---|---|---|---|
| 5 | 医药及医疗器材专门零售业 | 13.1 | 14.6 | 14.2 | 14.5 | 10.8 |
| 6 | 汽车、摩托车、燃料及零配件专门零售业 | 6.9 | 7.1 | 9.0 | 7.9 | 7.2 |
| 7 | 家用电器及电子产品专门零售业 | 9.5 | 9.2 | 12.0 | 10.5 | 10.1 |
| 8 | 五金、家具及室内装饰材料专门零售业 | 7.9 | 11.5 | 20.6 | 29.0 | 24.5 |
| 9 | 货摊、无店铺及其他零售业 | 5.9 | 11.4 | 7.0 | 11.4 | 16.3 |

数据来源：经 2010—2016 年《重庆统计年鉴》、2010—2016 年《中国统计年鉴》相关数据计算得出。

　　从盈利能力稳定性来看，以重庆市各零售行业"十二五"期间主营业务利润率波动幅度为判断依据，可以发现五金、家具及室内装饰材料专门零售业，货摊、无店铺及其他零售业，文化、体育用品及器材专门零售业，纺织、服装及日用品专门零售业是盈利能力最不稳定的几个行业，其余行业表现均较平稳。（具体见图 2-11）

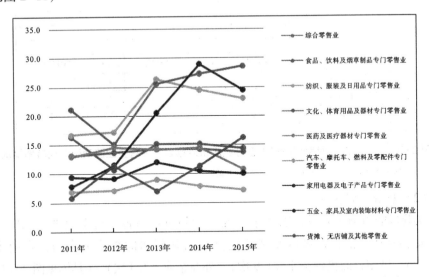

图 2-11　"十二五"时期重庆市限额以上零售企业分行业主营业务利润率
波动幅度（单位:%）

数据来源：2010—2016 年《重庆统计年鉴》、2010—2016 年《中国统计年鉴》。

（三）按登记注册类型划分的零售企业经营能力分析

1. 营运能力

（1）流动资产周转率。

从营运能力强弱来看，以"十二五"期间重庆市各零售企业平均流动资产周转率大小为判断依据，可以发现营运能力由强到弱的企业依次为：内资企业（4.8次）、港澳台商投资企业（2.5次）、外商企业（2.2次）。（具体见图2-12）

从营运能力稳定性来看，以"十二五"期间重庆市各零售企业流动资产周转率波动幅度为判断依据，可以发现营运能力稳定性由强到弱的企业分别是：内资企业、外商企业、港澳台商投资企业。（具体见图2-12）

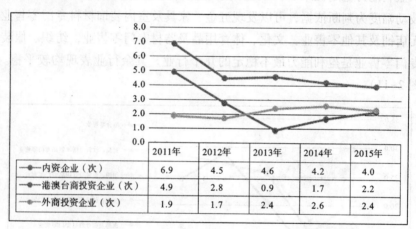

| | 2011年 | 2012年 | 2013年 | 2014年 | 2015年 |
|---|---|---|---|---|---|
| 内资企业（次） | 6.9 | 4.5 | 4.6 | 4.2 | 4.0 |
| 港澳台商投资企业（次） | 4.9 | 2.8 | 0.9 | 1.7 | 2.2 |
| 外商投资企业（次） | 1.9 | 1.7 | 2.4 | 2.6 | 2.4 |

图2-12 "十二五"时期按注册类型分重庆市限额以上零售企业流动资产周转率情况

数据来源：2010—2016年《重庆统计年鉴》。

（2）总资产周转率。

从营运能力强弱来看，以"十二五"期间重庆市各零售企业平均总资产周转率大小为判断依据，可以发现营运能力由强到弱的企业依次为：内资企业（3.2次）、港澳台商投资企业（1.9次）、外商企业（1.4次）。（具体见图2-13）

从营运能力稳定性来看，以"十二五"期间重庆市各零售企业总资产周转率波动幅度为判断依据，可以发现营运能力稳定性由强到弱的企业分别是：外商企业、内资企业、港澳台商投资企业。（具体见图2-13）

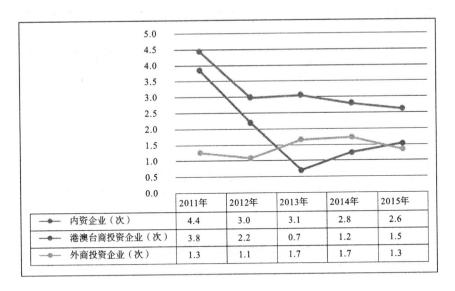

| | 2011年 | 2012年 | 2013年 | 2014年 | 2015年 |
|---|---|---|---|---|---|
| 内资企业（次） | 4.4 | 3.0 | 3.1 | 2.8 | 2.6 |
| 港澳台商投资企业（次） | 3.8 | 2.2 | 0.7 | 1.2 | 1.5 |
| 外商投资企业（次） | 1.3 | 1.1 | 1.7 | 1.7 | 1.3 |

**图 2-13　"十二五"时期按注册类型分重庆市限额以上零售企业总资产周转率情况**

数据来源：2010—2016 年《重庆统计年鉴》。

## 2. 偿债能力

（1）资产负债率。

从偿债能力强弱来看，以"十二五"期间重庆市各零售企业平均资产负债率大小为判断依据，可以发现偿债能力由强到弱的企业依次为：外商企业（58.9%）、港澳台商投资企业（66.3%）、内资企业（66.8%）。（具体见图 2-14）

从偿债能力稳定性来看，以"十二五"期间重庆市各零售企业资产负债率波动幅度为判断依据，可以发现偿债能力稳定性由强到弱的企业分别是：内资企业、港澳台商投资企业、外商企业。（具体见图 2-14）

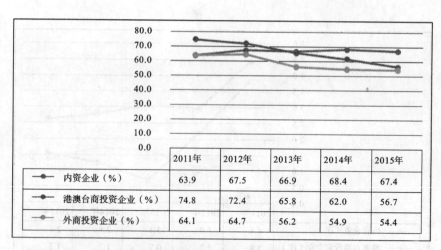

图 2-14 "十二五"时期按注册类型分重庆市限额以上零售企业资产负债率情况

数据来源：2010—2016 年《重庆统计年鉴》。

（2）产权比率。

从偿债能力强弱来看，以"十二五"期间重庆市各零售企业平均产权比率大小为判断依据，可以发现偿债能力由强到弱的企业依次为：外商企业（146.3%）、内资企业（202.0%）、港澳台商投资企业（209.2%）。（具体见图 2-15）

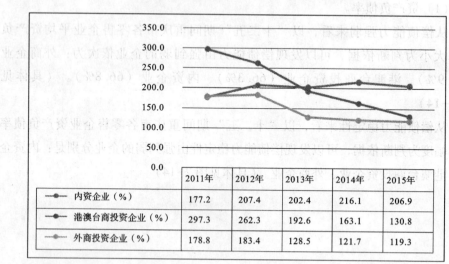

图 2-15 "十二五"时期按注册类型分重庆市限额以上零售企业产权比率情况

数据来源：2010—2016 年《重庆统计年鉴》。

从偿债能力稳定性来看，以"十二五"期间重庆市各零售企业产权比率波动幅度为判断依据，可以发现偿债能力稳定性由强到弱的企业分别是：内资企业、外商企业、港澳台商投资企业。（具体见图 2-15）

3. 盈利能力

（1）成本费用利润率。

从盈利能力强弱来看，以"十二五"期间重庆市各零售企业平均成本费用利润率大小为判断依据，可以发现偿债能力由强到弱的企业依次为：内资企业（57.3%）、港澳台商投资企业（31.0%）、外商企业（22.6%）。（具体见图 2-16）

从盈利能力稳定性来看，以"十二五"期间重庆市各零售企业成本费用利润率波动幅度为判断依据，可以发现偿债能力稳定性由强到弱的企业分别是：港澳台商投资企业、外商企业、内资企业。（具体见图 2-16）

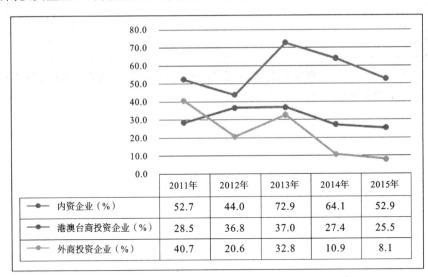

| | 2011年 | 2012年 | 2013年 | 2014年 | 2015年 |
|---|---|---|---|---|---|
| 内资企业（%） | 52.7 | 44.0 | 72.9 | 64.1 | 52.9 |
| 港澳台商投资企业（%） | 28.5 | 36.8 | 37.0 | 27.4 | 25.5 |
| 外商投资企业（%） | 40.7 | 20.6 | 32.8 | 10.9 | 8.1 |

**图 2-16　"十二五"时期按注册类型分重庆市限额以上零售企业成本费用利润率情况**
数据来源：2010—2016 年《重庆统计年鉴》。

（2）主营业务利润率。

从盈利能力强弱来看，以"十二五"期间重庆市各零售企业主营业务利润率大小为判断依据，可以发现偿债能力由强到弱的企业依次为：外商企业（20.0%）、港澳台商投资企业（16.5%）、内资企业（11.6%）。（具体见图 2-17）

　　从盈利能力稳定性来看，以"十二五"期间重庆市各零售企业主营业务利润率波动幅度为判断依据，可以发现偿债能力稳定性由强到弱的企业分别是：内资企业、港澳台商投资企业、外商企业。（具体见图2-17）

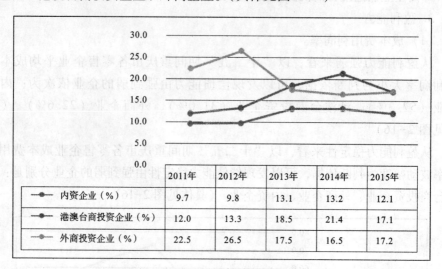

| | 2011年 | 2012年 | 2013年 | 2014年 | 2015年 |
|---|---|---|---|---|---|
| 内资企业（％） | 9.7 | 9.8 | 13.1 | 13.2 | 12.1 |
| 港澳台商投资企业（％） | 12.0 | 13.3 | 18.5 | 21.4 | 17.1 |
| 外商投资企业（％） | 22.5 | 26.5 | 17.5 | 16.5 | 17.2 |

**图2-17 "十二五"时期按注册类型分重庆市限额以上零售企业主营业务利润率情况**
数据来源：2010—2016年《重庆统计年鉴》。

# 第三章 "十二五"时期重庆市 限额以上零售业主要商品品类分析

## 一、发展概况

"十二五"期间，重庆市限额以上零售业主要商品品类零售额大多数实现了高速增长。如图 3-1 所示，从主要商品各品类零售额平均增长率可以看出，增长最快的是文化办公用品类、棉麻类、煤炭及制品类，年均增长率分别达到 70.5%、62.2%、59.4%，均超过了 50%；增长较快的是通信器材类、石油及制品类、机电产品设备类与其他类，年均增长率分别达到 35.9%、36.9%、39.0%、46.0%，均超过了 30%；紧随其后的是粮油、食品、饮料、烟酒类，金

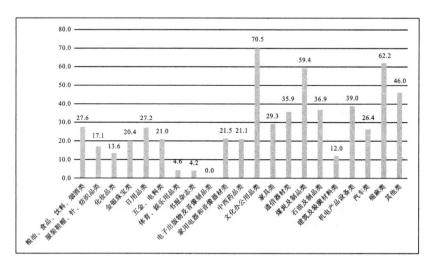

图 3-1 "十二五"时期重庆市限额以上零售业主要商品品类零售额平均增长率（单位:%）

数据来源：2010—2016 年《重庆统计年鉴》。

银珠宝类，日用品类，五金和电料类，家用电器和音像器材类，中西药品类，家具类，汽车类，年均增长率分别达到27.6%、20.4%、27.2%、21.0%、21.5%、21.1%、29.3%、26.4%，均超过了20%；增长相对缓慢的是服装鞋帽、针、纺织品类，化妆品类，体育、娱乐用品类，书报杂志类，电子出版物及音像制品类，建筑及装潢材料类，年均增长率分别为17.1%、13.6%、4.6%、4.2%、0.0%、12.0%。

分析2015年重庆市限额以上零售业主要商品品类零售额基本情况，可以发现重庆市限额以上零售业主要商品品类零售呈现出总体发展水平低、各品类发展不均衡的特征。如图3-2所示，年零售总额超过500亿元的仅有汽车类与粮油、食品、饮料、烟酒类两大商品品类；年零售总额在200亿~500亿元的仅服装鞋帽、针、纺织品类，家用电器和音像器材类，中西药品类，家具类，石油及制品类五大商品种类；而其余的十四种商品品类年零售总额均在200亿元以下，特别是电子出版物及音像制品类商品，年零售总额没超过5亿元，棉麻类商品品类年零售总额甚至没超过1亿元。

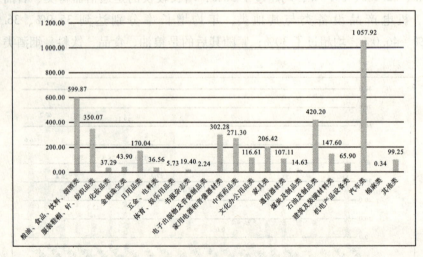

**图3-2  2015年重庆市限额以上零售业主要商品品类零售额基本情况（单位：亿元）**
　　数据来源：2010—2016年《重庆统计年鉴》。

## 二、主要商品品类分析①

### (一)粮油、食品、饮料、烟酒类

重庆市粮油、食品、饮料、烟酒类商品在"十二五"期间零售额总量实现了持续增长,由2011年的371.18亿元增长到2015年的599.87亿元,年均增长率为24.7%。但从该品类"十二五"期间发展绩效来看,存在着一些较大的制约问题。首先,该品类零售易受外部冲击影响且敏感度极高。如图3-3所示,"十二五"时期该品类商品零售额增长率波幅极大,呈现出深"V"形的特征。零售额增长率期初高达71.3%,期中经历断崖式跌落,跌至4.3%,期末逐步回升,达到13.3%。其次,该品类零售对销售额的贡献逐渐降低。具体体现为零售额占销售额的比重近年来逐渐降低,由期初的30.6%下降到期末的28.1%。在该品类零售总量持续增长的同时出现这样的情况,意味着"十二五"期间该品类商品批发额增长快于零售额增长,且差距越来越大,反映出该品类在零售终端流通出现了较大的制约瓶颈。

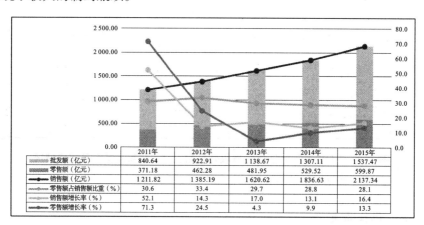

| | 2011年 | 2012年 | 2013年 | 2014年 | 2015年 |
|---|---|---|---|---|---|
| 批发额(亿元) | 840.64 | 922.91 | 1 138.67 | 1 307.11 | 1 537.47 |
| 零售额(亿元) | 371.18 | 462.28 | 481.95 | 529.52 | 599.87 |
| 销售额(亿元) | 1 211.82 | 1 385.19 | 1 620.62 | 1 836.63 | 2 137.34 |
| 零售额占销售额比重(%) | 30.6 | 33.4 | 29.7 | 28.8 | 28.1 |
| 销售额增长率(%) | 52.1 | 14.3 | 17.0 | 13.1 | 16.4 |
| 零售额增长率(%) | 71.3 | 24.5 | 4.3 | 9.9 | 13.3 |

图3-3 "十二五"时期重庆市粮油、食品、饮料、烟酒类商品销售情况

数据来源:2010—2016年《重庆统计年鉴》。

---

① 本部分数据均为重庆市限额以上批发和零售业数据。

## （二）服装鞋帽、针、纺织品类

"十二五"期间，重庆市服装鞋帽、针、纺织品类商品年零售额持续增长，由 2011 年的 256.14 亿元增长到 2015 年的 350.07 亿元，年均增长率为 14.8%。但观察该品类"十二五"销售进展，可以发现零售对该品类销售贡献能力在逐渐衰减，批发对该品类销售的贡献能力在逐渐增强。如图 3-4 所示，"十二五"时期该品类商品零售额增长率大幅跌落，由期初的 41.1% 跌至期末 5.6%。零售额占销售额比重由期初的 88.2% 跌落至期末的 70.6%，批发额由期初的 34.32 亿元不断增长至期末的 145.66 亿元。可以预见，随着该品类批发业的逐渐崛起，其或将进一步替代该品类零售业对销售额的贡献，加剧批发市场与零售市场之间的竞争。

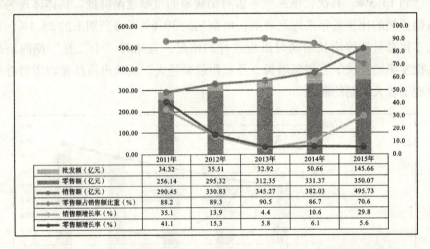

| | 2011年 | 2012年 | 2013年 | 2014年 | 2015年 |
|---|---|---|---|---|---|
| 批发额（亿元） | 34.32 | 35.51 | 32.92 | 50.66 | 145.66 |
| 零售额（亿元） | 256.14 | 295.32 | 312.35 | 331.37 | 350.07 |
| 销售额（亿元） | 290.45 | 330.83 | 345.27 | 382.03 | 495.73 |
| 零售额占销售额比重（%） | 88.2 | 89.3 | 90.5 | 86.7 | 70.6 |
| 销售额增长率（%） | 35.1 | 13.9 | 4.4 | 10.6 | 29.8 |
| 零售增长率（%） | 41.1 | 15.3 | 5.8 | 6.1 | 5.6 |

**图 3-4 "十二五"时期重庆市服装鞋帽、针、纺织品类商品销售情况**

数据来源：2010—2016 年《重庆统计年鉴》。

## （三）化妆品类

重庆市化妆品类商品在"十二五"期间零售额总量增长缓慢，由 2011 年的 23.82 亿元增长到 2015 年的 37.29 亿元，年均增长率为 14.3%。如图 3-5 所示，"十二五"时期该品类总体销售发展势头良好，销售额增长较快，销售额由 2011 年的 27.92 亿元迅速攀升至 2015 年的 82.96 亿元，增长了近 2 倍。这得益于"十二五"期间化妆品类批发业的高速发展，化妆品类批发额由 2011 年的 4.10

亿元迅猛增至 2015 年的 45.67 亿元。当然，这也大大削弱了化妆品类零售业对整体销售额的贡献，使零售额占销售额比重由期初的 85.3%降至期末的 44.9%，意味着化妆品类商品渠道主导权在"十二五"期间业已发生置换，由零售商主导转向了由批发商主导。

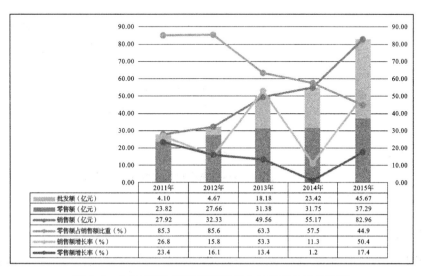

| | 2011年 | 2012年 | 2013年 | 2014年 | 2015年 |
|---|---|---|---|---|---|
| 批发额（亿元） | 4.10 | 4.67 | 18.18 | 23.42 | 45.67 |
| 零售额（亿元） | 23.82 | 27.66 | 31.38 | 31.75 | 37.29 |
| 销售额（亿元） | 27.92 | 32.33 | 49.56 | 55.17 | 82.96 |
| 销售额占销售额比重（%） | 85.3 | 85.6 | 63.3 | 57.5 | 44.9 |
| 销售额增长率（%） | 26.8 | 15.8 | 53.3 | 11.3 | 50.4 |
| 零售额增长率（%） | 23.4 | 16.1 | 13.4 | 1.2 | 17.4 |

**图 3-5　"十二五"时期重庆市化妆品类商品销售情况**

数据来源：2010—2016 年《重庆统计年鉴》。

（四）金银珠宝类

"十二五"期间，重庆市金银珠宝类商品零售额呈现出倒"U"形特征，零售额在期初开始增长，并在 2013 年达到峰值，之后开始跌落。如图 3-6 所示，零售额在 2013 年与 2014 年均为负增长，增长率分别为-6.3%、-7.3%。这主要由金银珠宝类商品整体销售低迷导致，该类商品销售额年增长率由 2013 年的 49.1%暴跌至 2014 年的 4.6%，由 2014 年的 4.6%跌至 2015 年的-9.9%。零售的低迷导致零售对整体销售额贡献能力的下降，零售额占销售额比重由 2011 年的 61.4%降至 2015 年的 41.8%。

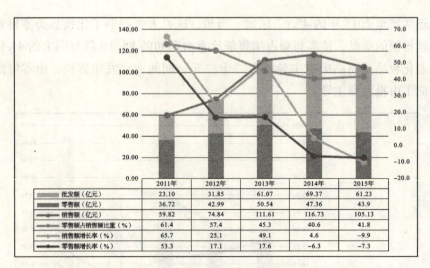

| | 2011年 | 2012年 | 2013年 | 2014年 | 2015年 |
|---|---|---|---|---|---|
| 批发额（亿元） | 23.10 | 31.85 | 61.07 | 69.37 | 61.23 |
| 零售额（亿元） | 36.72 | 42.99 | 50.54 | 47.36 | 43.9 |
| 销售额（亿元） | 59.82 | 74.84 | 111.61 | 116.73 | 105.13 |
| 零售额占销售额比重（%） | 61.4 | 57.4 | 45.3 | 40.6 | 41.8 |
| 销售额增长率（%） | 65.7 | 25.1 | 49.1 | 4.6 | -9.9 |
| 零售额增长率（%） | 53.3 | 17.1 | 17.6 | -6.3 | -7.3 |

图 3-6 "十二五"时期重庆市金银珠宝类商品销售情况

数据来源：2010—2016 年《重庆统计年鉴》。

（五）日用品类

重庆市日用品类商品在"十二五"期间零售额总量实现持续增长，由 2011 年的 94.07 亿元增长到 2015 年的 170.04 亿元，年均增长率为 23.8%。如图 3-7

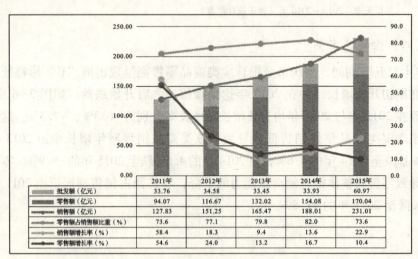

| | 2011年 | 2012年 | 2013年 | 2014年 | 2015年 |
|---|---|---|---|---|---|
| 批发额（亿元） | 33.76 | 34.58 | 33.45 | 33.93 | 60.97 |
| 零售额（亿元） | 94.07 | 116.67 | 132.02 | 154.08 | 170.04 |
| 销售额（亿元） | 127.83 | 151.25 | 165.47 | 188.01 | 231.01 |
| 零售额占销售额比重（%） | 73.6 | 77.1 | 79.8 | 82.0 | 73.6 |
| 销售额增长率（%） | 58.4 | 18.3 | 9.4 | 13.6 | 22.9 |
| 零售额增长率（%） | 54.6 | 24.0 | 13.2 | 16.7 | 10.4 |

图 3-7 "十二五"时期重庆市日用品类商品销售情况

数据来源：2010—2016 年《重庆统计年鉴》。

所示，"十二五"时期该品类商品零售额增长渐渐乏力，增长率由期初的 54.6%下降到期末的 10.4%。日用品类总体销售额增长态势良好，由 2011 年的 127.83 亿元增长至 2015 年的 231.01 亿元。从"十二五"期间零售额占销售额比重来看，该比重均在 70% 以上，体现出零售对日用品类销售的绝对主导作用。

（六）五金、电料类

如图 3-8 所示，"十二五"期间，重庆市五金、电料类商品零售额增长缓慢，由期初的 24.59 亿元增长至期末的 36.56 亿元，年均增长率为 19.9%。只是在 2012 年该品类商品零售额增长迅猛，零售额达到 41.08 亿元，2013 年回落至接近期初水平，2014 年与 2015 年实现稳定增长，零售额分别为 31.53 亿元、36.56 亿元。从整体销售水平来看，除 2012 年销售额爆发式增长外，总体呈现出稳定增长的态势。"十二五"期间，五金、电料类零售业对销售额的贡献略大于批发业，前 4 年零售额占销售额比重均超过了 55%，而 2015 年批发业实现了逆转，批发额超过了零售额。

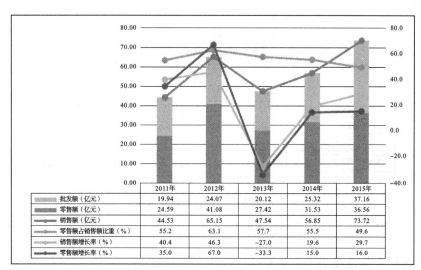

| | 2011年 | 2012年 | 2013年 | 2014年 | 2015年 |
|---|---|---|---|---|---|
| 批发额（亿元） | 19.94 | 24.07 | 20.12 | 25.32 | 37.16 |
| 零售额（亿元） | 24.59 | 41.08 | 27.42 | 31.53 | 36.56 |
| 销售额（亿元） | 44.53 | 65.15 | 47.54 | 56.85 | 73.72 |
| 零售额占销售额比重（%） | 55.2 | 63.1 | 57.7 | 55.5 | 49.6 |
| 销售额增长率（%） | 40.4 | 46.3 | -27.0 | 19.6 | 29.7 |
| 零售额增长率（%） | 35.0 | 67.0 | -33.3 | 15.0 | 16.0 |

图 3-8 "十二五"时期重庆市五金、电料类商品销售情况

数据来源：2010—2016 年《重庆统计年鉴》。

（七）体育、娱乐用品类

重庆市体育、娱乐用品类商品在"十二五"期间增长波幅较大，期末零售额低于期初零售额。如图3-9所示，该品类商品零售额2011年为6.68亿元，而2015年为5.73亿元。实际上，2011年至2013年体育、娱乐用品类商品零售额实现了较快增长，2011年与2013年零售额增长率分别达到了24.7%与28.2%。2014年体育、娱乐用品类商品整体销售环境的恶化，使该品类商品零售额经历了大幅跌落，从9.22亿元跌至5.31亿元，跌幅达42.4%，低于了期初水平。2015年零售额虽然小幅回升，但仍然没有恢复到期初水平。从零售额占销售额的比重来看，该品类商品主要以零售为主，在2012年达到最高值91.9%，虽然在2015年跌落至最低值，也达到了61.5%，凸显出零售在体育、娱乐用品类商品销售中的重要作用。

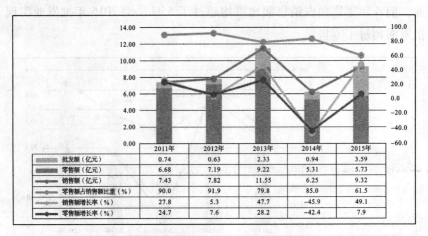

| | 2011年 | 2012年 | 2013年 | 2014年 | 2015年 |
|---|---|---|---|---|---|
| 批发额（亿元） | 0.74 | 0.63 | 2.33 | 0.94 | 3.59 |
| 零售额（亿元） | 6.68 | 7.19 | 9.22 | 5.31 | 5.73 |
| 销售额（亿元） | 7.43 | 7.82 | 11.55 | 6.25 | 9.32 |
| 零售额占销售额比重（%） | 90.0 | 91.9 | 79.8 | 85.0 | 61.5 |
| 销售额增长率（%） | 27.8 | 5.3 | 47.7 | −45.9 | 49.1 |
| 零售额增长率（%） | 24.7 | 7.6 | 28.2 | −42.4 | 7.9 |

图3-9 "十二五"时期重庆市体育、娱乐用品类商品销售情况

数据来源：2010—2016年《重庆统计年鉴》。

（八）书报杂志类

"十二五"期间，重庆市书报杂志类商品零售额增长迟缓，由期初的17.31亿元增长至期末的19.4亿元，年均增长率仅为4.7%。只是在2013年该品类零售额回落后，又实现缓慢增长。如图3-10所示，该品类整体销售状况并不理想，在2012年与2013年均处于负增长的状态，销售额增长率分别为−5.3%、

−5.6%，即使在 2014 年该品类销售总量开始回升，但截至 2015 年其销售额也仅仅略高于期初水平。从零售额占销售比值来看，该品类商品销售主要以批发为主，体现为"十二五"期间该品类零售额占销售额比重均未超过 50%。但另一方面，其比值也反映出零售在该品类销售的贡献很稳定，一直维持在 47% 左右。

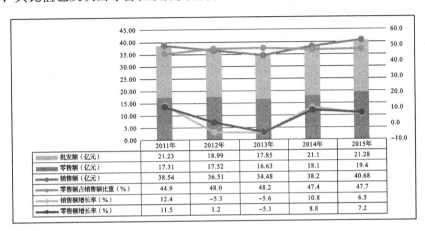

**图 3-10 "十二五"时期重庆市书报杂志类商品销售情况**

数据来源：2010—2016 年《重庆统计年鉴》。

### （九）电子出版物及音像制品类

如图 3-11 所示，重庆市电子出版物及音像制品类商品零售在"十二五"期间发展不理想，体现为期间零售额均低于期初零售额 2.84 亿元，尤其是在 2012 年零售额经历了 15.0% 的跌幅后，虽然在 2013 年与 2014 年有小幅回升，但不仅没有回到期初水平，甚至在 2015 年再次经历 16.4% 的跌幅，跌落至"十二五"期间的最低值 2.24 亿元。这与该品类整体销售状况相关，从该品类销售额及其增长率可以看出，该品类销售额不仅总量小，且有 4 年实现负增长，整体销售的不景气必然给零售带来负面冲击。从零售额占销售额比重来看，零售在该品类商品销售中起着主导作用，而且即使在销售状况不稳定的情况下，零售的贡献水平也十分稳定，年均贡献率保持在 67% 左右。

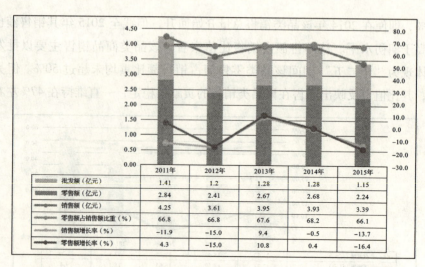

图3-11 "十二五"时期重庆市电子出版物及音像制品类商品销售情况
数据来源：2010—2016年《重庆统计年鉴》。

（十）家用电器和音像器材类

"十二五"期间，重庆市家用电器和音像器材类商品在整体销售额大跌的情势下实现了稳步增长。如图3-12所示，该品类零售额由2011年的201.38亿元

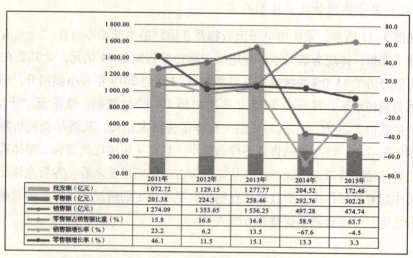

图3-12 "十二五"时期重庆市家用电器和音像器材类商品销售情况
数据来源：2010—2016年《重庆统计年鉴》。

增长到 2015 年的 302.28 亿元，年均增长率为 17.9%。虽然该品类总体销售额在 2014 年之前实现了小幅增长，但在 2014 年经历了 67.6% 的大跌后，又连续经历 4.5% 的小跌，使期末销售额不到期初销售额的 1/4。与此同时，零售额却在 2014 年与 2015 年连续两年保持 13.3% 与 3.3% 的增幅，也因此改变了零售在家用电器和音像器材类商品流通渠道中的辅助地位，零售额占销售额比重由之前的不足 20%，迅猛提升至 55% 以上，成为该品类流通的中坚力量。

（十一）中西药品类

"十二五"期间，重庆市中西药品类商品零售发展较为缓慢，零售额由 2011 年的 142.6 亿元增长至 2015 年的 271.3 亿元，年均增长率为 19.8%。如图 3-13 所示，从该品类销售额、批发额、零售额发展状况看，销售额曲线向右上方倾斜，说明该品类销售逐年增长且增长比较稳定。同时零售额对销售额的贡献十分稳定，在零售额实现逐年增长的情况下，批发额也实现了近似比例的增长，这从零售额占销售额比值可以看出，该比值一直稳定在 36% 左右。

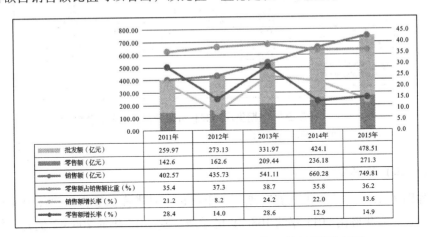

| | 2011年 | 2012年 | 2013年 | 2014年 | 2015年 |
|---|---|---|---|---|---|
| 批发额（亿元） | 259.97 | 273.13 | 331.97 | 424.1 | 478.51 |
| 零售额（亿元） | 142.6 | 162.6 | 209.44 | 236.18 | 271.3 |
| 销售额（亿元） | 402.57 | 435.73 | 541.11 | 660.28 | 749.81 |
| 零售额占销售额比重（%） | 35.4 | 37.3 | 38.7 | 35.8 | 36.2 |
| 销售额增长率（%） | 21.2 | 8.2 | 24.2 | 22.0 | 13.6 |
| 零售额增长率（%） | 28.4 | 14.0 | 28.6 | 12.9 | 14.9 |

图 3-13 "十二五"时期重庆市中西药品类商品销售情况

数据来源：2010—2016 年《重庆统计年鉴》。

（十二）文化办公用品类

"十二五"期间，文化办公用品类是重庆市主要商品品类零售中增长最快的品类，年均增长率高达 62.9%，这很大程度归功于文化办公用品类在期初两年的跨越式增长。如图 3-14 所示，文化办公用品类商品零售额在 2011 年与 2012 年分别达到 55.71 亿元、184.97 亿元，增长率分别达到 88.7%、232.0%。2013年，该品类零售额经历了超大幅度跌落，由 2012 年的 184.97 亿元跌落至 72.12亿元，跌幅高达 61.0%。但之后两年，该品类零售额逐步回升，增长率分别为21.1%与 33.6%，体现出较为良好的发展态势。从零售占销售额的比重可以看出，该类商品销售以零售渠道为主，除了 2012 年该品类超常规发展时零售占比较低外，其余年份数据均显示出零售在该品类商品销售中的主渠道作用。

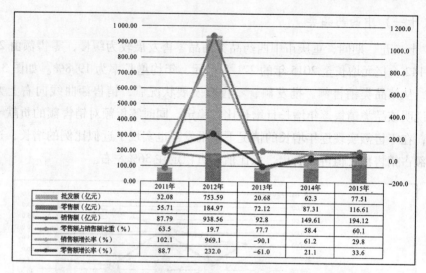

| | 2011年 | 2012年 | 2013年 | 2014年 | 2015年 |
|---|---|---|---|---|---|
| 批发额（亿元） | 32.08 | 753.59 | 20.68 | 62.3 | 77.51 |
| 零售额（亿元） | 55.71 | 184.97 | 72.12 | 87.31 | 116.61 |
| 销售额（亿元） | 87.79 | 938.56 | 92.8 | 149.61 | 194.12 |
| 零售额占销售额比重（%） | 63.5 | 19.7 | 77.7 | 58.4 | 60.1 |
| 销售额增长率（%） | 102.1 | 969.1 | -90.1 | 61.2 | 29.8 |
| 零售额增长率（%） | 88.7 | 232.0 | -61.0 | 21.1 | 33.6 |

**图 3-14　"十二五"时期重庆市文化办公用品类商品销售情况**
数据来源：2010—2016 年《重庆统计年鉴》。

（十三）家具类

如图 3-15 所示，"十二五"期间，重庆市家具类商品零售额整体上实现了较快增长，零售额由 2011 年的 108.38 亿元增长到 2015 年的 206.42 亿元，年均增长率为 26.8%，仅在 2013 年经历 8.8%的小幅跌落。但从零售额增长率变化情况看，家具类商品零售增长逐渐乏力，增长率由期初的 58.4%，跌落至中后期的30.4%，在期末继续跌落至 17.2%。从零售额占销售额比重来看，零售在家具类品类销售中占据绝对优势，年均比重保持在 75%以上。

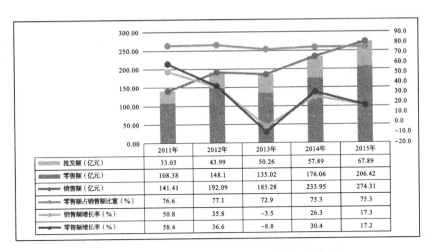

图 3-15 "十二五"时期重庆市家具类商品销售情况

数据来源：2010—2016 年《重庆统计年鉴》。

## （十四）通信器材类

重庆市通信器材类商品零售在"十二五"期间发展迅猛，零售额由 2011 年的 31.96 亿元增长至 2015 年的 107.11 亿元，增长了 3.35 倍，年均增长率为 37.9%。如图 3-16 所示，该品类零售额增长率保持着较高的数值，基本在 40%

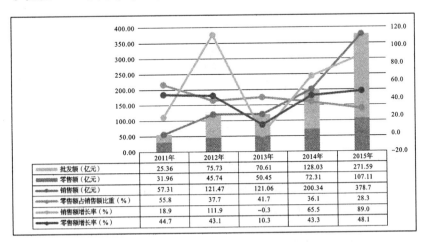

图 3-16 "十二五"时期重庆市通信器材类商品销售情况

数据来源：2010—2016 年《重庆统计年鉴》。

以上。"十二五"时期，该品类商品零售额与批发额均实现高速增长，共同促进了总销售额的节节攀升，只是在 2013 年批发额的小幅回落导致了总销售额轻微下降。但从该品类"十二五"时期零售额占销售额的比重可以看出，零售在该品类销售中的作用逐渐弱化，比值由 2011 年的 55.8% 下降到 2015 年的 28.3%，意味着批发已成为该品类商品流通的主渠道。

（十五）煤炭及制品类

重庆市煤炭及制品类商品零售额在"十二五"期间增速较缓，零售额一直保持在 13 亿元左右。如图 3-17 所示，该品类零售额增长率在 2011 年实现了 228.1 的超高速增长之后，并没有保持住高速增长的态势，2012 年经历了 9.1% 的跌幅后，虽然零售额逐渐回升，但是增速一直较低。从历年零售额占销售额比重可发现，该比值非常低，最高为 4.7%，最低为 3.6%，说明批发在该品类销售中占据绝对优势。由于批发五年来实现了平稳增长，由批发额决定的销售额也表现出平稳增长的态势。

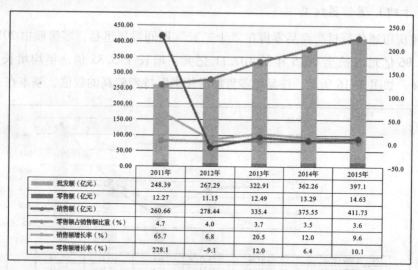

| | 2011年 | 2012年 | 2013年 | 2014年 | 2015年 |
|---|---|---|---|---|---|
| 批发额（亿元） | 248.39 | 267.29 | 322.91 | 362.26 | 397.1 |
| 零售额（亿元） | 12.27 | 11.15 | 12.49 | 13.29 | 14.63 |
| 销售额（亿元） | 260.66 | 278.44 | 335.4 | 375.55 | 411.73 |
| 零售额占销售额比重（%） | 4.7 | 4.0 | 3.7 | 3.5 | 3.6 |
| 销售额增长率（%） | 65.7 | 6.8 | 20.5 | 12.0 | 9.6 |
| 零售额增长率（%） | 228.1 | -9.1 | 12.0 | 6.4 | 10.1 |

**图 3-17 "十二五"时期重庆市煤炭及制品类商品销售情况**

数据来源：2010—2016 年《重庆统计年鉴》。

（十六）石油及制品类

"十二五"期间，重庆市石油及制品类商品零售额增长缓慢且增长率呈现出持续下降的趋势。如图 3-18 所示，虽然零售额由 2011 年的 241.99 亿元增长到 2015 年的 420.2 亿元，但零售额增长率却由 2011 年的 88.8% 跌落至 2015 年的 1.8%，增长乏力意味着零售发展瓶颈凸显。2015 年在零售增长率创新低的同时，批发的负增长导致总销售额也遭遇负增长，使得前四年总销售额持续增加的发展势头未能保持。该品类在批发和零售端出现的低迷应引起高度的关注。该品类零售额占销售额的比值基本保持在 38% 左右，说明该品类销售主要以批发为主。

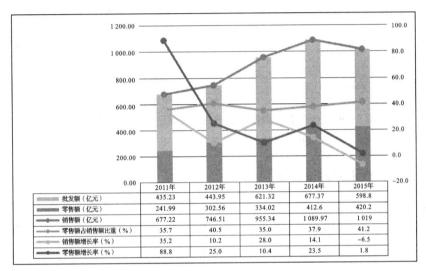

| | 2011年 | 2012年 | 2013年 | 2014年 | 2015年 |
|---|---|---|---|---|---|
| 批发额（亿元） | 435.23 | 443.95 | 621.32 | 677.37 | 598.8 |
| 零售额（亿元） | 241.99 | 302.56 | 334.02 | 412.6 | 420.2 |
| 销售额（亿元） | 677.22 | 746.51 | 955.34 | 1 089.97 | 1 019 |
| 零售额占销售额比重（%） | 35.7 | 40.5 | 35.0 | 37.9 | 41.2 |
| 销售额增长率（%） | 35.2 | 10.2 | 28.0 | 14.1 | -6.5 |
| 零售额增长率（%） | 88.8 | 25.0 | 10.4 | 23.5 | 1.8 |

图 3-18　"十二五"时期重庆市石油及制品类商品销售情况

数据来源：2010—2016 年《重庆统计年鉴》。

## （十七）建筑及装潢材料类

重庆市建筑及装潢材料类商品零售在"十二五"期间发展态势并不稳定但波幅不大，零售额在 110 亿~150 亿元徘徊。如图 3-19 所示，该品类零售额增长率呈现出"V"形特征，表明该品类零售额在"十二五"前期增速放缓，在"十二五"后期增速回升。实际上，在 2013 年该品类零售额遭遇了 18.1% 的跌幅。历年来该品类零售额占销售额比重显示，零售额对销售额的贡献没有超过 45%，意味着该品类销售以批发为主。因此，总销售额主要由批发额决定，批发额在"十二五"期间表现出的"U"形特征，同样在总销售额上得以反映。总销售额分别在 2012 年与 2013 年经历了 2 次负增长，增长率分别为-23.9%、-14.4%。

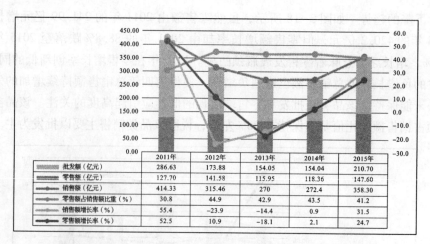

| | 2011年 | 2012年 | 2013年 | 2014年 | 2015年 |
|---|---|---|---|---|---|
| 批发额（亿元） | 286.63 | 173.88 | 154.05 | 154.04 | 210.70 |
| 零售额（亿元） | 127.70 | 141.58 | 115.95 | 118.36 | 147.60 |
| 销售额（亿元） | 414.33 | 315.46 | 270 | 272.4 | 358.30 |
| 零售额占销售额比重（%） | 30.8 | 44.9 | 42.9 | 43.5 | 41.2 |
| 销售额增长率（%） | 55.4 | −23.9 | −14.4 | 0.9 | 31.5 |
| 零售额增长率（%） | 52.5 | 10.9 | −18.1 | 2.1 | 24.7 |

图3-19 "十二五"时期重庆市建筑及装潢材料类商品销售情况

数据来源：2010—2016年《重庆统计年鉴》。

## （十八）机电产品设备类

"十二五"期间，重庆市机电产品设备类商品零售额整体上体现出缓慢增长的态势。如图3-20所示，零售额由2011年的40.26亿元增长到2015年的65.9

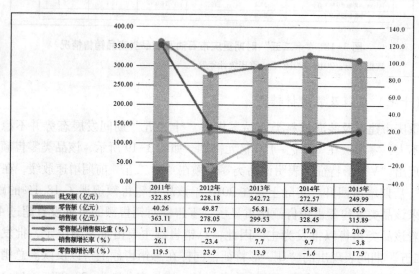

| | 2011年 | 2012年 | 2013年 | 2014年 | 2015年 |
|---|---|---|---|---|---|
| 批发额（亿元） | 322.85 | 228.18 | 242.72 | 272.57 | 249.99 |
| 零售额（亿元） | 40.26 | 49.87 | 56.81 | 55.88 | 65.9 |
| 销售额（亿元） | 363.11 | 278.05 | 299.53 | 328.45 | 315.89 |
| 零售额占销售额比重（%） | 11.1 | 17.9 | 19.0 | 17.0 | 20.9 |
| 销售额增长率（%） | 26.1 | −23.4 | 7.7 | 9.7 | −3.8 |
| 零售额增长率（%） | 119.5 | 23.9 | 13.9 | −1.6 | 17.9 |

图3-20 "十二五"时期重庆市机电产品设备类商品销售情况

数据来源：2010—2016年《重庆统计年鉴》。

亿元，但零售额增长率却由 2011 年的 119.5%跌落至 2015 年的 17.9%，在 2014 年还经历了 1.6%的负增长。虽然零售额占销售额比重在"十二五"期间逐渐提高，由期初的 11.1%上升到期末的 20.9%，但仍不足以撼动批发在该品类商品销售中的绝对主导地位。批发额在"十二五"期间波动幅度较大，导致了销售额及其增长率也出现较大波动。

（十九）汽车类

重庆市汽车类商品零售额在"十二五"期间持续增长，但增速有放缓的趋势。如图 3-21 所示，汽车类商品零售额由 2011 年的 552.91 亿元上升至 1 057.98 亿元，平均增长率为 23.7%。从零售额增长率可以看出，其在 2014 年前经历了较大的跌落，从 2011 年的 46.9%连续跌落至 2013 年的 7.9%，虽然在 2014 年实现了 31.4%的增长，但在 2015 年又跌落至 13.2%。"十二五"期间，汽车类商品零售额占销售额的 60%~65%，说明零售在汽车类商品销售中起着主导作用，且其主导作用一直比较稳定。

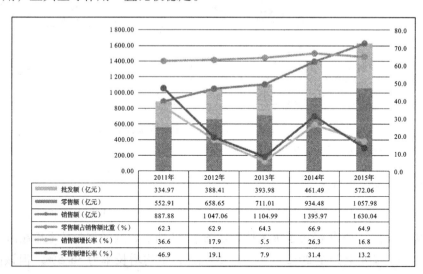

| | 2011年 | 2012年 | 2013年 | 2014年 | 2015年 |
|---|---|---|---|---|---|
| 批发额（亿元） | 334.97 | 388.41 | 393.98 | 461.49 | 572.06 |
| 零售额（亿元） | 552.91 | 658.65 | 711.01 | 934.48 | 1 057.98 |
| 销售额（亿元） | 887.88 | 1 047.06 | 1 104.99 | 1 395.97 | 1 630.04 |
| 零售额占销售额比重（%） | 62.3 | 62.9 | 64.3 | 66.9 | 64.9 |
| 销售额增长率（%） | 36.6 | 17.9 | 5.5 | 26.3 | 16.8 |
| 零售额增长率（%） | 46.9 | 19.1 | 7.9 | 31.4 | 13.2 |

**图 3-21　"十二五"时期重庆市汽车类商品销售情况**

数据来源：2010—2016 年《重庆统计年鉴》。

（二十）棉麻类

"十二五"期间，重庆市棉麻类商品零售发展呈现出持续萎缩的态势。如图3-22所示，零售额由2011年的0.46亿元缩减到2015年的0.34亿元，零售额增长率在实现2011年和2012年的高速增长后连续遭遇3连跌，在2014年还经历了45.7%的负增长。并且，该品类零售额占销售额比重显示出，批发在该品类销售中处于绝对主导地位，批发额从2013年开始也逐渐降低。

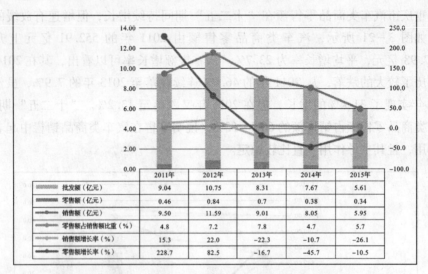

|  | 2011年 | 2012年 | 2013年 | 2014年 | 2015年 |
|---|---|---|---|---|---|
| 批发额（亿元） | 9.04 | 10.75 | 8.31 | 7.67 | 5.61 |
| 零售额（亿元） | 0.46 | 0.84 | 0.7 | 0.38 | 0.34 |
| 销售额（亿元） | 9.50 | 11.59 | 9.01 | 8.05 | 5.95 |
| 零售额占销售额比重（%） | 4.8 | 7.2 | 7.8 | 4.7 | 5.7 |
| 销售额增长率（%） | 15.3 | 22.0 | -22.3 | -10.7 | -26.1 |
| 零售额增长率（%） | 228.7 | 82.5 | -16.7 | -45.7 | -10.5 |

图3-22 "十二五"时期重庆市棉麻类商品销售情况

数据来源：2010—2016年《重庆统计年鉴》。

（二十一）其他类

重庆市其他类商品零售额在"十二五"期间基本实现持续增长，但增速降低过快，且在2015年经历了负增长。如图3-23所示，其他类商品零售额由2011年的44.14亿元上升至2015年的99.25亿元，平均增长率为36.5%。但该品类零售额增长率并不乐观，经历2011年78.3%与2012年80.4%的高速增长后，在2013年暴跌至12.0%，虽然在2014年小幅攀升至13.5%，但在2015年又跌至-1.9%。该品类零售额占销售额比值在"十二五"期间最低为20.3%，最高为27.5%，说明该品类销售主要以批发为主。该品类批发额逐年稳步提升保证了销售额的平稳增长。

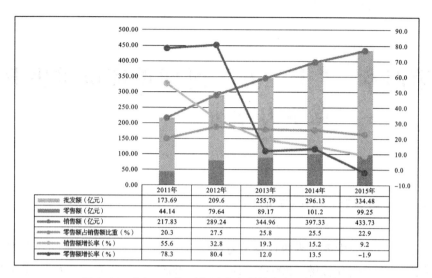

| | 2011年 | 2012年 | 2013年 | 2014年 | 2015年 |
|---|---|---|---|---|---|
| 批发额（亿元） | 173.69 | 209.6 | 255.79 | 296.13 | 334.48 |
| 零售额（亿元） | 44.14 | 79.64 | 89.17 | 101.2 | 99.25 |
| 销售额（亿元） | 217.83 | 289.24 | 344.96 | 397.33 | 433.73 |
| 零售额占销售额比重（%） | 20.3 | 27.5 | 25.8 | 25.5 | 22.9 |
| 销售额增长率（%） | 55.6 | 32.8 | 19.3 | 15.2 | 9.2 |
| 零售额增长率（%） | 78.3 | 80.4 | 12.0 | 13.5 | -1.9 |

**图 3-23 "十二五"时期重庆市其他类商品销售情况**

数据来源：2010—2016 年《重庆统计年鉴》。

# 第四章 "十二五"时期重庆市零售业竞争力分析

## 一、零售业竞争力研究概述

国内已有不少学者对零售业竞争力评价指标的选择和评价体系的建立方面进行了探索。邵一明和钱敏（2003）、孙璐等（2005）、岳中刚（2006）、李飞和曹兰兰（2006）、杨宜苗（2008）、王健等（2013）、栾晓梅和张虎（2013）等都从不同的视角建立了零售业竞争力指标体系。而综合采用多种视角考察零售业竞争力的是马龙龙和刘普合（2008），他们从流通规模、流通结构、流通密度、流通设施、流通效率/效益、流通贡献力、流通辐射力、流通成长力等8个方面选择了42个基础指标作为综合评价城市流通与零售业竞争力的核心指标，对33个城市进行了指数排名。刘根荣和付煜（2011）则将流通产业竞争力指标划分为潜在竞争力与现实竞争力两大类指标，并利用因子分析法对中国零售业区域竞争力进行了测度与评价。

从国内研究现状来看，还没有一个统一的零售产业竞争力评价体系，这是由于不同的研究者所依照的理论分析框架不同，对各类指标重要性的认知程度不一致，必然导致对各类指标取舍不同。而且，多数的研究者在数据处理上采用截面数据，而不是采用面板数据，因此只能对某一年份的零售产业区域竞争力进行横向比较研究，无法对各区域零售产业竞争力的变化趋势进行纵向比较研究。为此，本课题则使用全局主成分分析法，利用面板数据对"十二五"期间（2011—2015年）区域零售业竞争力进行比较研究。

## 二、零售业竞争力指标体系的构建

（一）规模、结构、效率、贡献、发展五维视角下的零售业竞争力体系

零售业竞争力是一种综合实力，包括了零售规模竞争力、零售结构竞争力、零售效率竞争力、零售贡献竞争力、零售发展竞争力。我们可以将零售规模、零售结构、零售效率、零售贡献、零售发展五大因素作为零售业竞争力的直接构成要素，以零售规模、零售结构、零售效率、零售贡献、零售发展各自的影响因素作为零售业竞争力的间接因素。这就形成了"影响零售业竞争力的间接因素→影响零售业竞争力的直接因素→零售业竞争力的最终结果"的逻辑关系。零售规模、结构、效率、贡献、发展五大构成要素所形成的内在均衡关系决定了零售业竞争力的大小。

第一，从零售规模与零售效率的互动关系来看。一方面，零售效率决定零售规模的扩张方式与扩张速度，要实现零售规模的集约式扩张必须以提高零售效率为前提；另一方面，零售效率的提高必须以零售规模合理化为必要条件。零售最大的职能还是满足市场的供求，沟通生产与消费。不同的商品，无论从供给还是需求的角度来看，都要有一定的零售规模为支撑。从零售投入规模的角度看，如果缺乏必要的生产要素（如资本、劳动力、基础设施、技术）投入规模，流通能力就会不足，零售效率就会受到严重的制约；从零售产出规模来看，没有相应的零售效果（如总的商品销售额、利润额）为支撑，造成零售领域的资源浪费，零售效率同样没有保障。因此，保持合理的零售规模是提高零售效率的必然要求。

第二，从零售规模与零售结构的互动关系来看。一方面，零售规模决定了零售结构，零售规模的大小反映在微观层次上就是零售企业的规模结构，反映在行业上就是行业规模结构，反映在零售业态上就是零售业态结构。另一方面，零售结构又决定了零售规模，因为零售规模必须要以合适的零售结构为支撑，零售结构的变动必须适应零售规模的变化，而零售结构的优化有利于促进零售规模的合理化。

第三，从零售效率与零售结构的互动关系来看。零售效率在客观上反映了零售结构的合理性，因此零售效率是零售结构是否需要维系或变化的参照指标。而零售结构又决定了零售效率，因为流通结构本身反映了各要素在零售领域的配置

方向，其合理与否决定了商品流通的通畅性，直接影响效率的高低。

第四，从零售规模、结构、效率与零售贡献的互动关系来看。零售规模、结构、效率衡量的是区域零售体系运行的内部方式，零售业作为一种耗散体系，需要向外界吸收、释放能量（资本、商品、消费者的流动）。一方面，如果零售规模、结构、效率处于合理的水平区域，那么将对周边区域产生较大的辐射效应，刺激周边区域的经济增长；另一方面，零售贡献水平的提高，将吸引周边区域的商流、物流、信息流、资金流的流入，诱致零售规模、结构的变化，从而产生不同的零售效率。

第五，从零售规模、结构、效率、贡献与零售发展的互动关系来看。零售规模、结构是零售系统的"硬件"及其构成。效率则衡量了零售系统"硬件"与构成运行的内部效果，零售贡献则衡量了零售系统运行的外部效果。一方面当零售效率与贡献能够匹配时，才能促进零售系统进一步优化，反之则反是。另一方面，零售系统发展的质量将影响零售效率与贡献的内在联系。

（二）零售业竞争力指标的选择与说明

依据零售业规模、结构、效率、贡献、发展的五者关系，构建零售业的竞争力指标体系，具体如表4-1所示。

1. 第一大类指标：零售业规模竞争力指标

第一大类指标又包括两项子指标：投入规模指标与产出规模指标。从投入规模指标来看，我们设定了资本总量、从业人员数、年固定资产投资额、基础设施等具体指标。由于物流业的资本总量缺乏数据，本文用限额以上零售业资本规模（$X_1$）来衡量。零售业从业人员数（$X_2$）可以用零售业的城镇单位就业人数加上各地区私营企业和个体就业人数来衡量。零售业的固定资产投资额（$X_3$）可以从统计年鉴中"各地区按主要行业的全社会固定资产投资"中查得。零售基础设施是零售业在运输、配送、销售、市场等方面的物化支持与投入，既影响着商品流通的规模和速度，也决定着区域未来的零售能力。基础设施主要考察物流设施，包括公路、铁路、内河航道的建设情况，通过线路密度来衡量，即每平方千米的铁路里程数（$X_4$）、每平方千米公路里程数（$X_5$）、每平方千米内河航道里程数（$X_6$）。互联网的接入端口数（$X_7$）也是反映基础设施的一项重要指标。产出规模类指标具体设置了六项指标，分别是零售业增加值（$X_8$）、社会消费品零售总额（$X_9$）、限额以上零售业销售总额（$X_{10}$）、限额以上零售业利润总额

（$X_{11}$）、货运总量（$X_{12}$）、客运总量（$X_{13}$）。

2. 第二大类指标：零售业结构竞争力指标

第二大类的零售业结构竞争力指标体系又可以划分为：所有制结构、行业结构、组织结构、资本结构四类子指标。所有制结构可以用限额以上非公有制零售企业的销售比重（$X_{14}$）、限额以上港澳台及外资零售企业的销售比重（$X_{15}$）来衡量；行业结构可以用零售业增加值占 GDP 的比重（$X_{16}$）、限额以上零售业与批发业比值（$X_{17}$）来衡量；组织结构可以用市场集中度（即零售业连锁化比率）（$X_{18}$）、组织规模（即限额以上零售企业平均销售额）（$X_{19}$）来衡量；资本结构可以用限额以上零售业权益负债比（$X_{20}$）来衡量。

3. 第三大类指标：零售业效率竞争力指标

零售业效率可从流通速度、资本效率、人员效率、土地效率、网点效率、技术效率六个角度来考察。具体包括以下指标：限额以上零售业流动资产周转率（$X_{21}$）、限额以上零售业存货周转率（$X_{22}$）、限额以上零售业资本利润率（$X_{23}$）、限额以上零售业销售利润率（$X_{24}$）、限额以上零售业人均销售额（$X_{25}$）、限额以上零售业人均利润额（$X_{26}$）、连锁零售业单位营业面积销售额（$X_{27}$）、亿元商品市场单位营业面积成交额（$X_{28}$）、连锁零售业单个门店销售额（$X_{29}$）、亿元商品市场单个市场成交额（$X_{30}$）、限额以上零售业全要素生产率（$X_{31}$）。

4. 第四大类指标：零售业贡献竞争力指标

零售业贡献竞争力可以从内部贡献和外部贡献两个维度来衡量，包括零售业增加值增长量占 GDP 增长量的比重（$X_{32}$）、地区生产总值增长速度与零售经济贡献率的乘积（$X_{33}$）、流通先导指数（$X_{34}$）、零售就业增量与城市就业增量之比（$X_{35}$）、零售业税收增量（$X_{36}$）、城市社会消费品零售总额/（人均消费性支出×总人口）（$X_{37}$）、出口额（$X_{38}$）、进口额（$X_{39}$）、进出总额（$X_{40}$）、入境旅游人数（$X_{41}$）、国内旅游人数（$X_{42}$）、零售业外资企业销售额增长率与零售业销售额增长率之差（$X_{43}$）、城市货运总量对周边区域的贡献（$X_{44}$）。

5. 第五大类指标：零售业发展竞争力指标

零售业贡献竞争力可从四个维度来衡量：投入增长、产出增长、产业升级、需求增长。包括零售业固定资产投资额增长率（$X_{45}$）、零售业从业人员增长率（$X_{46}$）、零售业资本规模增长率（$X_{47}$）、零售业增加值增长率（$X_{48}$）、社会消费品零售总额增长率（$X_{49}$）、零售业利润总额增长率（$X_{50}$）、货运总量增长率

（$X_{51}$）、连锁经营率（$X_{52}$）、零售业专业技术人员增长率（$X_{53}$）、城镇居民人均可支配收入增长情况（$X_{54}$）、年末储蓄存款余额（$X_{55}$）、旅游人数的增长情况（$X_{56}$）。

（三）数据说明

本课题选取全局主成分分析法，所采用的数据来自 2012—2015 年《中国统计年鉴》以及 2012—2015 年中国各省统计年鉴。缺失数据的处理采用前后两年数据取平均值的方法进行填补。我们采用索洛残值法来估算 2011—2014 年四年间全国 31 个省市的零售业全要素生产率，其中以限额以上零售业从业人员数和限额以上零售业的资本投入量作为自变量，以限额以上零售业主营业务收入作为因变量来估算。根据前面构建的指标体系，分别建立规模竞争力、结构竞争力、效率竞争力、贡献竞争力、发展竞争力五张时序立体数据表，通过 SPSS21.0 软件进行主成分分析，将得出的五个方面指标进行综合，再构建一张时序立体数据表进行分析，继而得出最终的综合竞争力指标。

表 4-1　　　　　　　　　零售业竞争力指标体系

| | | | | | |
|---|---|---|---|---|---|
| 零售业竞争力 | 规模竞争力 | 投入规模 | 限额以上零售业资本规模（限额以上所有者权益） | | $X_1$ |
| | | | 零售业从业人员数（限额以上） | | $X_2$ |
| | | | 零售业固定资产投资额（限额以上） | | $X_3$ |
| | | | 零售基础设施 | 铁路密度（里程数与国土面积比值） | $X_4$ |
| | | | | 公路密度 | $X_5$ |
| | | | | 内河航道密度 | $X_6$ |
| | | | | 互联网接入端口数 | $X_7$ |
| | | 产出规模 | 零售业增加值（含批发业） | | $X_8$ |
| | | | 社会消费品零售总额 | | $X_9$ |
| | | | 限额以上零售业销售总额 | | $X_{10}$ |
| | | | 限额以上零售业利润总额 | | $X_{11}$ |
| | | | 货运总量 | | $X_{12}$ |
| | | | 客运总量 | | $X_{13}$ |

表4-1(续)

| | | | | |
|---|---|---|---|---|
| 零售业竞争力 | 结构竞争力 | 所有制结构 | 限额以上非公有制零售企业的销售比重 | $X_{14}$ |
| | | | 限额以上港澳台及外资零售企业的销售比重 | $X_{15}$ |
| | | 行业结构 | 零售业增加值占GDP的比重 | $X_{16}$ |
| | | | 限额以上零售业与批发业比值 | $X_{17}$ |
| | | 组织结构 | 市场集中度 | $X_{18}$ |
| | | | 组织规模 | $X_{19}$ |
| | | 资本结构 | 限额以上零售业权益负债比 | $X_{20}$ |
| | 效率竞争力 | 流通速度 | 限额以上零售业流动资产周转率 | $X_{21}$ |
| | | | 限额以上零售业存货周转率 | $X_{22}$ |
| | | 流通质量 | 资本效率 | 限额以上零售业资本利润率 | $X_{23}$ |
| | | | | 限额以上零售业销售利润率 | $X_{24}$ |
| | | | 人员效率 | 限额以上零售业人均销售额 | $X_{25}$ |
| | | | | 限额以上零售业人均利润额 | $X_{26}$ |
| | | | 土地效率 | 连锁零售业单位营业面积销售额 | $X_{27}$ |
| | | | | 亿元商品市场单位营业面积成交额 | $X_{28}$ |
| | | | 网点效率 | 连锁零售业单个门店销售额 | $X_{29}$ |
| | | | | 亿元商品市场单个市场成交额 | $X_{30}$ |
| | | | 技术效率 | 限额以上零售业全要素生产率 | $X_{31}$ |
| | 贡献竞争力 | 内部贡献 | 经济贡献力 | 零售业增加值增长量占GDP增长量的比重 | $X_{32}$ |
| | | | 经济拉动力 | 地区生产总值增长速度与零售经济贡献率的乘积 | $X_{33}$ |
| | | | 零售先导性 | 流通先导指数 | $X_{34}$ |
| | | | 就业贡献力 | 零售就业增量与城市就业增量之比 | $X_{35}$ |
| | | | 税收贡献力 | 零售业税收增量 | $X_{36}$ |

表4-1(续)

| | | | | | |
|---|---|---|---|---|---|
| 零售业竞争力 | 贡献竞争力 | 外部贡献 | 商流辐射力 | 城市社会消费品零售总额/（人均消费性支出×总人口） | $X_{37}$ |
| | | | 货源辐射力 | 出口额 | $X_{38}$ |
| | | | | 进口额 | $X_{39}$ |
| | | | | 进出总额 | $X_{40}$ |
| | | | 客源辐射力 | 入境旅游人数 | $X_{41}$ |
| | | | | 国内旅游人数 | $X_{42}$ |
| | | | 引资辐射力 | 零售业外资企业销售额增长率与零售业销售额增长率之差 | $X_{43}$ |
| | | | 物流辐射力 | 城市货运总量对周边区域的贡献 | $X_{44}$ |
| | 发展竞争力 | 投入增长 | | 零售业固定资产投资额增长率 | $X_{45}$ |
| | | | | 零售业从业人员增长率 | $X_{46}$ |
| | | | | 零售业资本规模增长率 | $X_{47}$ |
| | | 产出增长 | | 零售业增加值增长率 | $X_{48}$ |
| | | | | 社会消费品零售总额增长率 | $X_{49}$ |
| | | | | 零售业利润总额增长率 | $X_{50}$ |
| | | | | 货运总量增长率 | $X_{51}$ |
| | | 产业升级 | | 连锁经营率 | $X_{52}$ |
| | | | | 零售业专业技术人员增长率 | $X_{53}$ |
| | | 需求增长 | 内部需求 | 城镇居民人均可支配收入增长情况 | $X_{54}$ |
| | | | | 年末储蓄存款余额 | $X_{55}$ |
| | | | 外部需求 | 旅游人数的增长情况 | $X_{56}$ |

## 三、全局主成分分析法模型

### （一）建立时序立体数据表

若统计 $n$ 个地区，使用相同的 $p$ 个经济指标 $X_1$，$X_2$，$\cdots$，$X_p$ 来描述，那么在 $t$ 年度就有一张数据表：$X_t = (X_{ij})_{n \times p}$，其中 $n$ 为样本点个数，$p$ 为变量个数。每年一张表，$T$ 年共有 $T$ 张数据表，这就是时序立体数据表。然后，将 $T$ 张数据表从上到下排在一起构成一个 $T_{n \times p}$ 的大矩阵，将这个矩阵定义为全局数据表，记为：

$$X = (X_1, X_2, \cdots, X_t)' \ T_{n \times p} = (X_{ij}) \ T_{n \times p}$$

矩阵中的每一行为一个样品，共有 $T_n$ 个样品。形象地看，全局数据表是将时序立体数据表按时间纵向展开，然后就可以对全局数据表实施经典主成分分析。

（二）数据标准化

将数据进行统一变换来消除量纲的影响。为方便起见，记标准后的数据表仍然为：

$$X'_{ij} = \frac{X_{ij} - \bar{X}_J}{\sigma_j}$$

式中，$X_{ij}$ 为指标值，$\bar{X}_J$ 为该项指标的平均值，$\sigma_j$ 为该项指标的标准差。

（三）计算协方差矩阵

定义全局数据表的重心：$g = (\overline{X_1}, \overline{X_2}, \cdots, \overline{X_P}) = \sum_{t=1}^{T} \sum_{i=1}^{n} q_i^t e_i^t$

其中 $q_i^t$ 是 $t$ 时刻样本点 $e_i$ 的权重，且满足：$\sum_{t=1}^{T} \sum_{i=1}^{n} q_i^t = 1$，$\sum_{i=1}^{n} q_i^t = \frac{1}{T}$

显然，若样本点 $e_i$ 的权重不随时间改变，则全局重心等于各表重心的平均。定义全局变量为：

$$X_j = (X_{1J}^1, \cdots, X_{nJ}^1, \cdots, X_{1J}^2, \cdots, X_{nJ}^2, \cdots, X_{1J}^T, \cdots, X_{nJ}^T)$$

则全局方差为：$s_j^2 = Var(X_j) = \sum_{t=1}^{T} \sum_{i=1}^{n} q_i^t (x_{ij}^t - X_j)^2$

全局协方差为：$s_{jk} = Cov(X_j, X_k) = \sum_{t=1}^{T} \sum_{i=1}^{n} q_i^t (x_{ij}^t - \bar{X}_J)(x_{ij}^t - \overline{X_k})$

因此得到全局协方差矩阵：$V = s_{jk(p \times p)} = \sum_{t=1}^{T} \sum_{i=1}^{n} q_i^t (e_i^t - g)(e_i^t - g)'$

$X$ 已经是标准化了，所以 $V$ 又是 $X$ 的相关系数矩阵。

（四）求协方差矩阵的特征向量

求协方差矩阵 $V$ 的前 $m$ 个特征值 $\lambda_1 \geqslant \lambda_2 \geqslant \lambda_3, \cdots, \geqslant \lambda_m$，及对应的特征向量 $\mu_1, \mu_2, \cdots, \mu_m$，它们是标准正交，因此也将 $\mu_1, \mu_2, \cdots, \mu_m$ 称为全局主轴。

**（五）计算主成分及方差贡献率**

由于 $X$ 是中心化的，则第 $h$ 主成分为 $F = \mu'_h X$；求得主成分 $F_1$，$F_2$，$\cdots$，$F_m$ 的方差贡献率及累计方差贡献率：

$$a_k = \frac{\lambda_i}{\sum_{i=1}^{p} \lambda_i}; \quad a_1 + a_2 + \cdots a_n = \frac{\sum_{i=1}^{m} \lambda_i}{\sum_{i=1}^{p} \lambda_i}$$

选出前 $m$ 个最大的特征值对应的主成分 $F_1$，$F_2$，$\cdots$，$F_m$ 使累计方差贡献率接近85%。

**（六）求因子载荷矩阵**

求出 $X_i$ 与 $F_i$ 的相关系数 $\gamma_{ij}$，得到因子载荷矩阵 $A = (\gamma_{ij})$，$\gamma_{ij}$ 表示第 $i$ 个变量 $X_i$ 在第 $j$ 个共因子 $F_j$ 上的负荷，由此可解释主成分 $F_j$ 主要包含了哪些变量的信息。

**（七）求指标的主成分系数**

指标的主成分系数由主成分分析结果的因子载荷矩阵中第 $i$ 列数值除以对应第 $i$ 个特征根的开方求得。

**（八）求指标权重**

$$指标权重 = \sum_{i=1}^{p} \frac{a_{mi} \times a_i}{p}$$

其中 $a_{mi}$ 为第 $i$ 个主成分中第 $m$ 个基础指标的系数。

**（九）求综合评价函数**

$$F = \sum_{i=1}^{m} \frac{\lambda_i}{q} \times f_i$$

其中 $\lambda_i$ 为第 $i$ 个成分的特征根，$f_i$ 是未经标准化的第 $i$ 个主成分得分，$q$ 是各主成分的特征根之和。

## 四、区域零售业竞争力的比较

### （一）规模竞争力

#### 1. 基于全国的比较

计算结果显示，重庆市零售业规模竞争力在 31 个省份中并不突出，排名在 2011 年至 2014 年没有发生变化，一直位居第 16 位。这主要是由于重庆市零售业在增大投入规模的同时，产出规模并没有发生实质性的变化。（具体见表 4-2）

表 4-2　"十二五"时期重庆市零售业规模竞争力得分与排名（全国比较）

| 序号 | 2011 年 | | 2012 年 | | 2013 年 | | 2014 年 | |
|---|---|---|---|---|---|---|---|---|
| | 省份 | 得分 | 省份 | 得分 | 省份 | 得分 | 省份 | 得分 |
| 1 | 广东 | 2.657 | 广东 | 3.793 | 广东 | 5.211 | 广东 | 6.085 |
| 2 | 上海 | 2.619 | 上海 | 3.217 | 江苏 | 4.474 | 江苏 | 4.813 |
| 3 | 江苏 | 2.144 | 江苏 | 2.932 | 上海 | 4.392 | 山东 | 4.415 |
| 4 | 浙江 | 1.401 | 山东 | 2.042 | 山东 | 3.481 | 上海 | 4.324 |
| 5 | 山东 | 1.276 | 浙江 | 2.042 | 北京 | 3.139 | 北京 | 3.621 |
| 6 | 北京 | 1.233 | 北京 | 1.898 | 浙江 | 2.738 | 浙江 | 3.152 |
| 7 | 河南 | 0.179 | 河南 | 0.551 | 河南 | 0.936 | 河南 | 1.378 |
| 8 | 辽宁 | -0.120 | 辽宁 | 0.272 | 辽宁 | 0.784 | 辽宁 | 1.069 |
| 9 | 河北 | -0.372 | 河北 | -0.022 | 河北 | 0.285 | 河北 | 1.054 |
| 10 | 湖北 | -0.503 | 湖北 | -0.237 | 湖北 | 0.256 | 湖北 | 0.635 |
| 11 | 天津 | -0.576 | 湖南 | -0.374 | 安徽 | 0.123 | 湖南 | 0.503 |
| 12 | 湖南 | -0.630 | 天津 | -0.383 | 天津 | 0.065 | 安徽 | 0.470 |
| 13 | 安徽 | -0.643 | 安徽 | -0.409 | 湖南 | 0.023 | 四川 | 0.459 |
| 14 | 四川 | -0.779 | 四川 | -0.482 | 四川 | -0.039 | 天津 | 0.352 |
| 15 | 福建 | -0.830 | 福建 | -0.491 | 福建 | -0.137 | 福建 | 0.230 |
| 16 | 重庆 | -0.990 | 重庆 | -0.729 | 重庆 | -0.394 | 重庆 | -0.066 |
| 17 | 山西 | -1.074 | 山西 | -0.799 | 山西 | -0.616 | 山西 | -0.347 |
| 18 | 江西 | -1.276 | 江西 | -1.150 | 陕西 | -0.872 | 陕西 | -0.484 |
| 19 | 陕西 | -1.385 | 陕西 | -1.158 | 江西 | -0.874 | 江西 | -0.660 |

表4-2(续)

| 序号 | 2011 年 | | 2012 年 | | 2013 年 | | 2014 年 | |
|---|---|---|---|---|---|---|---|---|
| | 省份 | 得分 | 省份 | 得分 | 省份 | 得分 | 省份 | 得分 |
| 20 | 黑龙江 | -1.448 | 黑龙江 | -1.242 | 广西 | -1.024 | 广西 | -0.743 |
| 21 | 云南 | -1.459 | 云南 | -1.254 | 黑龙江 | -1.089 | 黑龙江 | -0.816 |
| 22 | 广西 | -1.524 | 广西 | -1.310 | 内蒙古 | -1.153 | 云南 | -1.006 |
| 23 | 吉林 | -1.655 | 吉林 | -1.460 | 贵州 | -1.196 | 内蒙古 | -1.039 |
| 24 | 贵州 | -1.781 | 内蒙古 | -1.592 | 新疆 | -1.382 | 吉林 | -1.057 |
| 25 | 内蒙古 | -1.817 | 贵州 | -1.649 | 海南 | -1.564 | 贵州 | -1.285 |
| 26 | 海南 | -2.223 | 海南 | -2.101 | 甘肃 | -1.976 | 新疆 | -1.889 |
| 27 | 新疆 | -2.235 | 新疆 | -2.116 | 宁夏 | -2.043 | 甘肃 | -1.955 |
| 28 | 甘肃 | -2.236 | 甘肃 | -2.158 | 青海 | -2.051 | 海南 | -1.956 |
| 29 | 宁夏 | -2.417 | 宁夏 | -2.388 | 西藏 | -2.297 | 宁夏 | -2.235 |
| 30 | 青海 | -2.685 | 青海 | -2.663 | 吉林 | -2.626 | 青海 | -2.605 |
| 31 | 西藏 | -2.806 | 西藏 | -2.791 | 云南 | -2.748 | 西藏 | -2.753 |

资料来源：2012—2015 年《中国统计年鉴》、国家统计局公布数据。

## 2. 基于直辖市的比较

从规模竞争力来看，重庆市在 4 个直辖市中排名垫底，意味着重庆市还需要努力提升零售业规模竞争力。（具体见表 4-3）

表4-3 "十二五"时期重庆市零售业规模竞争力得分与排名（直辖市比较）

| 序号 | 2011 年 | | 2012 年 | | 2013 年 | | 2014 年 | |
|---|---|---|---|---|---|---|---|---|
| | 省份 | 得分 | 省份 | 得分 | 省份 | 得分 | 省份 | 得分 |
| 1 | 上海 | 2.619 | 上海 | 3.217 | 上海 | 4.392 | 上海 | 4.324 |
| 2 | 北京 | 1.233 | 北京 | 1.898 | 北京 | 3.139 | 北京 | 3.621 |
| 3 | 天津 | -0.576 | 天津 | -0.383 | 天津 | 0.065 | 天津 | 0.352 |
| 4 | 重庆 | -0.990 | 重庆 | -0.729 | 重庆 | -0.394 | 重庆 | -0.066 |

资料来源：2012—2015 年《中国统计年鉴》、国家统计局公布数据。

## 3. 基于长江经济带的比较

重庆市零售业规模竞争力在长江经济带 11 个省市中排名第 8，在与沿海省市的比较中处于下风，凸显出重庆市在零售业规模方面尚处于瓶颈期。（具体见表 4-4）

表4-4 "十二五"时期重庆市零售业规模竞争力得分与排名（长江经济带比较）

| 序号 | 2011 年 | | 2012 年 | | 2013 年 | | 2014 年 | |
|---|---|---|---|---|---|---|---|---|
| | 省份 | 得分 | 省份 | 得分 | 省份 | 得分 | 省份 | 得分 |
| 1 | 上海 | 2.619 | 上海 | 3.217 | 江苏 | 4.474 | 江苏 | 4.813 |
| 2 | 江苏 | 2.144 | 江苏 | 2.932 | 上海 | 4.392 | 上海 | 4.324 |
| 3 | 浙江 | 1.401 | 浙江 | 2.042 | 浙江 | 2.738 | 浙江 | 3.152 |
| 4 | 湖北 | -0.503 | 湖北 | -0.237 | 湖北 | 0.256 | 湖北 | 0.635 |
| 5 | 湖南 | -0.630 | 湖南 | -0.374 | 安徽 | 0.123 | 湖南 | 0.503 |
| 6 | 安徽 | -0.643 | 安徽 | -0.409 | 湖南 | 0.023 | 安徽 | 0.470 |
| 7 | 四川 | -0.779 | 四川 | -0.482 | 四川 | -0.039 | 四川 | 0.459 |
| 8 | 重庆 | -0.990 | 重庆 | -0.729 | 重庆 | -0.394 | 重庆 | -0.066 |
| 9 | 江西 | -1.276 | 江西 | -1.150 | 江西 | -0.874 | 江西 | -0.660 |
| 10 | 云南 | -1.459 | 云南 | -1.254 | 贵州 | -1.196 | 云南 | -1.006 |
| 11 | 贵州 | -1.781 | 贵州 | -1.649 | 云南 | -2.748 | 贵州 | -1.285 |

资料来源：2012—2015 年《中国统计年鉴》、国家统计局公布数据。

**4. 基于西部地区的比较**

在与西部省份的比较中，重庆市零售业规模竞争力优势明显，排在所有西部省份中的第 2 位，仅落后于四川。（具体见表4-5）

表4-5 "十二五"时期重庆市零售业规模竞争力得分与排名（西部地区比较）

| 序号 | 2011 年 | | 2012 年 | | 2013 年 | | 2014 年 | |
|---|---|---|---|---|---|---|---|---|
| | 省份 | 得分 | 省份 | 得分 | 省份 | 得分 | 省份 | 得分 |
| 1 | 四川 | -0.779 | 四川 | -0.482 | 四川 | -0.039 | 四川 | 0.459 |
| 2 | 重庆 | -0.990 | 重庆 | -0.729 | 重庆 | -0.394 | 重庆 | -0.066 |
| 3 | 陕西 | -1.385 | 陕西 | -1.158 | 陕西 | -0.872 | 陕西 | -0.484 |
| 4 | 云南 | -1.459 | 云南 | -1.254 | 广西 | -1.024 | 广西 | -0.743 |
| 5 | 广西 | -1.524 | 广西 | -1.310 | 内蒙古 | -1.153 | 云南 | -1.006 |
| 6 | 贵州 | -1.781 | 内蒙古 | -1.592 | 贵州 | -1.196 | 内蒙古 | -1.039 |
| 7 | 内蒙古 | -1.817 | 贵州 | -1.649 | 新疆 | -1.382 | 贵州 | -1.285 |
| 8 | 新疆 | -2.235 | 新疆 | -2.116 | 甘肃 | -1.976 | 新疆 | -1.889 |

表4-5(续)

| 序号 | 2011 年 | | 2012 年 | | 2013 年 | | 2014 年 | |
|---|---|---|---|---|---|---|---|---|
| | 省份 | 得分 | 省份 | 得分 | 省份 | 得分 | 省份 | 得分 |
| 9 | 甘肃 | -2.236 | 甘肃 | -2.158 | 宁夏 | -2.043 | 甘肃 | -1.955 |
| 10 | 宁夏 | -2.417 | 宁夏 | -2.388 | 青海 | -2.051 | 宁夏 | -2.235 |
| 11 | 青海 | -2.685 | 青海 | -2.663 | 西藏 | -2.297 | 青海 | -2.605 |
| 12 | 西藏 | -2.806 | 西藏 | -2.791 | 云南 | -2.748 | 西藏 | -2.753 |

资料来源：2012—2015 年《中国统计年鉴》、国家统计局公布数据。

## （二）结构竞争力

### 1. 基于全国的比较

"十二五"期间，重庆市零售业结构竞争力排名体现出先降后升的特征，由2011 年的第 11 位下降到 2012 年的第 12 位，再下降到 2013 年的第 13 位，在2014 年上升 3 位排名第 10。这也说明重庆市零售业产业结构在"十二五"期初到期中在不断地调整，所有制结构、行业结构、组织结构、资本结构调整释放的经济效应开始显现。（具体见表 4-6）

表 4-6　"十二五"时期重庆市零售业结构竞争力得分与排名（全国比较）

| 序号 | 2011 年 | | 2012 年 | | 2013 年 | | 2014 年 | |
|---|---|---|---|---|---|---|---|---|
| | 省份 | 得分 | 省份 | 得分 | 省份 | 得分 | 省份 | 得分 |
| 1 | 上海 | 2.591 | 上海 | 2.449 | 上海 | 3.155 | 上海 | 3.885 |
| 2 | 北京 | 1.319 | 吉林 | 2.058 | 北京 | 1.728 | 北京 | 2.385 |
| 3 | 广东 | 0.775 | 北京 | 1.458 | 广东 | 0.870 | 天津 | 1.038 |
| 4 | 天津 | 0.692 | 福建 | 0.733 | 天津 | 0.678 | 广东 | 1.028 |
| 5 | 安徽 | 0.692 | 广东 | 0.708 | 江苏 | 0.557 | 江苏 | 0.821 |
| 6 | 辽宁 | 0.582 | 江苏 | 0.414 | 福建 | 0.416 | 福建 | 0.478 |
| 7 | 江苏 | 0.576 | 天津 | 0.397 | 安徽 | 0.203 | 海南 | 0.390 |
| 8 | 福建 | 0.386 | 安徽 | 0.310 | 甘肃 | 0.190 | 河北 | 0.214 |
| 9 | 浙江 | 0.343 | 湖北 | 0.204 | 辽宁 | 0.106 | 浙江 | 0.183 |
| 10 | 甘肃 | 0.289 | 辽宁 | 0.100 | 河北 | 0.084 | 重庆 | 0.141 |

表4-6(续)

| 序号 | 2011 年 | | 2012 年 | | 2013 年 | | 2014 年 | |
|---|---|---|---|---|---|---|---|---|
| | 省份 | 得分 | 省份 | 得分 | 省份 | 得分 | 省份 | 得分 |
| 11 | 重庆 | 0.263 | 浙江 | 0.087 | 内蒙古 | 0.030 | 辽宁 | 0.104 |
| 12 | 湖北 | 0.253 | 重庆 | 0.043 | 浙江 | 0.019 | 新疆 | 0.076 |
| 13 | 海南 | 0.209 | 甘肃 | 0.012 | 重庆 | 0.016 | 陕西 | 0.048 |
| 14 | 内蒙古 | -0.167 | 海南 | -0.016 | 湖北 | -0.016 | 甘肃 | 0.047 |
| 15 | 广西 | -0.191 | 广西 | -0.157 | 海南 | -0.031 | 内蒙古 | 0.033 |
| 16 | 云南 | -0.226 | 河北 | -0.158 | 江西 | -0.082 | 安徽 | 0.031 |
| 17 | 河北 | -0.268 | 新疆 | -0.185 | 新疆 | -0.083 | 江西 | 0.030 |
| 18 | 四川 | -0.278 | 内蒙古 | -0.276 | 黑龙江 | -0.225 | 吉林 | 0.027 |
| 19 | 山东 | -0.374 | 江西 | -0.324 | 山东 | -0.276 | 山东 | 0.025 |
| 20 | 吉林 | -0.374 | 云南 | -0.399 | 云南 | -0.276 | 宁夏 | -0.051 |
| 21 | 新疆 | -0.381 | 四川 | -0.404 | 广西 | -0.346 | 广西 | -0.124 |
| 22 | 贵州 | -0.391 | 山东 | -0.440 | 湖南 | -0.365 | 河南 | -0.135 |
| 23 | 江西 | -0.443 | 山西 | -0.538 | 贵州 | -0.395 | 贵州 | -0.196 |
| 24 | 湖南 | -0.460 | 黑龙江 | -0.628 | 宁夏 | -0.407 | 云南 | -0.221 |
| 25 | 陕西 | -0.539 | 宁夏 | -0.677 | 山西 | -0.419 | 湖北 | -0.341 |
| 26 | 山西 | -0.581 | 湖南 | -0.688 | 吉林 | -0.433 | 黑龙江 | -0.363 |
| 27 | 宁夏 | -0.689 | 陕西 | -0.986 | 四川 | -0.544 | 山西 | -0.400 |
| 28 | 黑龙江 | -0.712 | 青海 | -1.049 | 陕西 | -0.683 | 湖南 | -0.411 |
| 29 | 河南 | -0.926 | 贵州 | -1.058 | 青海 | -0.909 | 青海 | -0.650 |
| 30 | 青海 | -1.226 | 河南 | -1.161 | 河南 | -1.156 | 四川 | -0.724 |
| 31 | 西藏 | -2.133 | 西藏 | -1.814 | 西藏 | -1.776 | 西藏 | -1.691 |

资料来源:2012—2015 年《中国统计年鉴》、国家统计局公布数据。

2. 基于直辖市的比较

在与直辖市的横向比较中,重庆市零售业结构竞争力依然不具备竞争优势,在所有制结构、行业结构、组织结构、资本结构方面均与其他三市存在着十分明显的差距。(具体见表4-7)

表 4-7  "十二五"时期重庆市零售业结构竞争力得分与排名（直辖市比较）

| 序号 | 2011 年 | | 2012 年 | | 2013 年 | | 2014 年 | |
|---|---|---|---|---|---|---|---|---|
| | 省份 | 得分 | 省份 | 得分 | 省份 | 得分 | 省份 | 得分 |
| 1 | 上海 | 2.591 | 上海 | 2.449 | 上海 | 3.155 | 上海 | 3.885 |
| 2 | 北京 | 1.319 | 北京 | 1.458 | 北京 | 1.728 | 北京 | 2.385 |
| 3 | 天津 | 0.692 | 天津 | 0.397 | 天津 | 0.678 | 天津 | 1.038 |
| 4 | 重庆 | 0.263 | 重庆 | 0.043 | 重庆 | 0.016 | 重庆 | 0.141 |

资料来源：2012—2015 年《中国统计年鉴》、国家统计局公布数据。

3. 基于长江经济带的比较

"十二五"期间，重庆市零售业结构竞争力在长江经济带各省市中稳步前进，虽然排名由 2011 年的第 5 位下降到 2012 年的第 6 位，但在 2013 年与 2014 年实现连续攀升，由 2012 年的第 6 位上升至 2013 年的第 5 位，由 2013 年的第 5 位上升至 2014 年的第 4 位。（具体见表 4-8）

表 4-8  "十二五"时期重庆市零售业结构竞争力得分与排名（长江经济带比较）

| 序号 | 2011 年 | | 2012 年 | | 2013 年 | | 2014 年 | |
|---|---|---|---|---|---|---|---|---|
| | 省份 | 得分 | 省份 | 得分 | 省份 | 得分 | 省份 | 得分 |
| 1 | 上海 | 2.591 | 上海 | 2.449 | 上海 | 3.155 | 上海 | 3.885 |
| 2 | 安徽 | 0.692 | 江苏 | 0.414 | 江苏 | 0.557 | 江苏 | 0.821 |
| 3 | 江苏 | 0.576 | 安徽 | 0.310 | 安徽 | 0.203 | 浙江 | 0.183 |
| 4 | 浙江 | 0.343 | 湖北 | 0.204 | 浙江 | 0.019 | 重庆 | 0.141 |
| 5 | 重庆 | 0.263 | 浙江 | 0.087 | 重庆 | 0.016 | 安徽 | 0.031 |
| 6 | 湖北 | 0.253 | 重庆 | 0.043 | 湖北 | -0.016 | 江西 | 0.030 |
| 7 | 云南 | -0.226 | 江西 | -0.324 | 江西 | -0.082 | 贵州 | -0.196 |
| 8 | 四川 | -0.278 | 云南 | -0.399 | 云南 | -0.276 | 云南 | -0.221 |
| 9 | 贵州 | -0.391 | 四川 | -0.404 | 湖南 | -0.365 | 湖北 | -0.341 |
| 10 | 江西 | -0.443 | 湖南 | -0.688 | 贵州 | -0.395 | 湖南 | -0.411 |
| 11 | 湖南 | -0.460 | 贵州 | -1.058 | 四川 | -0.544 | 四川 | -0.724 |

资料来源：2012—2015 年《中国统计年鉴》、国家统计局公布数据。

4. 基于西部地区的比较

在西部地区排名中，重庆市零售业结构竞争力保持着领先的优势，除了在2011 年与 2013 年分别处于第 2 位与第 3 位外，其余年份均排在第 1 位。（具体见表4-9）

表4-9　"十二五"时期重庆市零售业结构竞争力得分与排名（西部地区比较）

| 序号 | 2011 年 | | 2012 年 | | 2013 年 | | 2014 年 | |
|---|---|---|---|---|---|---|---|---|
| | 省份 | 得分 | 省份 | 得分 | 省份 | 得分 | 省份 | 得分 |
| 1 | 甘肃 | 0.289 | 重庆 | 0.043 | 甘肃 | 0.190 | 重庆 | 0.141 |
| 2 | 重庆 | 0.263 | 甘肃 | 0.012 | 内蒙古 | 0.030 | 新疆 | 0.076 |
| 3 | 内蒙古 | -0.167 | 广西 | -0.157 | 重庆 | 0.016 | 陕西 | 0.048 |
| 4 | 广西 | -0.191 | 新疆 | -0.185 | 新疆 | -0.083 | 甘肃 | 0.047 |
| 5 | 云南 | -0.226 | 内蒙古 | -0.276 | 云南 | -0.276 | 内蒙古 | 0.033 |
| 6 | 四川 | -0.278 | 云南 | -0.399 | 广西 | -0.346 | 宁夏 | -0.051 |
| 7 | 新疆 | -0.381 | 四川 | -0.404 | 贵州 | -0.395 | 广西 | -0.124 |
| 8 | 贵州 | -0.391 | 宁夏 | -0.677 | 宁夏 | -0.407 | 贵州 | -0.196 |
| 9 | 陕西 | -0.539 | 陕西 | -0.986 | 四川 | -0.544 | 云南 | -0.221 |
| 10 | 宁夏 | -0.689 | 青海 | -1.049 | 陕西 | -0.683 | 青海 | -0.650 |
| 11 | 青海 | -1.226 | 贵州 | -1.058 | 青海 | -0.909 | 四川 | -0.724 |
| 12 | 西藏 | -2.133 | 西藏 | -1.814 | 西藏 | -1.776 | 西藏 | -1.691 |

资料来源：2012—2015 年《中国统计年鉴》、国家统计局公布数据。

（三）效率竞争力

1. 基于全国的比较

"十二五"期间，重庆市零售业效率竞争力提升取得了显著的效果，虽然在2012 年由 2011 年的第 11 位跌落至第 12 位，但在 2013 年实现跨越式赶超，迅速提升至第 5 位，并在 2014 年保持住了效率竞争力的相对优势。（具体见表4-10）

表4-10　"十二五"时期重庆市零售业效率竞争力得分与排名（全国比较）

| 序号 | 2011 年 | | 2012 年 | | 2013 年 | | 2014 年 | |
|---|---|---|---|---|---|---|---|---|
| | 省份 | 得分 | 省份 | 得分 | 省份 | 得分 | 省份 | 得分 |
| 1 | 上海 | 2.095 | 上海 | 2.560 | 天津 | 0.759 | 天津 | 3.231 |
| 2 | 天津 | 1.327 | 天津 | 2.142 | 上海 | 0.738 | 上海 | 2.720 |
| 3 | 陕西 | 1.315 | 江苏 | 1.073 | 陕西 | 0.593 | 北京 | 1.427 |

表4-10(续)

| 序号 | 2011 年 | | 2012 年 | | 2013 年 | | 2014 年 | |
|---|---|---|---|---|---|---|---|---|
| | 省份 | 得分 | 省份 | 得分 | 省份 | 得分 | 省份 | 得分 |
| 4 | 海南 | 0.649 | 吉林 | 0.965 | 内蒙古 | 0.518 | 陕西 | 1.308 |
| 5 | 辽宁 | 0.544 | 陕西 | 0.923 | 重庆 | 0.381 | 重庆 | 1.069 |
| 6 | 浙江 | 0.494 | 内蒙古 | 0.839 | 江苏 | 0.366 | 江苏 | 0.963 |
| 7 | 江苏 | 0.454 | 北京 | 0.724 | 北京 | 0.078 | 江西 | 0.771 |
| 8 | 广东 | 0.397 | 辽宁 | 0.565 | 江西 | 0.002 | 内蒙古 | 0.744 |
| 9 | 北京 | 0.246 | 湖北 | 0.524 | 广东 | -0.001 | 辽宁 | 0.589 |
| 10 | 湖北 | 0.230 | 浙江 | 0.446 | 湖北 | -0.029 | 浙江 | 0.491 |
| 11 | 重庆 | 0.068 | 江西 | 0.240 | 浙江 | -0.092 | 广东 | 0.490 |
| 12 | 甘肃 | 0.038 | 重庆 | 0.159 | 辽宁 | -0.167 | 山东 | 0.369 |
| 13 | 河北 | -0.019 | 广东 | 0.154 | 黑龙江 | -0.208 | 海南 | 0.363 |
| 14 | 湖南 | -0.059 | 河北 | 0.143 | 西藏 | -0.243 | 湖北 | 0.319 |
| 15 | 江西 | -0.119 | 新疆 | 0.016 | 安徽 | -0.278 | 甘肃 | 0.187 |
| 16 | 福建 | -0.127 | 福建 | -0.017 | 山东 | -0.340 | 湖南 | 0.042 |
| 17 | 内蒙古 | -0.151 | 山西 | -0.045 | 湖南 | -0.370 | 安徽 | -0.082 |
| 18 | 四川 | -0.246 | 山东 | -0.052 | 贵州 | -0.425 | 新疆 | -0.156 |
| 19 | 广西 | -0.277 | 甘肃 | -0.066 | 四川 | -0.428 | 山西 | -0.176 |
| 20 | 新疆 | -0.334 | 安徽 | -0.070 | 福建 | 0.759 | 福建 | -0.185 |
| 21 | 安徽 | -0.337 | 西藏 | -0.123 | 新疆 | 0.738 | 广西 | -0.259 |
| 22 | 吉林 | -0.380 | 湖南 | -0.213 | 吉林 | -0.365 | 河北 | -0.320 |
| 23 | 贵州 | -0.388 | 广西 | -0.287 | 甘肃 | -0.395 | 四川 | -0.337 |
| 24 | 山西 | -0.540 | 黑龙江 | -0.306 | 河北 | -0.489 | 河南 | -0.413 |
| 25 | 山东 | -0.550 | 四川 | -0.417 | 海南 | -0.505 | 吉林 | -0.468 |
| 26 | 河南 | -0.569 | 海南 | -0.460 | 广西 | -0.601 | 贵州 | -0.471 |
| 27 | 黑龙江 | -0.604 | 贵州 | -0.564 | 山西 | -0.614 | 黑龙江 | -0.515 |
| 28 | 云南 | -1.198 | 河南 | -0.592 | 河南 | -0.655 | 青海 | -0.632 |
| 29 | 青海 | -1.287 | 宁夏 | -0.786 | 青海 | -0.736 | 云南 | -0.830 |
| 30 | 宁夏 | -1.398 | 青海 | -1.174 | 宁夏 | -1.038 | 宁夏 | -0.871 |
| 31 | 西藏 | -1.956 | 云南 | -1.196 | 云南 | -1.047 | 西藏 | -0.980 |

资料来源:2012—2015 年《中国统计年鉴》、国家统计局公布数据。

2. 基于直辖市的比较

在零售业效率竞争力方面，重庆市与其他直辖市相比仍然不具备优势，仅在 2013 年超过了北京，其余年份均排在末位。（具体见表 4-11）

表 4-11 "十二五"时期重庆市零售业效率竞争力得分与排名（直辖市比较）

| 序号 | 2011 年 | | 2012 年 | | 2013 年 | | 2014 年 | |
|---|---|---|---|---|---|---|---|---|
| | 省份 | 得分 | 省份 | 得分 | 省份 | 得分 | 省份 | 得分 |
| 1 | 上海 | 2.095 | 上海 | 2.560 | 天津 | 0.759 | 天津 | 3.231 |
| 2 | 天津 | 1.327 | 天津 | 2.142 | 上海 | 0.738 | 上海 | 2.720 |
| 3 | 北京 | 0.246 | 北京 | 0.724 | 重庆 | 0.381 | 北京 | 1.427 |
| 4 | 重庆 | 0.068 | 重庆 | 0.159 | 北京 | 0.078 | 重庆 | 1.069 |

资料来源：2012—2015 年《中国统计年鉴》、国家统计局公布数据。

3. 基于长江经济带的比较

"十二五"期间，重庆市零售业效率竞争力在长江经济带 11 个省市中进步明显，在 2013 年、2014 年连续两年排名第 2。（具体见表 4-12）

表 4-12 "十二五"时期重庆市零售业效率竞争力得分与排名（长江经济带比较）

| 序号 | 2011 年 | | 2012 年 | | 2013 年 | | 2014 年 | |
|---|---|---|---|---|---|---|---|---|
| | 省份 | 得分 | 省份 | 得分 | 省份 | 得分 | 省份 | 得分 |
| 1 | 上海 | 2.095 | 上海 | 2.560 | 上海 | 0.738 | 上海 | 2.720 |
| 2 | 浙江 | 0.494 | 江苏 | 1.073 | 重庆 | 0.381 | 重庆 | 1.069 |
| 3 | 江苏 | 0.454 | 湖北 | 0.524 | 江苏 | 0.366 | 江苏 | 0.963 |
| 4 | 湖北 | 0.230 | 浙江 | 0.446 | 江西 | 0.002 | 江西 | 0.771 |
| 5 | 重庆 | 0.068 | 江西 | 0.240 | 湖北 | -0.029 | 浙江 | 0.491 |
| 6 | 湖南 | -0.059 | 重庆 | 0.159 | 浙江 | -0.092 | 湖北 | 0.319 |
| 7 | 江西 | -0.119 | 安徽 | -0.07 | 安徽 | -0.278 | 湖南 | 0.042 |
| 8 | 四川 | -0.246 | 湖南 | -0.213 | 湖南 | -0.370 | 安徽 | -0.082 |
| 9 | 安徽 | -0.337 | 四川 | -0.417 | 贵州 | -0.425 | 四川 | -0.337 |
| 10 | 贵州 | -0.388 | 贵州 | -0.564 | 四川 | -0.428 | 贵州 | -0.471 |
| 11 | 云南 | -1.198 | 云南 | -1.196 | 云南 | -1.047 | 云南 | -0.830 |

资料来源：2012—2015 年《中国统计年鉴》、国家统计局公布数据。

4. 基于西部地区的比较

重庆市零售业效率竞争力在"十二五"期间保持稳定，在西部地区省份中，在 2011 年排第 2 位，虽然在 2012 年下跌了 1 位且在 2013 年没有实现提高，但由于其绝对竞争力数值在不断攀升，使其排名在 2014 年便恢复到了 2011 年的位置。（具体见表 4-13）

表 4-13 "十二五"时期重庆市零售业效率竞争力得分与排名（西部地区比较）

| 序号 | 2011 年 | | 2012 年 | | 2013 年 | | 2014 年 | |
| --- | --- | --- | --- | --- | --- | --- | --- | --- |
| | 省份 | 得分 | 省份 | 得分 | 省份 | 得分 | 省份 | 得分 |
| 1 | 陕西 | 1.315 | 陕西 | 0.923 | 陕西 | 0.593 | 陕西 | 1.308 |
| 2 | 重庆 | 0.068 | 内蒙古 | 0.839 | 内蒙古 | 0.518 | 重庆 | 1.069 |
| 3 | 甘肃 | 0.038 | 重庆 | 0.159 | 重庆 | 0.381 | 内蒙古 | 0.744 |
| 4 | 内蒙古 | -0.151 | 新疆 | 0.016 | 西藏 | -0.243 | 甘肃 | 0.187 |
| 5 | 四川 | -0.246 | 甘肃 | -0.066 | 贵州 | -0.425 | 新疆 | -0.156 |
| 6 | 广西 | -0.277 | 西藏 | -0.123 | 四川 | -0.428 | 广西 | -0.259 |
| 7 | 新疆 | -0.334 | 广西 | -0.287 | 新疆 | 0.738 | 四川 | -0.337 |
| 8 | 贵州 | -0.388 | 四川 | -0.417 | 甘肃 | -0.395 | 贵州 | -0.471 |
| 9 | 云南 | -1.198 | 贵州 | -0.564 | 广西 | -0.601 | 青海 | -0.632 |
| 10 | 青海 | -1.287 | 宁夏 | -0.786 | 青海 | -0.736 | 云南 | -0.830 |
| 11 | 宁夏 | -1.398 | 青海 | -1.174 | 宁夏 | -1.038 | 宁夏 | -0.871 |
| 12 | 西藏 | -1.956 | 云南 | -1.196 | 云南 | -1.047 | 西藏 | -0.980 |

资料来源：2012—2015 年《中国统计年鉴》、国家统计局公布数据。

（四）贡献竞争力

1. 基于全国的比较

"十二五"期间，重庆市零售业贡献竞争力排名出现一定的波动，由 2011 年的第 12 位上升到 2012 年的第 11 位，但在 2013 年下降至 15 位，在 2014 年迅速攀升至第 8 位。（具体见表 4-14）

表 4-14 "十二五"时期重庆市零售业贡献竞争力得分与排名（全国比较）

| 序号 | 2011 年 | | 2012 年 | | 2013 年 | | 2014 年 | |
|---|---|---|---|---|---|---|---|---|
| | 省份 | 得分 | 省份 | 得分 | 省份 | 得分 | 省份 | 得分 |
| 1 | 上海 | 2.622 | 上海 | 2.803 | 上海 | 2.947 | 上海 | 3.247 |
| 2 | 北京 | 1.993 | 北京 | 2.003 | 北京 | 2.275 | 北京 | 2.835 |
| 3 | 广东 | 1.899 | 江苏 | 1.968 | 广东 | 1.949 | 江苏 | 2.258 |
| 4 | 江苏 | 1.685 | 广东 | 1.944 | 天津 | 1.966 | 广东 | 2.236 |
| 5 | 安徽 | 1.474 | 福建 | 1.693 | 江苏 | 1.738 | 天津 | 1.707 |
| 6 | 天津 | 1.335 | 吉林 | 1.587 | 安徽 | 1.488 | 福建 | 1.573 |
| 7 | 辽宁 | 1.207 | 天津 | 1.503 | 福建 | 1.367 | 浙江 | 1.429 |
| 8 | 福建 | 1.173 | 安徽 | 1.373 | 辽宁 | 1.238 | 重庆 | 1.338 |
| 9 | 浙江 | 1.154 | 湖北 | 1.218 | 甘肃 | 1.277 | 海南 | 1.239 |
| 10 | 甘肃 | 1.089 | 辽宁 | 1.079 | 河北 | 1.183 | 新疆 | 1.185 |
| 11 | 山东 | 1.055 | 重庆 | 1.033 | 内蒙古 | 1.162 | 内蒙古 | 1.177 |
| 12 | 重庆 | 1.027 | 四川 | 1.020 | 浙江 | 1.074 | 河北 | 1.132 |
| 13 | 四川 | 1.003 | 浙江 | 1.013 | 湖北 | 1.037 | 陕西 | 1.087 |
| 14 | 内蒙古 | 0.772 | 甘肃 | 0.976 | 海南 | 1.026 | 四川 | 1.063 |
| 15 | 湖北 | 0.650 | 广西 | 0.883 | 重庆 | 0.947 | 辽宁 | 1.046 |
| 16 | 云南 | 0.047 | 河北 | 0.677 | 江西 | 0.857 | 安徽 | 1.032 |
| 17 | 河北 | 0.035 | 云南 | 0.495 | 新疆 | 0.662 | 江西 | 1.026 |
| 18 | 广西 | 0.022 | 内蒙古 | 0.348 | 黑龙江 | 0.407 | 吉林 | 1.005 |
| 19 | 海南 | 0.019 | 江西 | 0.158 | 山东 | 0.248 | 山东 | 0.082 |
| 20 | 吉林 | 0.008 | 海南 | 0.057 | 云南 | 0.132 | 贵州 | 0.056 |
| 21 | 湖南 | -0.270 | 新疆 | 0.027 | 广西 | 0.074 | 山西 | 0.037 |
| 22 | 陕西 | -0.414 | 山东 | -0.370 | 湖南 | 0.041 | 河南 | 0.025 |
| 23 | 江西 | -0.457 | 山西 | -0.483 | 贵州 | -0.458 | 宁夏 | -0.033 |
| 24 | 新疆 | -0.483 | 贵州 | -0.569 | 河南 | -0.575 | 云南 | -0.147 |
| 25 | 贵州 | -0.782 | 湖南 | -0.679 | 山西 | -0.643 | 湖北 | -0.421 |
| 26 | 山西 | -0.899 | 河南 | -0.739 | 吉林 | -0.771 | 黑龙江 | -0.638 |
| 27 | 宁夏 | -1.135 | 陕西 | -0.874 | 四川 | -0.946 | 广西 | -0.893 |
| 28 | 黑龙江 | -1.603 | 青海 | -1.027 | 陕西 | -1.012 | 湖南 | -1.112 |

表4-14(续)

| 序号 | 2011 年 | | 2012 年 | | 2013 年 | | 2014 年 | |
|---|---|---|---|---|---|---|---|---|
| | 省份 | 得分 | 省份 | 得分 | 省份 | 得分 | 省份 | 得分 |
| 29 | 河南 | -1.934 | 黑龙江 | -1.038 | 青海 | -1.348 | 甘肃 | -1.327 |
| 30 | 青海 | -2.146 | 宁夏 | -1.139 | 宁夏 | -1.726 | 青海 | -1.635 |
| 31 | 西藏 | -2.843 | 西藏 | -1.772 | 西藏 | -1.883 | 西藏 | -1.757 |

资料来源：2012—2015 年《中国统计年鉴》、国家统计局公布数据。

2. 基于直辖市的比较

在与直辖市间的横向比较中，重庆市零售业贡献竞争力与其他三市相比仍有较大的差距。这说明重庆市零售业在推动区域经济增长与带动周边区域发展方面，还有很大的提升空间。（具体见表4-15）

表 4-15 "十二五"时期重庆市零售业贡献竞争力得分与排名（直辖市比较）

| 序号 | 2011 年 | | 2012 年 | | 2013 年 | | 2014 年 | |
|---|---|---|---|---|---|---|---|---|
| | 省份 | 得分 | 省份 | 得分 | 省份 | 得分 | 省份 | 得分 |
| 1 | 上海 | 2.622 | 上海 | 2.803 | 上海 | 2.947 | 上海 | 3.247 |
| 2 | 北京 | 1.993 | 北京 | 2.003 | 北京 | 2.275 | 北京 | 2.835 |
| 3 | 天津 | 1.335 | 天津 | 1.503 | 天津 | 1.966 | 天津 | 1.707 |
| 4 | 重庆 | 1.027 | 重庆 | 1.033 | 重庆 | 0.947 | 重庆 | 1.338 |

资料来源：2012—2015 年《中国统计年鉴》、国家统计局公布数据。

3. 基于长江经济带的比较

"十二五"期间，在长江经济带各省市中，重庆市零售业贡献竞争力排名比较稳定。2011—2012 年保持第 5 位，虽然在 2013 年下降至第 6 位，但是在 2014 年迅速回升至第 4 位。（具体见表4-16）

表 4-16 "十二五"时期重庆市零售业贡献竞争力得分与排名（长江经济带比较）

| 序号 | 2011 年 | | 2012 年 | | 2013 年 | | 2014 年 | |
|---|---|---|---|---|---|---|---|---|
| | 省份 | 得分 | 省份 | 得分 | 省份 | 得分 | 省份 | 得分 |
| 1 | 上海 | 2.622 | 上海 | 2.803 | 上海 | 2.947 | 上海 | 3.247 |
| 2 | 江苏 | 1.685 | 江苏 | 1.968 | 江苏 | 1.738 | 江苏 | 2.258 |
| 3 | 安徽 | 1.474 | 安徽 | 1.373 | 安徽 | 1.488 | 浙江 | 1.429 |

表4-16（续）

| 序号 | 2011年 | | 2012年 | | 2013年 | | 2014年 | |
|---|---|---|---|---|---|---|---|---|
| | 省份 | 得分 | 省份 | 得分 | 省份 | 得分 | 省份 | 得分 |
| 4 | 浙江 | 1.154 | 湖北 | 1.218 | 浙江 | 1.074 | 重庆 | 1.338 |
| 5 | 重庆 | 1.027 | 重庆 | 1.033 | 湖北 | 1.037 | 四川 | 1.063 |
| 6 | 四川 | 1.003 | 浙江 | 1.013 | 重庆 | 0.947 | 安徽 | 1.032 |
| 7 | 湖北 | 0.650 | 云南 | 0.495 | 江西 | 0.857 | 江西 | 1.026 |
| 8 | 云南 | 0.047 | 江西 | 0.158 | 云南 | 0.132 | 贵州 | 0.056 |
| 9 | 湖南 | -0.270 | 四川 | 0.020 | 湖南 | 0.041 | 云南 | -0.147 |
| 10 | 江西 | -0.457 | 贵州 | -0.569 | 贵州 | -0.458 | 湖北 | -0.421 |
| 11 | 贵州 | -0.782 | 湖南 | -0.679 | 四川 | -0.946 | 湖南 | -1.112 |

资料来源：2012—2015年《中国统计年鉴》、国家统计局公布数据。

4. 基于西部地区的比较

"十二五"时期，重庆零售业贡献竞争力引领西部。重庆零售业竞争力排名除2011年居于第2位，2013年居于第3位外，2012年与2014年均在西部地区排名第1。（具体见表4-17）

表4-17 "十二五"时期重庆市零售业贡献竞争力得分与排名（西部地区比较）

| 序号 | 2011年 | | 2012年 | | 2013年 | | 2014年 | |
|---|---|---|---|---|---|---|---|---|
| | 省份 | 得分 | 省份 | 得分 | 省份 | 得分 | 省份 | 得分 |
| 1 | 甘肃 | 1.089 | 重庆 | 1.033 | 甘肃 | 1.277 | 重庆 | 1.338 |
| 2 | 重庆 | 1.027 | 甘肃 | 0.976 | 内蒙古 | 1.162 | 新疆 | 1.185 |
| 3 | 四川 | 1.003 | 广西 | 0.883 | 重庆 | 0.947 | 内蒙古 | 1.177 |
| 4 | 内蒙古 | 0.772 | 云南 | 0.495 | 新疆 | 0.662 | 陕西 | 1.087 |
| 5 | 云南 | 0.047 | 内蒙古 | 0.348 | 云南 | 0.132 | 四川 | 1.063 |
| 6 | 广西 | 0.022 | 新疆 | 0.027 | 广西 | 0.074 | 贵州 | 0.056 |
| 7 | 陕西 | -0.414 | 四川 | 0.020 | 贵州 | -0.458 | 宁夏 | -0.033 |
| 8 | 新疆 | -0.483 | 贵州 | -0.569 | 四川 | -0.946 | 云南 | -0.147 |
| 9 | 贵州 | -0.782 | 陕西 | -0.874 | 陕西 | -1.012 | 广西 | -0.893 |
| 10 | 宁夏 | -1.135 | 青海 | -1.027 | 青海 | -1.348 | 甘肃 | -1.327 |

表4-17(续)

| 序号 | 2011 年 | | 2012 年 | | 2013 年 | | 2014 年 | |
|---|---|---|---|---|---|---|---|---|
| | 省份 | 得分 | 省份 | 得分 | 省份 | 得分 | 省份 | 得分 |
| 11 | 青海 | -2.146 | 宁夏 | -1.139 | 宁夏 | -1.726 | 青海 | -1.635 |
| 12 | 西藏 | -2.843 | 西藏 | -1.772 | 西藏 | -1.883 | 西藏 | -1.757 |

资料来源：2012—2015 年《中国统计年鉴》、国家统计局公布数据。

### （五）发展竞争力

1. 基于全国的比较

"十二五"期间，重庆市零售业发展竞争力稳步提升。2011 年与 2012 年连续两年排名第9，2013 年排名上升至第 8 位，2014 年排名上升至第 7 位。（具体见表4-18）

表4-18　"十二五"时期重庆市零售业发展竞争力得分与排名（全国比较）

| 序号 | 2011 年 | | 2012 年 | | 2013 年 | | 2014 年 | |
|---|---|---|---|---|---|---|---|---|
| | 省份 | 得分 | 省份 | 得分 | 省份 | 得分 | 省份 | 得分 |
| 1 | 广东 | 2.854 | 广东 | 3.373 | 广东 | 4.375 | 广东 | 5.177 |
| 2 | 上海 | 2.752 | 上海 | 3.281 | 江苏 | 4.337 | 江苏 | 5.083 |
| 3 | 江苏 | 2.337 | 江苏 | 3.014 | 上海 | 3.922 | 上海 | 4.421 |
| 4 | 浙江 | 2.212 | 浙江 | 2.984 | 山东 | 3.392 | 山东 | 3.899 |
| 5 | 山东 | 2.113 | 山东 | 2.794 | 北京 | 3.437 | 北京 | 3.672 |
| 6 | 北京 | 1.778 | 北京 | 2.589 | 浙江 | 3.183 | 浙江 | 3.374 |
| 7 | 河南 | 1.604 | 河南 | 2.337 | 河南 | 2.973 | 重庆 | 3.013 |
| 8 | 辽宁 | 1.552 | 辽宁 | 2.281 | 重庆 | 2.881 | 河北 | 2.912 |
| 9 | 重庆 | 1.439 | 重庆 | 2.137 | 河北 | 2.783 | 辽宁 | 2.871 |
| 10 | 湖北 | 1.233 | 河北 | 2.018 | 湖北 | 2.583 | 湖北 | 2.611 |
| 11 | 河北 | 1.178 | 湖南 | 1.994 | 安徽 | 2.427 | 湖南 | 2.572 |
| 12 | 湖南 | 1.063 | 天津 | 1.961 | 天津 | 2.198 | 安徽 | 1.644 |
| 13 | 安徽 | 1.040 | 安徽 | 1.903 | 四川 | 2.097 | 四川 | 1.982 |
| 14 | 四川 | 1.022 | 四川 | 1.889 | 湖南 | 1.903 | 天津 | 1.977 |
| 15 | 福建 | -0.173 | 福建 | 1.655 | 福建 | 1.781 | 福建 | 1.813 |
| 16 | 天津 | -0.184 | 湖北 | 1.437 | 辽宁 | 1.713 | 河南 | 1.629 |

表4-18（续）

| 序号 | 2011 年 | | 2012 年 | | 2013 年 | | 2014 年 | |
|---|---|---|---|---|---|---|---|---|
| | 省份 | 得分 | 省份 | 得分 | 省份 | 得分 | 省份 | 得分 |
| 17 | 山西 | -0.193 | 山西 | 1.212 | 山西 | 1.362 | 黑龙江 | 1.511 |
| 18 | 江西 | -1.035 | 江西 | 1.125 | 陕西 | 1.128 | 陕西 | 1.327 |
| 19 | 陕西 | -1.046 | 陕西 | 1.119 | 江西 | 1.103 | 贵州 | 1.229 |
| 20 | 黑龙江 | -1.773 | 黑龙江 | 1.089 | 广西 | 1.038 | 广西 | 1.143 |
| 21 | 云南 | -1.832 | 贵州 | 1.064 | 贵州 | 1.022 | 山西 | 1.071 |
| 22 | 广西 | -1.913 | 广西 | 1.022 | 内蒙古 | -0.064 | 江西 | 1.027 |
| 23 | 贵州 | -2.221 | 吉林 | -0.061 | 黑龙江 | -0.072 | 云南 | 0.083 |
| 24 | 吉林 | -2.238 | 内蒙古 | -0.078 | 新疆 | -1.117 | 吉林 | -0.912 |
| 25 | 内蒙古 | -2.437 | 云南 | -0.091 | 海南 | -1.122 | 内蒙古 | -1.132 |
| 26 | 海南 | -2.501 | 海南 | -1.124 | 甘肃 | -2.155 | 新疆 | -1.157 |
| 27 | 新疆 | -2.553 | 新疆 | -1.141 | 宁夏 | -2.253 | 甘肃 | -1.772 |
| 28 | 甘肃 | -2.602 | 甘肃 | -2.173 | 青海 | -2.412 | 海南 | -2.314 |
| 29 | 宁夏 | -2.648 | 宁夏 | -2.272 | 云南 | -2.447 | 宁夏 | -2.644 |
| 30 | 青海 | -2.783 | 青海 | -2.438 | 宁夏 | -2.612 | 青海 | -2.792 |
| 31 | 西藏 | -2.812 | 西藏 | -2.565 | 西藏 | -2.801 | 西藏 | -2.901 |

资料来源：2012—2015 年《中国统计年鉴》、国家统计局公布数据。

## 2. 基于直辖市的比较

在与其他直辖市的比较中，重庆市"十二五"期间零售业发展竞争力稳定地处于第 3 位，但与第 2 位的北京的差距仍然十分巨大。（具体见表4-19）

表4-19　"十二五"时期重庆市零售业发展竞争力得分与排名（直辖市比较）

| 序号 | 2011 年 | | 2012 年 | | 2013 年 | | 2014 年 | |
|---|---|---|---|---|---|---|---|---|
| | 省份 | 得分 | 省份 | 得分 | 省份 | 得分 | 省份 | 得分 |
| 1 | 上海 | 2.752 | 上海 | 3.281 | 上海 | 3.922 | 上海 | 4.421 |
| 2 | 北京 | 1.778 | 北京 | 2.589 | 北京 | 3.437 | 北京 | 3.672 |
| 3 | 重庆 | 1.439 | 重庆 | 2.137 | 重庆 | 2.881 | 重庆 | 3.013 |
| 4 | 天津 | -0.184 | 天津 | 1.961 | 天津 | 2.198 | 天津 | 1.977 |

资料来源：2012—2015 年《中国统计年鉴》、国家统计局公布数据。

3. 基于长江经济带的比较

在长江经济带各省市中，重庆市零售业发展竞争力表现稳定，其排名一直处于第4位。这也体现出重庆市零售业充足的发展潜力。（具体见表4-20）

表4-20 "十二五"时期重庆市零售业发展竞争力得分与排名（长江经济带比较）

| 序号 | 2011 年 | | 2012 年 | | 2013 年 | | 2014 年 | |
|---|---|---|---|---|---|---|---|---|
| | 省份 | 得分 | 省份 | 得分 | 省份 | 得分 | 省份 | 得分 |
| 1 | 上海 | 2.752 | 上海 | 3.281 | 江苏 | 4.337 | 江苏 | 5.083 |
| 2 | 江苏 | 2.337 | 江苏 | 3.014 | 上海 | 3.922 | 上海 | 4.421 |
| 3 | 浙江 | 2.212 | 浙江 | 2.984 | 浙江 | 3.183 | 浙江 | 3.374 |
| 4 | 重庆 | 1.439 | 重庆 | 2.137 | 重庆 | 2.881 | 重庆 | 3.013 |
| 5 | 湖北 | 1.233 | 湖南 | 1.994 | 湖北 | 2.583 | 湖北 | 2.611 |
| 6 | 湖南 | 1.063 | 安徽 | 1.903 | 安徽 | 2.427 | 湖南 | 2.572 |
| 7 | 安徽 | 1.040 | 四川 | 1.889 | 四川 | 2.097 | 四川 | 1.982 |
| 8 | 四川 | 1.022 | 湖北 | 1.437 | 湖南 | 1.903 | 安徽 | 1.644 |
| 9 | 江西 | -1.035 | 江西 | 1.125 | 江西 | 1.103 | 贵州 | 1.229 |
| 10 | 云南 | -1.832 | 贵州 | 1.064 | 贵州 | 1.022 | 江西 | 1.027 |
| 11 | 贵州 | -2.221 | 云南 | -0.091 | 云南 | -2.447 | 云南 | 0.083 |

资料来源：2012—2015 年《中国统计年鉴》、国家统计局公布数据。

4. 基于西部地区的比较

重庆市零售业发展竞争力在西部地区占据绝对优势地位。其排名在"十二五"期间稳居第1位，且其得分也远远高出排在第2位的四川。这说明，重庆市零售业的发展潜力是西部地区最大的。（具体见表4-21）

表4-21 "十二五"时期重庆市零售业发展竞争力得分与排名（西部地区比较）

| 序号 | 2011 年 | | 2012 年 | | 2013 年 | | 2014 年 | |
|---|---|---|---|---|---|---|---|---|
| | 省份 | 得分 | 省份 | 得分 | 省份 | 得分 | 省份 | 得分 |
| 1 | 重庆 | 1.439 | 重庆 | 2.137 | 重庆 | 2.881 | 重庆 | 3.013 |
| 2 | 四川 | 1.022 | 四川 | 1.889 | 四川 | 2.097 | 四川 | 1.982 |
| 3 | 陕西 | -1.046 | 陕西 | 1.119 | 陕西 | 1.128 | 陕西 | 1.327 |
| 4 | 云南 | -1.832 | 贵州 | 1.064 | 广西 | 1.038 | 贵州 | 1.229 |

表4-21(续)

| 序号 | 2011年 | | 2012年 | | 2013年 | | 2014年 | |
|---|---|---|---|---|---|---|---|---|
| | 省份 | 得分 | 省份 | 得分 | 省份 | 得分 | 省份 | 得分 |
| 5 | 广西 | -1.913 | 广西 | 1.022 | 贵州 | 1.022 | 广西 | 1.143 |
| 6 | 贵州 | -2.221 | 内蒙古 | -0.078 | 内蒙古 | -0.064 | 云南 | 0.083 |
| 7 | 内蒙古 | -2.437 | 云南 | -0.091 | 新疆 | -1.117 | 内蒙古 | -1.132 |
| 8 | 新疆 | -2.553 | 新疆 | -1.141 | 甘肃 | -2.155 | 新疆 | -1.157 |
| 9 | 甘肃 | -2.602 | 甘肃 | -2.173 | 宁夏 | -2.253 | 甘肃 | -1.772 |
| 10 | 宁夏 | -2.648 | 宁夏 | -2.272 | 青海 | -2.412 | 宁夏 | -2.644 |
| 11 | 青海 | -2.783 | 青海 | -2.438 | 云南 | -2.447 | 青海 | -2.792 |
| 12 | 西藏 | -2.812 | 西藏 | -2.565 | 西藏 | -2.801 | 西藏 | -2.901 |

资料来源：2012—2015年《中国统计年鉴》、国家统计局公布数据。

### （六）综合竞争力

#### 1. 基于全国的比较

经过"十二五"的大力发展，重庆市零售业实现了又好又快发展，其综合竞争力由期初的第15位上升到期末的第8位。重庆市零售业在"十二五"期间实现稳定增长，其综合竞争力排名由2011年的第15位上升至2012年的12位，2013年、2014年又分别上升为第9位、第8位。值得注意的是，重庆市作为西部地区的直辖市，其综合产业竞争力已接近经济发达地区的直辖市与沿海经济强省，且与我国经济中等发达地区省市相比，已经形成一定的竞争优势。（具体见表4-22）

表4-22　"十二五"时期重庆市零售业综合竞争力得分与排名（全国比较）

| 序号 | 2011年 | | 2012年 | | 2013年 | | 2014年 | |
|---|---|---|---|---|---|---|---|---|
| | 省份 | 得分 | 省份 | 得分 | 省份 | 得分 | 省份 | 得分 |
| 1 | 上海 | 3.308 | 上海 | 3.372 | 上海 | 3.937 | 上海 | 4.153 |
| 2 | 广东 | 1.647 | 广东 | 1.952 | 北京 | 2.441 | 北京 | 2.783 |
| 3 | 北京 | 1.384 | 江苏 | 1.944 | 广东 | 2.276 | 广东 | 2.552 |
| 4 | 江苏 | 1.325 | 北京 | 1.902 | 江苏 | 1.913 | 江苏 | 2.346 |
| 5 | 浙江 | 0.983 | 浙江 | 1.708 | 天津 | 1.744 | 天津 | 2.225 |

表4-22(续)

| 序号 | 2011年 | | 2012年 | | 2013年 | | 2014年 | |
|---|---|---|---|---|---|---|---|---|
| | 省份 | 得分 | 省份 | 得分 | 省份 | 得分 | 省份 | 得分 |
| 6 | 天津 | 0.827 | 天津 | 1.646 | 山东 | 1.478 | 山东 | 1.734 |
| 7 | 辽宁 | 0.617 | 吉林 | 1.394 | 浙江 | 1.419 | 浙江 | 1.532 |
| 8 | 湖北 | 0.185 | 山东 | 0.992 | 辽宁 | 0.943 | 重庆 | 1.036 |
| 9 | 山东 | 0.147 | 辽宁 | 0.811 | 重庆 | 0.470 | 辽宁 | 0.628 |
| 10 | 福建 | 0.132 | 湖北 | 0.542 | 湖北 | 0.243 | 陕西 | 0.544 |
| 11 | 安徽 | 0.042 | 福建 | 0.378 | 安徽 | 0.155 | 福建 | 0.438 |
| 12 | 湖南 | -0.028 | 重庆 | 0.157 | 福建 | 0.112 | 河北 | 0.382 |
| 13 | 陕西 | -0.041 | 河北 | 0.060 | 河北 | 0.093 | 湖北 | 0.227 |
| 14 | 河北 | -0.163 | 安徽 | -0.017 | 内蒙古 | 0.056 | 江西 | 0.145 |
| 15 | 重庆 | -0.197 | 四川 | -0.173 | 江西 | -0.015 | 河南 | 0.107 |
| 16 | 海南 | -0.354 | 江西 | -0.322 | 陕西 | -0.287 | 安徽 | 0.094 |
| 17 | 四川 | -0.389 | 陕西 | -0.371 | 湖南 | -0.331 | 贵州 | 0.036 |
| 18 | 甘肃 | -0.427 | 内蒙古 | -0.427 | 四川 | -0.375 | 湖南 | -0.421 |
| 19 | 广西 | -0.535 | 湖南 | -0.481 | 黑龙江 | -0.396 | 海南 | -0.578 |
| 20 | 河南 | -0.544 | 山西 | -0.483 | 贵州 | -0.417 | 四川 | -0.677 |
| 21 | 内蒙古 | -0.611 | 广西 | -0.491 | 甘肃 | -0.563 | 山西 | -0.729 |
| 22 | 江西 | -0.621 | 贵州 | -0.601 | 广西 | -0.657 | 广西 | -0.738 |
| 23 | 贵州 | -0.736 | 河南 | -0.633 | 河南 | -0.681 | 甘肃 | -0.836 |
| 24 | 吉林 | -0.781 | 新疆 | -0.671 | 山西 | -0.743 | 吉林 | -0.848 |
| 25 | 山西 | -0.812 | 黑龙江 | -0.771 | 吉林 | -0.764 | 新疆 | -0.913 |
| 26 | 新疆 | -0.925 | 海南 | -0.797 | 新疆 | -0.772 | 内蒙古 | -0.935 |
| 27 | 黑龙江 | -0.946 | 云南 | -1.064 | 海南 | -0.863 | 黑龙江 | -0.948 |
| 28 | 云南 | -1.013 | 甘肃 | -1.151 | 云南 | -0.872 | 云南 | -0.961 |
| 29 | 宁夏 | -1.357 | 宁夏 | -1.457 | 宁夏 | -1.426 | 宁夏 | -0.978 |
| 30 | 青海 | -1.877 | 西藏 | -1.814 | 青海 | -1.633 | 青海 | -1.511 |
| 31 | 西藏 | -1.931 | 青海 | -1.922 | 西藏 | -1.824 | 西藏 | -1.763 |

资料来源：2012—2015年《中国统计年鉴》、国家统计局公布数据。

2. 基于直辖市的比较

由于在规模、结构、效率、贡献、发展 5 方面竞争力均不占优势,重庆市零售业的综合竞争力在与其他直辖市的比较中仍然存在着较大的差距。(具体见表 4-23)

表 4-23 "十二五"时期重庆市零售业综合竞争力得分与排名(直辖市比较)

| 序号 | 2011 年 | | 2012 年 | | 2013 年 | | 2014 年 | |
|---|---|---|---|---|---|---|---|---|
| | 省份 | 得分 | 省份 | 得分 | 省份 | 得分 | 省份 | 得分 |
| 1 | 上海 | 3.308 | 上海 | 3.372 | 上海 | 3.937 | 上海 | 4.153 |
| 2 | 北京 | 1.384 | 北京 | 1.902 | 北京 | 2.441 | 北京 | 2.783 |
| 3 | 天津 | 0.827 | 天津 | 1.646 | 天津 | 1.744 | 天津 | 2.225 |
| 4 | 重庆 | -0.197 | 重庆 | 0.157 | 重庆 | 0.470 | 重庆 | 1.036 |

资料来源:2012—2015 年《中国统计年鉴》、国家统计局公布数据。

3. 基于长江经济带的比较

在与长江经济带各省市的比较中,重庆市零售业综合竞争力在"十二五"期间的优势地位进一步提升,排名由 2011 年的第 7 位上升至 2012 年的第 5 位,2013 年继续上升至第 4 位,2014 年保持在第 4 位。(具体见表 4-24)

表 4-24 "十二五"时期重庆市零售业综合竞争力得分与排名(长江经济带比较)

| 序号 | 2011 年 | | 2012 年 | | 2013 年 | | 2014 年 | |
|---|---|---|---|---|---|---|---|---|
| | 省份 | 得分 | 省份 | 得分 | 省份 | 得分 | 省份 | 得分 |
| 1 | 上海 | 3.308 | 上海 | 3.372 | 上海 | 3.937 | 上海 | 4.153 |
| 2 | 江苏 | 1.325 | 江苏 | 1.944 | 江苏 | 1.913 | 江苏 | 2.346 |
| 3 | 浙江 | 0.983 | 浙江 | 1.708 | 浙江 | 1.419 | 浙江 | 1.532 |
| 4 | 湖北 | 0.185 | 湖北 | 0.542 | 重庆 | 0.470 | 重庆 | 1.036 |
| 5 | 安徽 | 0.042 | 重庆 | 0.157 | 湖北 | 0.243 | 湖北 | 0.227 |
| 6 | 湖南 | -0.028 | 安徽 | -0.017 | 安徽 | 0.155 | 江西 | 0.145 |
| 7 | 重庆 | -0.197 | 四川 | -0.173 | 江西 | -0.015 | 安徽 | 0.094 |
| 8 | 四川 | -0.389 | 江西 | -0.322 | 湖南 | -0.331 | 贵州 | 0.036 |
| 9 | 江西 | -0.621 | 湖南 | -0.481 | 四川 | -0.375 | 湖南 | -0.421 |

表4-24(续)

| 序号 | 2011 年 | | 2012 年 | | 2013 年 | | 2014 年 | |
|---|---|---|---|---|---|---|---|---|
| | 省份 | 得分 | 省份 | 得分 | 省份 | 得分 | 省份 | 得分 |
| 10 | 贵州 | -0.736 | 云南 | -1.064 | 贵州 | -0.417 | 四川 | -0.677 |
| 11 | 云南 | -1.013 | 贵州 | -1.601 | 云南 | -0.872 | 云南 | -0.961 |

资料来源：2012—2015 年《中国统计年鉴》、国家统计局公布数据。

#### 4. 基于西部地区的比较

除 2011 年外，在与西部地区省市的比较中，重庆市零售业综合竞争力在"十二五"期间处于绝对优势地位，稳居第 1 的位置。（具体见表 4-25）

表 4-25 "十二五"时期重庆市零售业综合竞争力得分与排名（西部地区比较）

| 序号 | 2011 年 | | 2012 年 | | 2013 年 | | 2014 年 | |
|---|---|---|---|---|---|---|---|---|
| | 省份 | 得分 | 省份 | 得分 | 省份 | 得分 | 省份 | 得分 |
| 1 | 陕西 | -0.041 | 重庆 | 0.157 | 重庆 | 0.470 | 重庆 | 1.036 |
| 2 | 重庆 | -0.197 | 甘肃 | -0.151 | 内蒙古 | 0.056 | 陕西 | 0.544 |
| 3 | 四川 | -0.389 | 四川 | -0.173 | 陕西 | -0.287 | 贵州 | 0.036 |
| 4 | 甘肃 | -0.427 | 陕西 | -0.371 | 四川 | -0.375 | 四川 | -0.677 |
| 5 | 广西 | -0.535 | 内蒙古 | -0.427 | 贵州 | -0.417 | 广西 | -0.738 |
| 6 | 内蒙古 | -0.611 | 广西 | -0.491 | 甘肃 | -0.563 | 甘肃 | -0.836 |
| 7 | 贵州 | -0.736 | 新疆 | -0.671 | 广西 | -0.657 | 新疆 | -0.913 |
| 8 | 新疆 | -0.925 | 云南 | -1.064 | 新疆 | -0.772 | 内蒙古 | -0.935 |
| 9 | 云南 | -1.013 | 宁夏 | -1.457 | 云南 | -0.872 | 云南 | -0.961 |
| 10 | 宁夏 | -1.357 | 贵州 | -1.601 | 宁夏 | -1.426 | 宁夏 | -0.978 |
| 11 | 青海 | -1.877 | 西藏 | -1.814 | 青海 | -1.633 | 青海 | -1.511 |
| 12 | 西藏 | -1.931 | 青海 | -1.922 | 西藏 | -1.824 | 西藏 | -1.763 |

资料来源：2012—2015 年《中国统计年鉴》、国家统计局公布数据。

# 第五章　2015 年重庆市零售业综合发展指数

国际上通常采用零售发展指数作为研究分析零售业综合指数的指标，最著名的零售发展指数则是世界零售业大会上由美国科尔尼管理咨询公司发布的全球零售发展指数，即 Global Retail Development Index，简称 GRDI。在中国，则主要有商品零售价格指数，即 Retail Price Index，简称 RPI，它是反映一定时期内商品零售价格变动趋势和变动程度的相对数。但是，RPI 指数仅仅是从行业的角度出发将零售业分为食品、饮料烟酒、服装鞋帽、纺织品、中西药品、化妆品、书报杂志、文化体育用品、日用品、家用电器、首饰、燃料、建筑装潢材料、机电产品等十四个大类以观察研究零售物价变动对城乡居民生活的影响，为平衡市场供求、加强市场管理、控制货币发行量提供参考，不能从整个零售业的角度出发来考察某个地区零售市场的综合发展情况。因此，为了综合考察零售市场的发展情况，课题组结合实际，同时根据调研数据研究分析，选取了与零售市场联系紧密的六大指标，应用 SPSS 数据统计软件，采用主成分分析方法选出主成分因子并赋予权重，最终得到重庆市零售业综合发展指数。

## 一、指标选取的原则

研究重庆市零售业的综合发展指数是重庆市委市政府和社会各界都十分关注的一个话题，而研究的目的在于全面、客观、准确地反映重庆市零售市场的综合发展能力，需要将关注的重点放在怎样选择科学合理的指数数据上来。因此，在构建重庆市零售业综合发展指数的指标体系时应遵循四个基本原则。

（一）目标一致性原则

评价指标实际上是评价内容在某一方面的具体表现，因此选取的指标应与评价的目标保持一致，要能够从各自不同的具体角度充分体现重庆市零售业的发展状态，指标的选取要对评价目标起到明确的指导性和积极的督促作用。

（二）整体性原则

评价重庆市零售业的发展实力，要从综合的角度来考察。不仅要从重庆市零售业的商品销售总额、社会消费品零售总额来看，更要系统地考虑零售网点面积、零售业从业人员数量、零售网点个数等多个因素，进行综合分析和评价。因此，指标的选取应遵循整体性原则，各评价指标应做到功能互补、协调一致，最大限度地反映重庆市零售业的综合发展能力。

（三）客观性原则

各指标体系的设计及评价指标的选择必须以科学性为指导，客观真实地反映重庆市零售业的发展特点和状况，全面反映出各指标之间的真实关系。指标的选取要以客观数据资料为依据，避免指标信息遗漏，出现错误、不真实的现象，避免个人的主观判断，从而保证研究结果真实可靠。

（四）可操作性原则

为了较为全面、客观、准确而又有效地反映重庆市零售业的发展情况，构建的重庆市零售业综合发展指标体系应当逻辑连贯、简单明确、思路清晰，各类数据能从各类统计资料、调研活动中直接或间接获得并进行量化处理，且具备良好的现实数据可得性和数据分析的可操作性。

## 二、构建指标体系

零售业综合发展指数是一个综合型指标，不仅要从经营利润方面入手，更要从就业人数、营业面积等其他方面来综合考虑，从而较为全面系统地反映零售市场的发展现状。因此，课题组结合调研的数据，在遵循指标选取的基本原则下，参考其他相关文献和已有研究成果，综合考虑重庆市零售业发展的实际情况以及数据的可获得性，筛选出六项描述零售业综合发展的变量指标，作为零售业综合发展指数的指标体系。筛选出的指标包含经营效益、就业状态和经营规模三个类别。（具体如表5-1所示）

（1）反映经营效益的指标：社会消费品零售总额（$V_1$）、限额以上零售企业销售额（$V_2$）。

（2）反映就业状态的指标：限额以上零售企业从业人员（$V_3$）。

（3）反映经营规模的指标：限额以上零售企业个数（$V_4$）、限额以上零售企业店铺数（$V_5$）、限额以上零售企业营业面积（$V_6$）。

表 5-1 　　　　　　　　零售业综合发展指数指标体系

| 目标 | 准则层 | 指标层/权重 | 单位 | 代码 |
|---|---|---|---|---|
| 综合发展指数 | 经营效益 | 社会消费品零售总额 | 亿元 | $V_1$ |
| | | 限额以上零售企业销售额 | 万元 | $V_2$ |
| | 就业状态 | 限额以上零售企业从业人员 | 人 | $V_3$ |
| | 经营规模 | 限额以上零售企业个数 | 个 | $V_4$ |
| | | 限额以上零售企业店铺数 | 个 | $V_5$ |
| | | 限额以上零售企业营业面积 | 平方米 | $V_6$ |

## 三、研究方法及计算结果

### （一）原始数据获得

根据课题组调研统计数据，汇总数据具体如表 5-2 所示。

表 5-2 　　　　　　2015 年重庆市零售业综合发展原始数据

| 区县 | 社会消费品零售总额（亿元） | 限额以上零售企业销售额（万元） | 限额以上零售企业从业人员（人） | 限额以上零售企业个数（个） | 限额以上零售企业店铺数（个） | 限额以上零售企业营业面积（平方米） |
|---|---|---|---|---|---|---|
| 渝中区 | 637.9 | 79 081 847 | 51 718 | 72 | 1 036 | 3 125 060 |
| 大渡口区 | 40.3 | 23 054.1 | 351 | 7 | 6 | 3 560 |
| 江北区 | 426.5 | 2 325 439.4 | 33 847 | 65 | 361 | 1 009 694.6 |
| 沙坪坝区 | 320 | 5 798 371.31 | 4 558 | 78 | 151 | 456 027 |
| 九龙坡区 | 505.6 | 2 014 349.07 | 7 010 | 55 | 37 265 | 319 195.23 |
| 南岸区 | 375.9 | 1 628 600 | 8 900 | 61 | 61 | 445 902 |

表5-2(续)

| 区县 | 社会消费品零售总额（亿元） | 限额以上零售企业销售额（万元） | 限额以上零售企业从业人员（人） | 限额以上零售企业个数（个） | 限额以上零售企业店铺数（个） | 限额以上零售企业营业面积（平方米） |
|---|---|---|---|---|---|---|
| 北碚区 | 148.7 | 169 847.3 | 2 219 | 34 | 467 | 146 008 |
| 渝北区 | 573.04 | 3 404 107 | 15 349 | 112 | 182 | 597 552 |
| 巴南区 | 275 | 3 336 148.76 | 11 700 | 54 | 2 142 | 588 197 |
| 涪陵区 | 229.7 | 1 312 575.7 | 8 104 | 75 | 966 | 197 347 |
| 长寿区 | 103.3 | 286 240 | 1 211 | 74 | 84 | 72 181 |
| 江津区 | 229.2 | 1 336 164.7 | 6 196 | 92 | 483 | 225 463 |
| 合川区 | 221.8 | 1 324 370.2 | 7 150 | 83 | 83 | 211 405 |
| 永川区 | 267.5 | 28 352 978 | 6 319 | 175 | 175 | 199 841 |
| 南川区 | 103.06 | 315 366 | 2 659 | 40 | 40 | 125 757 |
| 铜梁区 | 96.31 | 503 144 | 1 732 | 92 | 92 | 51 842 |
| 潼南区 | 76.57 | 300 303.9 | 2 034 | 72 | 138 | 77 425 |
| 大足区 | 102 | 169 053 | 1 319 | 86 | 96 | 74 889 |
| 荣昌区 | 94.7 | 837 235 | 2 146 | 93 | 269 | 28 795 |
| 璧山区 | 166 | 285 908 | 1 443 | 92 | 258 | 199 700 |
| 綦江区 | 102.98 | 421 757.9 | 2 581 | 88 | 130 | 81 017 |
| 万盛经开区 | 55.7 | 72 199 | 503 | 14 | 15 | 10 551 |
| 万州区 | 288 | 449 610.86 | 1 963 | 22 | 249 | 68 592 |
| 梁平县 | 78.9 | 457 976.4 | 1 761 | 100 | 194 | 80 612 |
| 城口县 | 12.76 | 37 713 | 610 | 14 | 30 | 26 410 |
| 丰都县 | 63.8 | 49 654.27 | 956 | 7 | 368 | 30 517.18 |
| 垫江县 | 81.4 | 13 095.3 | 177 | 4 | 345 | 12 550 |
| 忠　县 | 65.7 | 203 266 | 1 514 | 39 | 39 | 52 700 |
| 开　县 | 151 | 261 300.5 | 3 209 | 83 | 234 | 128 296 |
| 云阳县 | 90 | 166 632 | 2 588 | 110 | 241 | 84 297 |
| 奉节县 | 48.16 | 65 240 | 599 | 11 | 18 | 26 580 |
| 巫山县 | 32.63 | 141 425 | 1 214 | 52 | 83 | 108 710 |
| 巫溪县 | 28.35 | 117 538 | 877 | 41 | 129 | 64 887 |

表5-2(续)

| 区县 | 社会消费品零售总额（亿元） | 限额以上零售企业销售额（万元） | 限额以上零售企业从业人员（人） | 限额以上零售企业个数（个） | 限额以上零售企业店铺数（个） | 限额以上零售企业营业面积（平方米） |
|---|---|---|---|---|---|---|
| 黔江区 | 80.9 | 805 523 | 3 625 | 61 | 358 | 194 693 |
| 石柱县 | 48.24 | 73 342 | 270 | 17 | 21 | 18 610 |
| 秀山县 | 58.2 | 233 085 | 2 332 | 63 | 63 | 57 351 |
| 酉阳县 | 46 | 102 380 | 708 | 41 | 217 | 145 080 |
| 彭水县 | 51.9 | 12 023 | 571 | 4 | 79 | 15 980 |
| 武隆县 | 46.32 | 20 000 | 761 | 15 | 15 | 14 390 |
| 合计 | 6 424.02 | 136 508 863.7 | 202 784.5 | 2 298 | 47 183 | 9 377 664.01 |

注：数据来源于课题组调研资料。由于合川区、铜梁区未填制限额以上零售企业情况表，采用与其社会消费品零售总额相近的区县的限额以上零售企业相关数据的均值进行插补。其中，由涪陵区及江津区限额以上零售企业相关数据的均值计算得到合川区限额以上零售企业相关数据；由大足区及荣昌区限额以上零售企业相关数据的均值计算得到铜梁区限额以上零售企业相关数据。

（二）指标标准化

为了使选取的各项指标数据之间具有可比性且能直接用 SPSS 统计软件进行最后分析，因此需要将原始数据进行无量纲化，本文主要采用最大值法对原始数据进行标准化处理。

模型：$I_{ij} = a_{ij}/Max(a_j)$ (1)

式中，$I_{ij}$ 为第 $i$ 单元第 $j$ 指标标准化值，$i$ 为评价单元（各目标数据）数目，$j$ 为评价指标个数，$a_{ij}$ 为第 $i$ 单元第 $j$ 指标的实际值。

（三）零售业综合发展指数

将各原始数据标准化后的指标值代入统计软件后通过 KMO 检验值为 0.612，表明基本可采用因子分析的方法。通过主成分分析后从六大指标中析出两大主成分因子，分别是经营效益因子和经营规模因子，这两大因子的累积贡献率达到 76.8%，证明这两大主成分因子能综合反映出原始指标 76.8% 的信息，能比较理想地解释重庆市零售业的综合发展情况。同时经过正交旋转得到因子载荷矩阵后统计软件能自动得到两大主成分的权重值和得分，最后将两大主成分的得分赋予权重并相加，得到表5-3中的重庆市各个区县零售业综合得分，并按照综合得分对各区县进行排名。

表5-3 2015年重庆市各区县零售业综合发展指数

| 区域 | | 经营效益因子得分 | 经营规模因子得分 | 综合得分 | 综合排名 |
|---|---|---|---|---|---|
| 都市功能核心区及都市功能拓展区 | 渝中区 | 5.241 4 | -0.710 2 | 2.979 4 | 1 |
| | 大渡口区 | -0.625 4 | -0.370 4 | -0.440 8 | 38 |
| | 江北区 | 1.604 6 | 0.173 5 | 0.985 4 | 3 |
| | 沙坪坝区 | 0.411 6 | 0.131 5 | 0.269 1 | 8 |
| | 九龙坡区 | -0.093 8 | 5.896 1 | 1.048 8 | 2 |
| | 南岸区 | 0.468 3 | 0.255 9 | 0.326 0 | 7 |
| | 北碚区 | -0.287 7 | -0.087 1 | -0.187 2 | 21 |
| | 渝北区 | 1.159 6 | 0.653 1 | 0.810 9 | 4 |
| | 巴南区 | 0.492 5 | 0.272 9 | 0.343 6 | 6 |
| 城市发展新区 | 涪陵区 | 0.141 0 | 0.136 9 | 0.109 4 | 9 |
| | 长寿区 | -0.298 5 | -0.189 2 | -0.212 7 | 23 |
| | 江津区 | 0.154 4 | 0.085 4 | 0.107 7 | 10 |
| | 合川区 | 0.147 0 | 0.002 3 | 0.087 7 | 11 |
| | 永川区 | 0.997 0 | -0.149 1 | 0.564 1 | 5 |
| | 南川区 | -0.316 3 | -0.241 3 | -0.233 0 | 25 |
| | 潼南区 | -0.250 2 | -0.190 1 | -0.184 2 | 24 |
| | 铜梁区 | -0.310 0 | -0.245 5 | -0.230 1 | 20 |
| | 大足区 | -0.265 6 | -0.179 9 | -0.191 4 | 22 |
| | 荣昌区 | -0.246 0 | -0.169 7 | -0.177 9 | 18 |
| | 璧山区 | -0.096 3 | -0.039 0 | -0.064 5 | 12 |
| | 綦江区 | -0.213 6 | -0.182 2 | -0.161 0 | 16 |
| | 万盛经开区 | -0.578 3 | -0.333 1 | -0.405 8 | 33 |

表5-3（续）

| 区域 | | 经营效益因子得分 | 经营规模因子得分 | 综合得分 | 综合排名 |
|---|---|---|---|---|---|
| 渝东北生态涵养发展区 | 万州区 | −0.191 4 | 0.179 8 | −0.080 0 | 13 |
| | 梁平县 | −0.235 3 | −0.210 5 | −0.179 1 | 19 |
| | 城口县 | −0.619 7 | −0.425 3 | −0.447 7 | 39 |
| | 丰都县 | −0.568 6 | −0.276 4 | −0.389 4 | 31 |
| | 垫江县 | −0.588 6 | −0.237 1 | −0.394 0 | 32 |
| | 忠县 | −0.442 4 | −0.301 9 | −0.319 3 | 27 |
| | 开县 | −0.127 9 | −0.078 4 | −0.090 7 | 14 |
| | 云阳县 | −0.175 2 | −0.173 1 | −0.136 5 | 15 |
| | 奉节县 | −0.583 9 | −0.354 4 | −0.413 1 | 36 |
| | 巫山县 | −0.426 8 | −0.362 7 | −0.321 4 | 29 |
| | 巫溪县 | −0.497 8 | −0.364 6 | −0.363 9 | 30 |
| 渝东南生态保护发展区 | 黔江区 | −0.213 7 | −0.248 8 | −0.173 5 | 17 |
| | 石柱县 | −0.581 6 | −0.345 8 | −0.410 2 | 35 |
| | 秀山县 | −0.359 8 | −0.300 1 | −0.269 9 | 26 |
| | 酉阳县 | −0.437 2 | −0.327 2 | −0.320 9 | 28 |
| | 彭水县 | −0.607 1 | −0.340 8 | −0.424 4 | 37 |
| | 武隆县 | −0.578 4 | −0.353 6 | −0.409 7 | 34 |

注：数据由 SPSS 统计分析软件处理后所得。

## 四、综合评价

2015 年重庆市统计在内的社会消费品零售总额达到 6 424.02 亿元，同比 2014 年增长了 12.5%。综合各方面的数据都不难发现全市零售业的发展与全市经济发展的步伐紧密相连，社会消费品零售总额的增速在"十二五"期间都在 10%以上，实现了高速发展，但发展速度逐渐放缓。从整体来看，重庆市零售市场依然保持较好的发展态势，各个区县也呈现出各自不同的发展态势。

（一）零售产业发展逐步理性

2015 年重庆市社会消费品零售总额及零售业综合发展指数排名前十的区县

基本集中在都市功能核心区及都市功能拓展区、城市发展新区，而其他区县的社会消费品零售总额也较以前都得到了不同程度的提高。

2015 年重庆市社会消费品零售总额同比增速也随大环境经济的发展而上升，都市功能核心区及都市功能拓展区、城市发展新区的零售业发展对重庆市零售业整体的贡献逐渐缩小，渝东北生态涵养发展区、渝东南生态保护发展区对整体零售业市场发展的贡献逐步提升，这也是全市零售市场经济发展回归理性、稳步发展的一种表现。随着国家西部大开发战略和重庆市多项规划优惠政策的推动，重庆市经济增长的动力逐步由投资出口驱动向消费驱动转变。为适应正处于转型升级阶段的消费结构，重庆市零售业将会得到更加合理科学的发展。

(二) 零售业市场区域差距仍明显

当前情况下重庆市各个区县之间的零售业发展仍然存在一定的差距，这与各区县的历史积累和经济发展历程密切相关，并且这种差距与重庆市经济发展的现实基本吻合。从重庆市所部署的五大功能区域经济发展战略来看，2015 年重庆市零售业综合发展指数排名前十的区县基本都集中在都市功能核心区及都市功能拓展区、城市发展新区内，除万州区外，渝东北生态涵养发展区、渝东南生态保护发展区的区县排名基本靠后。都市功能核心区及都市功能拓展区、城市发展新区的零售市场对社会消费品零售总额的贡献率为 80.2%，而渝东北和渝东南地区对社会消费品零售总额的贡献率则仅为 19.8%。这表明，在全市零售业的发展当中，渝东北生态涵养发展区、渝东南生态保护发展区的发展还需得到进一步推动，还应大力发挥区域的联动辐射作用。

从区域上来说，2014 年渝东北生态涵养发展区、渝东南生态保护发展区对社会消费品零售总额的贡献率为 22.3%。显然，2015 年渝东北生态涵养发展区、渝东南生态保护发展区对社会消费品零售总额的贡献率出现下滑，但是这两个地区零售业的发展空间和潜力巨大，而都市功能核心区及都市功能拓展区、城市发展新区拉动渝东北生态涵养发展区、渝东南生态保护发展区零售市场发展所起到的辐射效用还不足。

# 第六章 2015 年重庆市零售业供求分析

成为直辖市以来,重庆市零售业发展迅速、成绩喜人,业态结构也发生了巨大的变化,逐步发展为由购物中心、家居建材商店、大型超市、超市、百货店、专业店、专卖店等为主导的多元化业态结构。但在取得惊人成绩的同时,重庆市零售业也逐渐暴露出因零售市场过度扩张而造成传统市场供需失衡的问题。结合重庆市实际情况,本项目研究对象选取重庆市极具典型的购物中心、家居建材商店、大型超市、超市、百货店、专业店、专卖店 7 种规模以上[①](营业面积 3 000平方米以上)的零售业态进行研究,对 2015 年重庆市 7 种零售业态的营业面积需求情况进行科学、合理评估,再根据营业面积需求值和实际值进行供需平衡的深度分析。

## 一、各类零售业态营业面积需求值的计算方法及思路

针对重庆市不同零售业态的特点,根据重庆以及国内典型零售业单位营业面积交易强度,测算出重庆市零售业单位营业面积交易额,并综合考虑服务辐射能力、配套物流仓储、办公及公共服务设施面积、供给弹性以及电子商务交易对实体零售业的影响等因素,最终对 2015 年重庆市极具典型的购物中心、家居建材商店、大型超市、超市、百货店、专业店、专卖店 7 种零售市场的营业规模进行分析评估,并作为各类零售业态供需状况分析的依据。

计算公式: $F = [V/(n + \beta)] \times e \times \gamma$

其中, $F$ 是指零售业态营业面积, $V$ 是指交易额, $\beta$ 是指电子商务等新型交易

---

① 大型超市营业面积在 6 000 平方米以上,购物中心原则上营业面积在 50 000 平方米以上,超市营业面积在 6 000 平方米以下,百货店原则上营业面积为 6 000~20 000 平方米,家居建材商店营业面积在 6 000 平方米以上。

手段的影响系数，$n$ 是指单位营业面积交易额，$e$ 是供给弹性系数，$\gamma$ 是容积率。

## 二、各类零售业态营业面积需求值的计算结果

根据上述零售业态营业面积需求值的计算思路及方法，对 2015 年重庆市 7 种零售业态营业面积需求值进行测算，结果如下：

### (一) 购物中心

参考全国典型购物中心的相关指标，根据近几年重庆市单位营业面积交易额情况和重庆市相邻省份指标值，并结合重庆市的实际调研情况，取单位营业面积交易额($n$) 为 0.88 万元／平方米，同时考虑到电子商务等新型交易手段对购物中心的影响，影响系数($\beta$) 计取 0.85。此外，根据重庆市建成购物中心容积率以及在建购物中心容积率，本项目取容积率($\gamma$) 为 1.2，供给弹性 $e$(取 1.6)，购物中心交易总额($V$)[①] 为 310.3 亿元，由模型计算出 2015 年重庆市购物中心营业面积需求值为 344.4 万平方米。

### (二) 家居建材商店

参考全国典型家居建材商店相关指标，结合重庆的实际调研情况，并考虑电子交易模式的影响 ($\beta$ 取 1.2)，单位营业面积交易额 ($n$) 按 6.2 万元／平方米计算。根据已建及在建家居建材商店的面积规模，计算得出平均容积率 ($\gamma$) 为 1.5，在考虑一定的供给弹性系数 ($e$ 取 1.1) 的情况下，家居建材商店交易总额 ($V$) 为 406.8 亿元，由模型计算出 2015 年重庆市家居建材商店营业面积需求值为 90.7 万平方米。

### (三) 大型超市

参考全国典型大型超市相关指标，结合重庆市的实际调研情况，同时考虑电子交易等新型交易手段的影响 ($\beta$ 取 1.1)，单位营业面积交易额 ($n$) 按 2.1 万元／平方米计算。考虑一定的供给弹性系数 ($e$ 取 1.2)，根据重庆市已建及在建大型超市的面积规模，计算得出平均容积率 ($\gamma$) 为 1.4，大型超市交易总额 ($V$) 为 151.1 亿元，由模型计算出 2015 年重庆市大型超市营业面积需求值为

---

① 本小节交易额数据均来源于重庆市 40 个区县商务局反馈数据，经课题组统计得出。

79.3 万平方米。

（四）超市

参考全国典型超市相关指标，结合重庆市超市近几年的单位营业面积交易额以及全国典型超市的单位营业面积交易额，综合考虑电子商务模式的影响（$\beta$ 取 1.2），$n$ 按 2.2 万元/平方米计算，$e$ 按 1.1 计算。根据已建及在建超市的面积规模，计算得出平均容积率（$\gamma$）为 1.45，超市交易总额（$V$）为 45.2 亿元，由模型计算出 2015 年重庆市超市营业面积需求值为 21.2 万平方米。

（五）百货店

参考全国典型百货店相关指标，结合重庆市百货店近几年的单位营业面积交易额以及全国典型百货店的单位营业面积交易额，同时考虑电子商务模式的影响（$\beta$ 取 1.6），$n$ 按 3.2 万元/平方米计算，考虑百货店的市场辐射半径，$e$ 按 0.9 计算。根据已建及在建百货店的面积规模，计算得出平均容积率（$\gamma$）为 1.6，百货店交易总额（$V$）为 272.3 亿元，由模型计算出 2015 年重庆市百货店营业面积需求值为 81.7 万平方米。

（六）专业店

参考全国典型专业店相关指标，结合重庆市的实际调研情况，并考虑电子交易模式的影响（$\beta$ 取 1.3），单位营业面积交易额（$n$）按 5.9 万元/平方米计算。根据已建及在建专业店的面积规模，计算得出平均容积率（$\gamma$）为 1.25，在考虑一定的供给弹性系数（$e$ 取 0.95）的情况下，专业店交易总额（$V$）为 152.5 亿元，由模型计算出 2015 年重庆市专业店营业面积需求值为 25.2 万平方米。

（七）专卖店

参考全国典型专卖店相关指标，结合重庆市的实际调研情况，并考虑电子交易模式的影响（$\beta$ 取 1.5），单位营业面积交易额（$n$）按 6.6 万元/平方米计算。根据已建及在建专卖店的面积规模，计算得出平均容积率（$\gamma$）为 1.25，在考虑一定的供给弹性系数（$e$ 取 0.9）的情况下，专卖店交易总额（$V$）为 233.5 亿元，由模型计算出 2015 年重庆市专卖店营业面积需求值为 32.4 万平方米。

### 三、重庆市零售业供需平衡分析

（一）各零售业态供需平衡分析

从全市不同类别的零售业态的供需平衡来看，在2015年，7种零售业态均出现了不同程度的供过于求。如表6-1所示，供过于求最为严重的零售业态是家居建材商店，供给规模超需求规模达41.1万平方米，供给超需求比例达45.3%。其次是百货店，2015年供给规模大于需求规模达36.3万平方米，供给超需求比例达44.4%。如果加上5种无店铺零售业态，如电视购物、网上商店等零售业态，零售业供过于求将更加严重。

表6-1　　　　　　　　　2015年重庆市各类零售业态供需平衡汇总表

| 类别 | 供求规模现状（万平方米） | | 供需平衡分析 | |
|---|---|---|---|---|
| | 营业面积实际值 | 营业面积需求值 | 供需差额（万平方米） | 供给超需求比例（%） |
| 购物中心 | 395.7 | 344.4 | 51.3 | 14.9 |
| 家居建材商店 | 131.8 | 90.7 | 41.1 | 45.3 |
| 大型超市 | 97.5 | 79.3 | 18.2 | 23.0 |
| 超市 | 28.1 | 21.2 | 6.9 | 32.5 |
| 百货店 | 118 | 81.7 | 36.3 | 44.4 |
| 专业店 | 30.5 | 25.2 | 5.3 | 21.0 |
| 专卖店 | 38.8 | 32.4 | 6.4 | 19.8 |

数据来源：经各区县反馈数据得出。

1. 购物中心

从购物中心的供需平衡来看，在考虑一定的供给弹性的情况下，受全国宏观经济下行的压力以及电子商务等新型交易手段的影响，2015年重庆市购物中心总建筑规模需求值为344.4万平方米，实际规模为395.7万平方米，供给规模超过需求规模51.3万平方米，供给超需求规模虽然较大，但供给超需求比例仅为14.9%，出现一定程度的供给过剩。

2. 家居建材商店

根据重庆市家居建材商店的供需平衡情况来看，在考虑一定的供给弹性的情况下，由于近年来全国房地产行业的不景气，2015 年重庆市家居建材商店总建筑规模需求值为 90.7 万平方米，供给规模为 131.8 万平方米，供给规模超过需求规模 41.1 万平方米，供给超需求规模较大，且供给超需求比例为 45.3%，供给过剩现象严重。

### 3. 大型超市

从大型超市的供需平衡来看，在考虑一定的供给弹性的情况下，2015 年重庆市大型超市总建筑规模需求值为 79.3 万平方米，供给规模为 97.5 万平方米，供给规模超过需求规模 18.2 万平方米，供给略大于需求，供给超需求比例为 23.0%，供给相对于需求过剩。

### 4. 超市

根据超市的供需平衡情况，在考虑一定的供给弹性的情况下，2015 年重庆市超市总建筑规模需求值为 21.2 万平方米，供给规模为 28.1 万平方米，供给规模超过需求规模 6.9 万平方米，供给略大于需求，供给超需求比例为 32.5%，出现较为严重的供过于求。

### 5. 百货店

从重庆市百货店的供需平衡情况来看，在考虑一定的供给弹性的情况下，由于电子商务等新型交易手段的影响，2015 年重庆市百货店总建筑规模需求值为 81.7 万平方米，供给规模为 118 万平方米，供给规模超过需求规模 36.3 万平方米，供给超需求规模较大，且供给超需求比例为 44.4%，供给过剩现象十分严重。

### 6. 专业店

根据重庆市专业店的供需平衡情况来看，在考虑一定的供给弹性的情况下，2015 年重庆市专业店总建筑规模需求值为 25.2 万平方米，供给规模为 30.5 万平方米，供给规模超过需求规模 5.3 万平方米，供给略大于需求，供给超需求比例为 21.0%，供给一定程度上大于需求。

### 7. 专卖店

根据重庆市专卖店的供需平衡情况来看，在考虑一定的供给弹性的情况下，2015 年重庆市专卖店总建筑规模需求值为 32.4 万平方米，供给规模为 38.8 万平方米，供给规模超过需求规模 6.4 万平方米，供给略大于需求，供给超需求比例为 19.8%，供给相对于需求过剩。

（二）总结

重庆市零售业的业态结构逐步发展成为由购物中心、家居建材商店、大型超市、超市、百货店、专业店、专卖店等为主导的多元化业态结构。但重庆市零售业不同类别的零售业态之间呈现出不同的供需关系，通过对重庆市不同类别的零售业态进行供需平衡分析，进一步总结如下：

（1）零售业总体产能过剩，不同业态的过剩程度不同，其中家居建材商店、百货店供给远远大于需求。

（2）相关部门应全面落实扶持零售业发展的各项优惠政策，同时根据零售业的发展态势，有针对性地制定出台新的优惠政策。针对不同类型的零售业态，工商、税务等部门在经营户办证、培训收费等方面应给予相应便利，做到"先繁荣再规范"，通过优化投资环境、减少办事环节、降低税费措施，共同推动重庆市零售业的健康快速发展。

（3）重庆市零售业态结构需进一步调整。应当重点依托重庆市的区位与资源优势，依据现有的产业和未来的产业发展布局，由市商委牵头制定全市零售业发展规划，明确方向，突出重点，增强规划的权威性和导向性，控制重复建设。此外，政府要积极地引导全市零售业的结构调整，借助电子商务调整零售业态结构，大力推进零售业的创新，不断地进行管理制度创新，使零售业的业态结构更加合理化。

# 第七章 基本结论、发展趋势及发展思路

## 一、基本结论

"十二五"期间，重庆零售业实力显著增强，购物之都基本建成，长江上游地区商贸中心聚集辐射功能显著提升，零售业的发展为重庆"十三五"建成"一带一路"重要流通节点和长江上游地区现代商贸中心奠定了坚实基础。

### （一）社会消费品零售总额持续增长

"十一五"期间，重庆市社会消费品零售总额在 2005 年基础上翻了一番多，2010 年实现 2 938.6 亿元，年均增长 19%以上。"十二五"期间，重庆市社会消费品零售总额、商品销售总额、商业增加值均在 2010 年基础上翻了一番多，其中：社会消费品零售总额年均增长 16.1%，增速列全国第一位（见图 7-1）；以零售为支柱的商业增加值占地区生产总值比重提高到 10.9%，继续保持全市第二

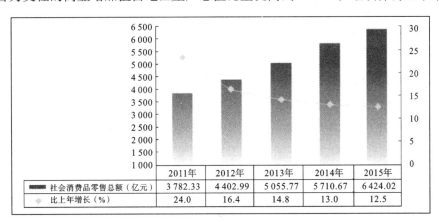

| | 2011年 | 2012年 | 2013年 | 2014年 | 2015年 |
|---|---|---|---|---|---|
| 社会消费品零售总额（亿元） | 3 782.33 | 4 402.99 | 5 055.77 | 5 710.67 | 6 424.02 |
| 比上年增长（%） | 24.0 | 16.4 | 14.8 | 13.0 | 12.5 |

图 7-1 "十二五"时期重庆市社会消费品零售总额及其增长速度

大支柱产业地位。以零售为重要组成部分的商业税收达到 370 亿元，成为全市第二大税收行业，商贸从业人员达到 480 万人（限额以上零售企业从业人数 50 万人）。

（二）城市商圈建设长足发展

2015 年，全市零售商业面积突破 4 000 万平方米，10 平方千米的中央商务区开发建设初具规模，建成城市核心商圈 30 个，其中零售额超过百亿的商圈 12 个，城市商圈体系基本形成，建成市级商业特色街 10 条（不含美食街），都市商业文化氛围逐渐浓郁。

（三）民生商业建设成效显著

布局合理、业态多样、功能完善、服务规范的城市社区商业体系基本构成。"十二五"期间，新建成社区便民商圈 152 个，标准化改造升级城市社区菜市场 502 个，基本实现全覆盖。"万村千乡市场工程"也实现全覆盖。布局完成粮食应急供应网点 1 013 个、粮油配送中心 48 个，实现了全市乡镇粮油应急供应网点全覆盖。

（四）零售主体培育成效卓越

全市培育了一批具有知名品牌和核心竞争力的大型零售商贸企业集团。2015 年，法人企业单位数达到 3 180 个，比"十二五"期初增长 76.0%。百亿级商贸企业达到 10 家，其中，商社集团以 2014 年营业收入 5 145 104 万元荣列 2015 中国企业 500 强第 241 位，位列 2015 中国服务业企业 500 强第 85 位，创造了中国国企改革的"商社现象"。

（五）零售现代化发展迅速

从连锁经营来看，重庆连锁经营企业发展迅速，限额以上商贸流通企业连锁比例在 40% 以上，在全国名列前茅。重庆市连锁经营协会统计协会会员已有 700 多家，旗下拥有 3 000 多家连锁店。2015 年，全市电子商务交易额达到 6 000 亿元，网络零售额 600 亿元，销售额 10 亿元以上的电子商务企业超过 10 家。城市共同配送加快发展，网订店取、智能快递柜等末端配送网络逐步形成。零售信息化水平不断提高，新业态新模式不断涌现。

（六）零售业开放取得成效

1993 年，外商资本（包括港澳台资本）开始进入重庆零售业。外资零售企业迅速发展起来，成为重庆零售业的一股重要力量。到 2010 年年底，外商资本（包括港澳台资本）在重庆企业个数达到 23 家，零售额达到 72.875 9 亿元，占重庆社会消费品零售总额的 2.48%。到 2015 年年底，重庆限额以上外资零售企业数量达到 46 家，其中外商投资企业 17 家，港澳台投资企业 29 家。内资引进王府井、永辉等国内大型零售企业，与市内零售企业的扩张得到了互动发展，实现了互促共赢。

## 二、发展趋势

当前，中国零售业的发展趋势主要有六个方面，这也反映了重庆市零售业的发展趋势。

（一）百货店购物中心化，购物中心"去百货化"

百货店购物中心化。在购物中心、电子商务、O2O 等新消费模式的冲击下，百货商店转型与变革是大势所趋。传统大型综合百货商店目前已经处于饱和状态。2015 年，全国有 60% 的百货上市公司营业收入下降，有 69% 的百货上市公司净利润下降。在此背景下，"一次购足、游乐整天、吃喝玩乐"一站式的购物体验正逐渐成为主流消费方式。为了应对新的市场格局，业态相对单一的传统百货正向集合丰富业态的购物中心转化。

购物中心"去百货化"。在中国，百货店一般都是购物中心的主力业态。"5：3：2"曾经是被普遍认同的购物中心中百货、娱乐及餐饮的最佳比例。然而，当餐饮、娱乐越来越成为购物中心的重头戏，百货的地位便开始动摇。在城市流行综合体的时代，购物中心成为全国各地流行的业态形式，百货店"同质化"成为制约购物中心发展的因素。"去百货化"就成为一种不可避免的发展趋势。

（二）线上线下融合联动，跨境电商快速发展

线上线下融合联动。如今，传统零售商已经开始斥资进军电商，而电商企业则纷纷探索新的商业模式和盈利渠道。2015 年，吸引眼球的线上线下融合事件

莫过于京东入股永辉、阿里联姻苏宁。全渠道零售，线上线下融合联动，已成为零售业发展的大趋势。实体零售商应主动适应电商竞争的法则。

跨境电商快速发展。阿里、京东、唯品会等各大电商巨头纷纷投资跨境电商。传统企业也进军跨境电商，步步高旗下云猴全球购于 2015 年 3 月 3 日正式上线，并在香港成立全球采购中心。艾瑞咨询集团预计近年我国跨境电商交易规模仍将保持 20%~30% 的增速。在政府政策支持下，电商和传统零售业龙头企业发展跨境业务成为必然。

(三) 便利店快速发展，社区商业品质升级

便利店快速发展。2015 年中国便利店逆势增长，统计数据显示，15 家主要代表性企业销售额增速为 18.2%，远高出其他业态。便利店渠道在经历过高速成长期之后，仍将保持快速发展的趋势。

社区商业品质升级。目前，各城市街区家庭式、夫妻老婆店及个体创业单店居多，即使一些加盟品牌，自身在经营上的积累并不厚实。因此，城市社区商户的品质升级成为一种必然。我国的社区商业，从初期、原始、简单、粗放式经营，向品牌、品质、健康及科学化经营深入，从而也将更加贴近消费者。在当下消费升级和移动互联时代，实体商业的传统形态在寻求转型，寻找新的发展契机，社区商业成了新的市场。城市零售边缘崛起，出现了由集聚到扩散的趋势，众多的企业开始"微"化，落位社区商业。

(四) 个性零售逐渐代替"千店一面"，店铺形态越来越多样化

个性零售逐渐代替"千店一面"。以消费需求导向、以顾客为中心，加快向商业零售本质回归已成为实体零售行业的共识，而各地的消费需求、消费习惯、消费热点不尽相同，必然导致各地的实体零售表现出越来越多的差异化、个性化，以代替"千店一面"化。

店铺形态越来越多样化。消费者对便利性、品质及价格的需求，使零售业出现各种新业态，如品类专业店、跨界组合店、免税店、会员店、精品超市等。与时俱进地开设新型店铺才能适应消费需求、适应时代发展的要求。更加多样化的店铺形态，成为零售发展大趋势。

(五) 行业集中度进一步提高，探索新组织形式成当务之急

行业集中度进一步提高。目前中国商业的集中度仅在 7% 左右，远远低于美

国的 30% 多和日本的 20% 多，行业集中度的进一步提升是大势所趋。

探索新组织形式成当务之急。传统零售业仅仅运用互联网技术是不够的。在新的互联网时代，组织形式和激励的变革是零售更为重大的主题。必须找到新时代框架下的组织形式，探索更适合时代的组织形式。

（六）资本推手新玩法，"跨界混搭"成时尚

资本推手新玩法。苏宁吸收阿里的入股是时代资本的新效率要求，这和此前零售业上市是一样的道理。回顾 2015 年的资本市场，可以看到线上对线下的入股，如阿里对苏宁、京东对永辉，又可以看到线下对线上小公司的入股投资，如华联投资唱吧，还可以看到线下企业的相互合作，优秀者收购后进者，如红旗连锁收购互惠超市及红艳超市。现阶段，资本市场的并购将主要体现为线上大鳄代表的新型资本对线下有价实体资本整合并购，线上企业更有时代自信。从资本走向而言，接下来的时代可能是线上线下资本融合的时代。

"跨界混搭"成时尚。"跨界混搭"成为越来越多实体零售店的时尚之选。如："咖啡陪你+招商银行""优衣库+星巴克""沃尔玛+中青旅"……跨界项目各方能够实现功能互补、成本互降，并为顾客带来附加便利。

## 三、发展思路

面对以上零售商业发展趋势，重庆市零售业必有可为。

（一）零售供给侧结构性改革

加强大型零售商业设施规划管控，从严控制新建或续建大型商业综合体，严格实行听证约谈制度，防止形成新的过剩产能。都市功能拓展区根据城市人口聚集情况可适度配备相应的大型零售商业设施。根据产业发展、城市人口集聚，城市发展新区、渝东北生态涵养发展区和渝东南生态保护发展区可均衡布局城市商圈及大型商业综合体，积极增加有效供给。引导现有大型零售商业设施改造升级，挖掘大型零售商业设施新的功能定位，明确发展主题，找准经营方向，优化业态升级，盘活商业存量，促进转型发展。

（二）推动零售载体转型发展

完善城市商圈体系，注重城市商圈及大型零售商业设施业态、形态、文态、

生态"四位一体"开发，形成完整的消费链条。推进城市商圈转型升级，探索"互联网+商圈"发展模式，加快发展体验式、服务性消费，商旅文联动打造城市商圈，实现商圈特色化错位发展

中央商务区应着力提升品质，引进国内外高端时尚产品、时尚品牌及时尚企业，汇聚世界名品，促进国际品牌旗舰店、专卖店集聚。着力推进传统商业的功能优化及转型升级。

培育品牌特色商业街区，围绕业态、形态、文态和生态，精心做好商业街区规划，精心策划打造一批商旅文农融合发展、具有历史文化韵味的全国知名特色商业街区（夜市）。

加强社区便民商业中心建设，合理布局社区网点，打造15分钟社区便民生活服务圈。鼓励和支持开发商建设商住相对分离、商业相对集中的社区商业综合体，打造"一站式"新型社区便民商业中心。鼓励老社区通过旧城改造、业态调整等方式，促进商业布局适度集中。

（三）推动实体零售创新转型

推动实体零售调整商业结构。引导业态雷同、功能重叠、市场饱和度较高的购物中心、百货店、家居市场等业态有序退出城市核心商圈，支持具备条件的实体零售及时调整经营结构，由传统销售场所向社交体验、家庭消费、时尚消费、文化消费中心等转变；推动连锁化、品牌化企业进入社区设立便利店和社区超市，加强与电商、物流、金融、电信、市政等对接，发挥终端网点优势，拓展便民增值服务，打造一刻钟便民生活服务圈；商务、供销、邮政、新闻出版等领域龙头企业应向农村延伸服务网络，鼓励发展一批集商品销售、物流配送、生活服务于一体的乡镇商贸中心，统筹城乡商业基础设施建设，实现以城带乡、城乡协同发展；引导企业改变千店一面、千店同品现象，不断调整和优化商品品类，在兼顾低收入消费群体的同时，适应中高端消费群体需求，着力增加智能、时尚、健康、绿色商品品种；积极开展地方特色产品、老字号产品"全国行""网上行"和"进名店"等供需对接活动，完善品牌消费环境，加快培育商品品牌和区域品牌。

推动实体零售创新发展方式。鼓励企业加快商业模式创新，强化市场需求研究，改变引厂进店、出租柜台等传统经营模式，加强商品设计创意和开发，建立高素质的买手队伍，发展自有品牌、实行深度联营和买断经营，强化企业核心竞

争力。推动企业管理体制变革，实现组织结构扁平化、运营管理数据化、激励机制市场化，提高经营效率和管理水平；强化供应链管理，支持实体零售企业构建与供应商信息共享、利益均摊、风险共担的新型零供关系，提高供应链管控能力和资源整合、运营协同能力；鼓励连锁经营创新发展，鼓励特许经营向多行业、多业态拓展，引导发展自愿连锁；推进商贸物流标准化、信息化，培育多层次物流信息服务平台，支持连锁企业自有物流设施、零售网点向社会开放成为配送节点，提高物流效率，降低物流成本；创新服务体验，支持企业运用大数据技术分析顾客消费行为，开展精准服务和定制服务，灵活运用网络平台、移动终端、社交媒体与顾客互动，建立及时、高效的消费需求反馈机制，做精做深体验消费。

（四）大力推动网络零售发展

大力推动网络零售发展，推动线上线下融合发展。发展壮大京东商城、苏宁易购、世纪购、爱购保税等本地网购结算企业，积极鼓励大型知名电子商务企业在重庆建立地区性运营总部和区域性仓储配送中心。

实体店应通过互联网与消费者互动，发展体验消费，促进"线上商城"与"线下商城"融合互动。线上企业应发展线下体验店，发展网络零售商品体验中心。大型传统零售商贸企业应建设网上商城。

推动本地产品和服务网上营销。实施"电商+重庆制造"行动，零售企业应拓展 B2B（企业对企业）、B2C（企业对消费者）、C2B（消费者对企业）业务，打造重庆产品网上交易专区，推动"重庆网货生产基地"建设和"重庆造"产品上线。鼓励本地中小微企业扩大电子商务应用，将重庆市知名产品和服务推向国内外市场。

（五）推进城乡共同配送发展

加快建设物流分拨中心和区县（自治县）公共配送中心，整合利用现有物流配送资源，进一步完善存储、转运、停靠、卸货等基础设施建设，优化物流配送网络体系，切实提高共同配送能力。大型零售企业、商贸物流企业整合供应链上下游物流配送资源，建立长期稳定的共同配送联盟，开展城市共同配送，重点推进日用品、电子商务、农产品及冷链、医药等专业物流的共同配送。创新共同配送模式，依托大型第三方商贸物流企业和公共配送中心，为多个零售企业、核心商圈、商业街区、社区门店等开展区域共同配送；依托专业市场集群和物流分拨中心，推广"货运班车"，开展干线支线结合的共同配送，促进城区配送、城际配送、城乡一体化配送的有效衔接和融合发展，探索推进供应链管理；依托大型连锁企业整合供应商货物集聚能力，向企业连锁门店和其他社会网点提供统一配送服务。依托区县（自治县）综合型公共配送中心，整合邮政、供销、商贸、物流等企业资源，开展城乡一体的共同配送。

（六）培育跨界融合商业业态

大力发展将消费者体验、社交、生活服务和购物融合为一体的全新商业业态，推进店网融合、主题商店、自助商店、会员制商店、城市消费合作社和家庭采购顾问等商业新模式。现代商业模式下应进行业态创新，发展C2B（消费者对企业）、O2O（线上线下结合）、体验式购物。零售企业应充分利用移动社交、微博、微信等新媒体、新渠道，发展社交电商、微营销、社群营销、"粉丝"经济等网络营销新模式。

推进传统业态与新型业态加速融合。鼓励零售商业项目调整业态组合，降低以提袋购物为主的零售类业态，提高以休闲娱乐、餐饮、儿童教育等为代表的体验类业态，提高艺术、生态和人文类设计性业态。适应百货店购物中心化、购物中心"去百货化"的新形势，城市商圈、购物中心、百货店应调整业态布局，探索引进书店、剧场、博物馆、咖啡、餐饮、美容、母婴养护、康体娱乐、专业医疗机构、教育培训等业态，实现多行业多业态跨界融合，推动"一买一卖"的传统商业业态向体验经济、社交平台、家庭休闲场所、生活中心方向转变。增设休闲、体验、休息区，加强管理，提升服务，打造舒适、优美、优雅的消费环境。大力发展以"社交化、情景化、智能化"为特征的新型购物中心，以及"咖啡+书屋""餐饮+花店""创意工场+展示展销"等跨界业态。通过引进新业态、新企业特别是总部贸易型企业，盘活全市闲置的商场、市场等商业设施，做大增量的同时优化商业结构。

（七）加快连锁经营创新发展

推动连锁经营向多行业、多业态延伸，提高流通规模化、组织化程度。大型零售连锁经营企业应向区县（自治县）、乡镇延伸服务，向市外及周边地区"走出去"发展。连锁便利店应向社区和农村拓展，增加其代收费、快递收寄等多元服务功能，方便城乡居民消费。发展直营连锁，规范发展特许连锁，引导发展自愿连锁。支持零售连锁企业建设直采基地和配送中心，提高共同配送水平。支持连锁经营企业开展行业交流、营销对接、技能比武等活动。

（八）推动零售市场主体转型发展

推进零售商贸企业股权多元化改革，加快发展零售商贸领域混合所有制经济。零售商贸企业应通过兼并重组整合创新资源，提高创新能力。有条件的零售企业应整合资源，组建集团型企业，实现抱团发展。做大做强零售商贸企业，支持重庆商社等大型零售商贸集团向全球供应链管理集成贸易商转型，提升连锁经营企业供应链整合能力。

（九）推进零售体验复合发展

零售企业应转变经营方式，提高自营商品比例，加大自主品牌、定制化商品比重，深入发展连锁经营。推动零售业从单一渠道向复合渠道发展，建立覆盖实体店、电子商务、移动端和社交媒体的全渠道零售新体系。支持线上线下融合互动，网上零售可开设实体展示店、体验店，提供退换货和到店取货服务；互联网企业应加强与实体店合作，将线上交流互动与线下真实体验相融合。零售企业积极尝试跨界转型，多业态叠加，加大体验式情景商业业态比例。零售店应增强社交功能，逐步向体验中心转变，通过增强视觉吸引、个性化品牌互动、社交媒体宣传、节日活动、时尚秀和互动展示改善客户的购买体验，拓展服务体验、情调体验和创新体验。零售企业应发展跨境网络零售。

（十）完善农村现代流通体系

完善农村流通网络。打通"农产品进城、消费品下乡"双向流通渠道，建成农村日用品销售、农产品收购、农资供应、农民生活服务、商务信息服务、再生资源回收六大流通网络体系。

大力推进乡镇商贸"五个一"建设，完善乡镇商业设施，打造一批综合性乡镇便民商业中心，布局完善品牌连锁超市、农贸市场、特色农村产品市场、品牌餐饮、星级农家乐等商业设施。改建乡镇超市、村级农家店，拓展综合服务功能，探索网上订货等，便利农民网购消费。

积极发展农批、农超、农餐、农校、农企、农社、农网、农展、集团采购等产销对接，搭建向农产品生产和消费两端延伸的经营链条，建立稳定的产销关系。

　　培育壮大农产品流通经纪人、经纪公司、农产品运销专业户和农村各类流通中介组织，引导农民合作社、家庭农场、专业大户的经营活动向加工、流通领域拓展延伸。运销大户向企业化方向发展，逐步培育批发、运销联合体。商业资本可与农产品企业共同打造互联网产业链模式。

# 第二部分

## 专题篇

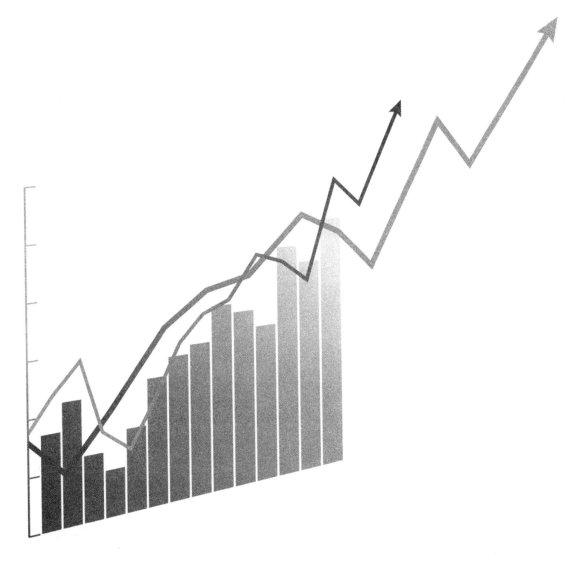

第二暗分

考暖篇

# 第一章 重庆零售业发展历程

　　零售就是把商品和劳务出售给最终消费者以供其最终消费之用的一种商业活动。零售业是指以向消费者（包括个人和社会集团）提供所需商品及相关服务为主的行业。

　　零售业是最古老的行业之一。沿街叫卖是最早的零售活动的写照，人类早期的商业就是从这种沿街叫卖的行商中起步的。零售商业的早期发展大致经历了行商与坐商两个阶段。零售业最初的两种形式为露天叫卖的小商人和长途贩运的大商人。这在我国都称为"行商"。

　　中国与西方国家相比，无论是行商还是坐商的起源都更早。一般认为，我国从商朝开始就有了商人和商业活动，主要是行商。安徒生的童话里卖火柴的小女孩的形象，是西方国家早期的小商人形象。我国自秦汉以来就有了坐商。北宋张择端的《清明上河图》，表明坐商已达到空前繁荣的程度。而西方国家在16世纪才开始进入坐商兴盛繁荣的时期。

　　但是，19世纪中期以来，零售业的四次革命都是在西方国家掀起的。纵观西方零售业的历史，我们可以发现各种商业组织机构与经营形式的产生、发展和衰退，无不受市场经济激烈竞争的直接影响。零售业体系及商店类型的变革和演化，在欧美、日本和其他一些经济发达国家，走过了一条大致相同的道路：百货商店的兴起、连锁店的出现、超级市场的诞生、无店铺销售的出现，这在零售业的发展历史上被称为零售业的四次革命。当今流行的网购，属无店铺销售的范畴。

　　重庆的零售业也有其自己的发展历程。

## 一、1891年以前：古代零售商业的发展

重庆地处长江、嘉陵江的交汇处，"左挟右带，控驭便捷"，西连三蜀，北

通陕甘，南达滇黔，东接荆襄，有舟楫和陆路交通之利，古代零售商业十分繁荣，重庆自古以来就是西南地区的物资集散地和繁荣的商业都市。

春秋时期，重庆作为巴国都城，开始兴起商品交换，最初的零售市场逐步形成。据《华阳国志·巴志》载：巴人"立市于龟亭北岸"。最早的市场就设在巴县冬笋坝。《水经注》中说：在巴郡的小城邑里有市，几天一集，如"平都县，为巴郡之隶邑"，"县有市肆，四日一会"。战国时期，巴蜀一带的商民早就和西南各族有了经济上的往来，巴蜀的漆器、铁器、农具、丝绸和其他商品已运入西南各地。

秦朝时，以重庆为首府的巴国和以成都为中心的蜀国土地肥沃，出产丰富，被誉为"天府"。史书《战国策·秦策》中苏秦对秦惠王说："大王之国，西有巴、蜀、汉中之利"，"田肥美，民殷富"，"沃野千里，蓄积饶多，地势形便，此所谓天府，天下之雄国也"。据史籍记载：当秦之世，巴国一寡妇名清，擅丹穴之利，富至不訾，能守其业，用财自卫，不见侵犯，为秦始皇所礼重。始皇嬴政为清筑怀清台。巴国寡妇清，成为重庆历史上第一个女商人。

西汉时期，巴蜀经济日益繁盛。据《盐铁论》记载，巴蜀已成为当时全国十大经济区域之一，商人们就是以这些地区为其活动的广阔场所。汉时，巴蜀人到京师，往往以铁器、蜀布为货。《隋书·地理志》中说，重庆是"水陆所凑，货殖所萃"。川马、蜀锦是当时巴蜀主要的输出品。

唐宋以后，中国的经济中心由黄河流域逐渐南移到长江下游地区。长江水道交通为商品生产和商品交换的发展创造了必要的条件。《旧唐书·崔融传》描述当时长江水道的情境是："天下诸津，舟航所聚，旁通巴汉，前指闽越……控引河洛，兼包淮海，弘舸巨舰，千轴万艘，交货往来，昧旦永日。"交通的发达，促进了商业的发展。重庆扼两江的汇口，与长江中下游及四川东部、北部的经济联系日益密切。唐代诗人王维舟过重庆时留下的"水国舟中市，山桥树杪行"的诗句，就是唐代重庆沿江市场兴盛的写照。

宋代，重庆商业进一步发展。据《文献通考》记载，就商税额而言，重庆已成为年征商税20万贯以上的八个城市之一，仅次于当时的东京（开封）、兴元（汉中）、成都，名列第四。宋代《觉林晓钟》一诗中写道："木鱼敲罢起钟声，透出丛林万户惊。一百八声方始尽，六街三市有人行。"此诗反映了宋代重庆早市的繁荣和市场的基本格局。元代《咏重庆》一诗中有"隔市江光入座间"的描绘，从一个侧面反映了重庆沿江市场的兴盛。

明清时，当时四川盛产的许多农副产品，如井盐、茶叶、生丝、药材等商品，都由内河或陆路转运到重庆集中，再输运到华东、华中以及出口国外。重庆成为西南地区的物资集散中心。《巴县志》载："故蜀西南北旁及康藏，以至滇黔之一隅，商货出入输会必于重庆，重庆者，蜀物所萃，亦四方商贾辐辏地也。"清康熙年间的举人刘慈在《渝中杂感》中写道："大州名胜蜀江边，楚客吴商满市尘。"这就反映了重庆与长江中下游地区的商业联系日益频繁。

乾隆初年，重庆已是"商贾云集，百物萃聚"，"或贩至剑南、川西、藏卫之地，或运自滇、黔、秦、楚、吴、越、闽、豫、两粤之间，水牵运转，万里贸迁"。重庆凭借其优越的地理条件，集四方之物为一地，贩进卖出，重庆城"九门舟集如蚁，陆则受廛，水则结舫"。重庆商业的兴旺，吸引了大量的商业性移民，省外之民"每年逗留川中者不下十余万人"。这时重庆城内的商业行帮已达25个，各业牙行有150多家，经营棉花、棉纱、丝货、苏广货、食盐、纸张、书籍、药材、山货等各类物资。嘉庆年间，重庆的运货木船已形成大河、小河、下河共20多帮。大河即航行于重庆以上长江、岷江、沱江的船帮，小河即专航于嘉陵江、涪江、渠江的船帮，下河则为运货于重庆以下直至两湖的船帮。常年的货运进出量为20万~30万吨。

因此，开埠前的重庆，以其发达的交通运输体系，吸引着四川各地乃至黔北、滇北、藏卫、陕南、甘南及长江中下游各地的物资，贩进贩出，成为一个水运繁盛、市场辽阔的商业都市。

## 二、1891—1936 年：近代零售商业的发展

1891 年 3 月 1 日，重庆正式开埠。古老的传统商业市场发生变化，农副土特产品出口增加，洋货大量涌入，物资吞吐集散规模扩大，客观上促成了重庆近代商贸中心的形成。重庆成为与上海、汉口、天津、烟台、广州、厦门齐名的七大商业中心城市之一。因此，1904 年清朝中央政府成立商部后，第一次颁布在全国各地建立商会的章程中，就明确规定，重庆因"属商务繁富之区"，设立商务总会。

（一）传统的农副土特产品集散市场

重庆开埠后，轮船航行川江，扩大了重庆物资的转输出口能力，川、滇、黔、陕、藏等地的土特产品，借长江及其支流岷江、沱江、嘉陵江等水系和陆路交通，源源不断地输入重庆，辐辏往返，络绎不绝。其集散规模，在长江沿岸仅次于上海、武汉，为第三大埠。清光绪年间的川东道黎庶昌在《改建重庆五福宫北楼记》中说："重庆蜀东一大都会也，其地当岷、涪二江之汇，水陆四冲。舟舆之所络绎，商贾之所骈集。丝麻布帛、丹漆盐铁之利，都积而委输。"开埠后到抗日战争以前，货物集散的自然流向范围北至松潘、汉中、甘肃；西至乐山、宜宾，乃至西藏；南至云南、贵州；东部则有长江水道，荟萃于重庆的农副土特产品，大部分由此航道输往华中、华北及国外。

这一时期重庆农副产品的集散数量逐年增加。据《重庆海关 1892—1901 年十年调查报告》，重庆开埠后，农副土特产品转口贸易销售总值每年有较大幅度增加；1902 年重庆出口总值为 850 万两白银，比 1891 年增加了 1.5 倍。又据《重庆海关 1902—1911 年十年调查报告》，1911 年重庆出口总值为 1 000 万两白银，比 1902 年增长了 18%。蚕丝、猪鬃、羊毛、药材、山货等主要产品的输出量每年都有较大增长。

重庆以长江、嘉陵江沿岸的主要码头形成了沿江市场，成为农副土特产品的集散地。在清人笔下，当时沿江市场的情况是："江中风帆飘动，船运往来如梭，江边艇舫肆列，桅杆林立，人烟辐辏。"太平门城外，是木竹商人会聚及木料集散的地方，后来木材转移到黄沙溪。储奇门一带，是山货、药材业集中的地方。金紫门江边，是柑橘船集中之地。南纪门是一道水陆两通的门，门外也是木材集中之地，同时也是屠宰业集中地。千厮门临嘉陵江，是棉花、牛羊皮市场。沿江农副产品市场的兴盛促进了临长江的下半城商业的繁荣。中大街、西大街、西二街、西三街、西四街都是商业场所，周围有各类店铺 203 家，成为当时重庆最繁荣的商业中心。抗战前，重庆商贸主要集中在沿江靠近码头的街道，主要是经销长江上游各地来渝的土特产品。其中一部分运至汉口、上海等地转口国内其他地区或出口国外，再将进口洋货或长江中下游的商品运回重庆再转销到西南各地，并逐步形成了很有势力的诸如匹头帮、盐帮、山货帮等民间商业集团。

总之，重庆沿江商业兴盛，是特殊的地理环境所决定的。在以重庆为中心的区域内，除长江、嘉陵江外，还有涪江、渠江、沱江三大水系，积水面积大于

500平方千米的河流有14条，可行舟航转运之利的里程在2 000千米以上。沿江及主要支流的主要河段，分布着小区范围内货物集散中心的大小集镇228个，成为货物集散的网结，与重庆中心紧紧相连。

（二）洋货的分销中心

重庆开埠，棉织品、毛织品、煤油、颜料、化妆品等洋货，从重庆口岸大量涌进，再由重庆分销到西南各地。

1899年6月20日，英商立德乐、普南田带领英国商轮"先行号"到达重庆，这是到达重庆的第一艘商轮。从此，洋货运销日益增加。1930年，重庆洋货进口总值达5 106万两白银，成为仅次于上海、天津、汉口的第四位洋货销售中心。

洋货进口中的大宗品种主要是洋布和洋纱，也是重庆商人洋货经营的主要商品。这些货物主要通过洋行、买办商、本地商号向重庆及西南的城镇和广大乡村销售。《中国近代对外贸易史资料》第三册中，对重庆洋货分销中心的地位做了比较详细的描写。该书说：洋货的购进，除成都有3家商号，嘉定有1家商号，直接在上海采购外，四川各地全部都是由重庆采购。重庆是当时四川贸易的主要市场及分销中心。每年在一定的季节里，商人从成都、保宁府、潼川府、遂宁县、嘉定府、绵州、合州及其他地方，有的由陆路，有的由水路来到重庆，运来他们的土产、药材、生丝等，并运回洋货。

重庆杂货业的销售业务日益发展，小杂货店也逐步增多，主要经营铁丝、纽扣、手表、洋伞、化工原料、洋灯、金银器等商品。1936年，重庆苏货铺（百货店）有130家，服装鞋帽店180家。

（三）近代零售商业日益繁盛

随着物资集散规模的扩大，重庆商业日益繁盛。清代诗人宋家蒸，在《舟次重庆》这首诗中写道："郭中万户屯，郊外千舟舣，商贾集远方，货贿集都市。"这可作为当时重庆商业的写照。巴县木洞镇，在诗人的笔下也是"小市人烟簇"，"估舶争来去"。重庆商业之繁盛，非西南其他城市可比拟。

1. 新的商业组织不断出现，商业交易日益繁盛

随着各省商人来渝经商增多，为了保障本省商人利益，1900年，广东、浙江、福建、湖广、江西、江南、山西、陕西八省的商人成立会馆，称为"八省会

馆"。1905 年 10 月，重庆成立总商会。1908 年，清政府在重庆菜园坝举办了川东地区第一次商业展览会，显示了重庆商业的繁荣和商业中心的作用。1914 年，总商会买下原重庆府署，改建为商业场，翌年正式落成。商业场包括中大街、西大街、西二街、西三街、西四街 5 个街区，集中了匹头、苏货、药材、山货等字号店铺 203 家，房屋壮观，街道宽阔。商业场成为重庆最繁华的商业中心。1927 年 2 月 9 日，重庆商业场又仿效京、津、沪、汉的办法，创办了夜市。每日从午后 6 时到夜 10 时，准许场内店铺和外来摊贩设点营业，摊点栉比，人流如潮，摩肩接踵，商业场更加繁盛。

重庆素有"上下两条江，左右十三帮"之称。其实重庆商帮远非 13 帮之数。20 世纪 30 年代，重庆有行业公会 57 个，其中属于匹头绸缎业、盐业、棉纱业、米粮业、干菜业、五金业等商业性行业公会有三四十个之多。随着洋货的大量倾销，行业分工越来越细，形成了交电、五金、化工、煤油、百货、纺织、文化用品等新的商业行业。

2. 商业店铺增多，市场更趋繁荣

重庆逐步形成了油市街、草药街、磁器街、木货街、棉花街、麦子街、米亭子街、炒房街等四五十条商业街。这些商业街以经营专项为主，店铺一家接一家，有的街道的临街房屋儿乎都是商铺，很有经营特色。米亭子曾是城内最大的大米市场，既有大宗交易，也有零售。20 世纪 40 年代以前，重庆繁华的商业区是在下半城，主要由于下半城临长江，周围散布着药材、山货、柑橘等集散市场。下半城的陕西街，是金融业的集中地，银行、票号、钱庄多设于此，20 世纪 40 年代被称为重庆的"华尔街"。白象街，是字号、洋行及轮船公司的所在地。东水门到太平门一段是主要官署所在地，是早期的政治中心，1915 年辟作商业场后，成为重庆的商业中心，重庆总商会及不少行业公会也设于此。

据《巴县志》载，1936 年，重庆主要商业行业及店铺数的情况是（仅指现在的渝中区）：盐业 120 家，棉纱业 72 家，匹头绸缎业 200 家，颜料业 23 家，苏货业 130 家，干菜业 88 家，川丝织品业 23 家，五金杂货业 68 家，药材业 42 家，山货业 120 家，糖业 30 家，夏布业 40 家，熟药业 320 家，煤业 48 家，布业 290 家，油业 94 家，服装业 117 家，旅栈业 800 家，油漆业 94 家，杂粮业 18 家，屠宰业 25 家，制革业 36 家，瓷器业 44 家，中西餐业 112 家，皮货业 14 家，鞋帽业 68 家，煤油业 22 家。流动的摊贩挑担、提篮无计其数，遍布大街小巷，入夜叫卖声不断，商业很是繁荣。也就是说，到 1936 年，重庆城内已有商业行业 27 个，店铺字号 3 058 家。其中 100 家以上的行业有匹头绸缎业、布业、苏货业、山货业等 8 个行业，共 2 209 家，占 72%。

3. 涌现了一大批名店大店，成为重庆商业的骨干

洋货业、山货业、盐业等行业中，开办最早的商铺要算"全信裕"。全信裕于咸丰年间由金秀峰开办，经营的上货以匹头为大宗，兼办棉花、百货；下货贩运白蜡、桐油、成都蜀锦等。光绪年间，刘继陶创办的"德生义"商号，以经营药材为主，兼营匹头、棉花，经常派人到滇、黔产地大量收购山货、药材。1894 年刘继陶成为重庆最早的"百万富翁"。1911 年，黄锡滋开设"天锡生"商号，并以"天锡生"为号，在几年间，陆续开设了"天锡永""天锡公""天锡福""福兴玉"等字号，这些字号经营范围广泛。汤子敬（后人称之为汤百万），兴办了一些有较大影响的字号，如"聚福长"山货号及"德大昌""大昌祥""裕生厚"等字号。

在药材业中也有不少大字号。清朝末年，重庆药材业已是重庆商业中的八大行之一。八大行是指糖、麻、花、酒、油、药、烟、干菜。当时较有名气的药材字号有"永泰""茂昌""万道长"等。

服务业中的"留真相馆"，创办于 1919 年，是西南地区最早的相馆。

重庆饮食业素来发达，大小餐馆遍布全城，有影响的大店很多。创办于 20 世纪 20 年代的有特色的餐馆，有"留春幄""陶乐春""小洞天"等。从 20 世纪 30 年代，陆续兴办了"白玫瑰""醉东风""国泰""大都会""金山饭店""九园"等。"白玫瑰"创办于 1933 年，除经营中、西餐食外，同时经营舞厅，著名菜点有干烧白、干烧岩鲤、烤全猪等。

总之，在明清时期重庆城市商业初步繁荣的基础上，经过开埠时期西方资本入侵的刺激，重庆城市商业特征更加突出。1896 年，英国布拉克博恩考察团访问四川，在深入研究四川的经济状况以后，认为重庆已成为"四川省贸易的主要市场和分销中心"，重庆这种地位"是永远不会受到严重威胁的"。又经过 40 年的发展，到 20 世纪 30 年代中期，重庆市场上的商品交易量比 19 世纪末又有了数倍的增长，新的商品结构已经代替旧的商品结构，新的流通渠道已建立起来，新的市场体系已经形成，市场不断扩大，新的管理体制也已出现，重庆近代商贸中心形成。

### 三、1937—1948 年：零售商业的短暂繁荣

1937 年 11 月，南京国民政府移驻重庆。作为战时陪都的重庆，迅速发展成为全国的政治、经济、文化中心，人口骤然增加，内迁工厂剧增（奉命内迁的400 多家厂矿，有一半以上都迁往重庆城郊及附近地区），对生产资料与生活资料的需求迅速膨胀。这一特定的历史时期，为重庆商贸提供了极大的发展机会，极大地刺激了重庆零售业的繁荣，从而巩固和扩展了重庆商贸中心的地位和范围。重庆成为战时大后方甚至全国的商贸中心。

（一）商业规模扩大

1. 商业行业的增加

商业行业的多少标志着商业活动领域的大小，是评价商业发展程度的重要标准。战时重庆商业行业的增加，特别是能够依法成立的同业公会行业的猛增，是重庆商贸繁荣的标志之一。1937 年，重庆经政府批准成立的工商业同业公会有14 个，1945 年增加到 123 个，而这一年还有未成立同业公会的行业 37 个，二者一共为 160 个。在这些行业中，工业公会大约有 40 个，而商业行业达 120 个之多。

2. 商业企业数量的增加

1937 年向政府登记的商业企业有 1 007 家，其中资本在 2 000 元以上的有700 多家。这一年，重庆百货业不过 70 多家。到 1942 年，百货业已增加至 2 403家。到 1945 年 4 月，加入商会各同业公会的商号已达 27 481 家，商业字号数达到顶峰。

3. 商业从业人口的增加

据重庆市人口职业统计，1941 年 12 月，重庆从事商业的人口达 106 083 人，分别占重庆总人口和有职业人口的 15.1%和 19.8%。到 1946 年 1 月，重庆市商业人员已达到 262 074 人，分别占全部总人口和有职业人口的 21.04% 和36.84%。需特别指出的是，尽管商业数量和从业职工人数大幅度增加、行业经营规模扩大，但单个企业的平均规模仍然较小。1941 年全市商号 14 262 家，资本 12 583 万元，每家平均仅为 8 822 元。其中资本额 10 万元以上的仅占 15%。可见这一时期重庆商业经营规模的扩大，主要表现为行业规模而不是企业规模。

（二）商业资本的扩大

战时重庆商业资本规模的迅速扩大，是重庆商业繁荣和重庆商贸中心地位巩固与发展的又一重要标志。重庆商业企业 1942 年比 1941 年增加了 81.74%，资本增加了 293.67%。虽然资本包括了通货膨胀的因素，但企业的大幅度增加必然带来资本的大幅度增加，这是无疑的。1942 年是战时重庆经济发展的高峰，也是商业发展的高峰。这一年，重庆商业资本在社会总资本中的比例，也达到了前所未有的高度。1942 年，重庆市各业资本 27 712 家，商业资本 25 920 家；各业资本 68 161.15 万元，其中商业资本 49 535.127 万元，占 72.67%。

商业资本是商业活动的基本条件。这一时期重庆商业的资金来源主要有四个渠道：国家银行贷款、地方银钱业贷款、各工商行号借入、地方银钱业投资。其中国家银行贷款主要用于工矿交通事业。而地方银钱业贷款大约 80% 用于商业贷款，各工商行号借入中商业借款约占 87%，地方银钱业投资于商业的约占 65%。社会资金的绝大多数投入商业，重庆商贸的繁荣、商贸中心的巩固与发展，就顺理成章了。

当然，社会资金大量流向商业，使商业资本在社会总资本中的比例大大超过了社会实际需要，大大超过了工业和市场的需要，这从另一方面反映了重庆商业的战时繁荣，是一种畸形繁荣。

## 四、1949—1978 年：零售商业缓慢发展

1949 年 11 月 30 日重庆解放，重庆工商业得以恢复与进一步发展。20 世纪 50 年代，重庆仍然是西南地区的主要物资集散中心，云贵川 1 亿人口所需的生产、生活物资，大部分是由重庆组织供应的。20 世纪 50 年代末期以后，由于实行按行政区划和行政系统管理经济，重庆与西南各省的经济联系逐渐被割断，加上"三固定"的体制，人为地造成地区封锁和条块分割，把重庆的对外经济联系、贸易范围约束在四川东部地区这一很小的范围之内，重庆商业贸易失去了发展的空间，严重束缚了中心城市作用的发挥。因此，1978 年以前，在高度集中统一的商业计划体制下，重庆商业主体单一，产品按照"一、二、三、零"的模式分配和运行，重庆零售业发展缓慢。1952—1978 年社会消费品零售额（绝对数）有一定增长，但增长是缓慢的。（具体见表 1-1）

表 1-1 　　　　　　 1952—1978 年重庆社会消费品零售总额和指数表

| 年份 | 社会消费品零售总额 | | 批发零售贸易业 | |
|---|---|---|---|---|
| | 绝对数(万元) | 指数(以上年为100) | 绝对数(万元) | 指数(以上年为100) |
| 1952 | 47 619 | — | 33 782 | — |
| 1957 | 79 142 | 109.6 | 61 572 | 112.6 |
| 1962 | 91 411 | 93.1 | 67 567 | 89.4 |
| 1965 | 91 742 | 106.7 | 78 694 | 108.3 |
| 1970 | 112 327 | 109.0 | 100 121 | 107.9 |
| 1975 | 148 193 | 111.6 | 119 468 | 103.4 |
| 1978 | 165 648 | 106.7 | 139 941 | 107.1 |

资料来源：据 1995 年《重庆统计年鉴》整理而成。

（一）1949—1952 年：国民经济恢复时期的零售业

1. 调整政策，有意识加大公营经济的比重

1949 年 11 月 30 日，重庆解放，重庆迈入由新民主主义革命向社会主义革命过渡的转折时期，全市的商业也开始进入一个崭新的历史阶段。到 1950 年年底，全市许多歇业的工商企业都已恢复生产和开张营业。

在国民经济恢复时期，全市轻工业、商业方面私营经济比重大大超过公营经济。1950 年，全市私营商业高达 42 805 户，从业人员 77 070 多人；私营商业的商品零售额 16 600 多万元，占社会零售总额的 70.16%，私营商业的商品批发额 13 600 万元，占社会商品批发总额的 29.4%。为引导零售商业沿着社会主义轨道前进，西南大区军政委员会和重庆市政府及时调整了政策，有意识地加大公营经济的比重。

（1）发展国营商业。为确立国营商业在市场中的主导地位，1950 年上半年，重庆市政府批准成立重庆国营零售公司，这是中华人民共和国成立后重庆市第一个国营商业经营企业。公司下设 30 个零售商店，经营与人民生活息息相关的米、油、盐三种主要商品。同时，西南大区军政委员会贸易部先后在重庆建立粮食公司、花纱布公司、土产公司、油脂公司、西南百货公司。接着，一大批国营零售商店代销网点在全市建立。这些专业经营公司、国营零售商店实行统一管理、统一经营、统一物价、统一计划，初步形成了高度集中的商业管理体制的雏形。

（2）发展合作商业。1950 年下半年，重庆市供销合作联社成立，各区县和

农村乡、镇、村建立起基层供销合作社近百个。这些合作商业机构除了积极开展自营供销业务外，还为国营商业承担代购代销业务，在全市范围内形成一个独立的系统，成为国营商业的有力助手。

2. 商业的复苏和国营集体商业的发展

重庆市国营商业和合作商业在国民经济恢复时期不断恢复壮大，逐步将工业品和农业品集于社会主义商业一身。到 1952 年年底，社会商品零售总额已达到 33 500 万元，其中国营商业的零售额 21 900 万元。国营和合作商业占全市社会商品零售额的比重达到 36.1%，公私合营占 0.84%，私营商业和个体商贩占 63.03%。全市市场交易活跃，物资日益丰富。商业的复苏和国营集体商业的发展，有力地推动了重庆市工农业生产，1952 年，工农业生产总值达到 17.9 亿元，比上年增长 10% 以上。生产的发展又为市场提供了大量物资，商品供应日趋繁荣，物价稳中有降，人民生活初步有所改善。从而实现了全市财政经济状况的根本好转。

（二）1953—1957 年：社会主义改造时期的零售业

1. 全部没收官僚资本主义商业

官僚资本主义商业是官僚通过残酷掠夺工农劳动群众和压榨中小资产阶级而形成的全国性商业垄断组织。正是在没收官僚资本主义商业的基础上，重庆在这一时期建立了强有力的国营商业经济。

2. 对民族资本主义商业实行利用、限制、改造政策

民族资本主义商业，主要是一些民族资本经营的中、小型商业，在对它们进行利用、限制的同时，向民族资产阶级进行赎买。这一时期西南大区军政委员会贸易部和重庆市委财贸部确定"四马分肥"的赎买办法，即由政府规定民族资本主义商业的利润应当按照国家所得税、企业公积金、职工福利金、资本家利息红利四个方面进行重新分配。其中资本家所得约占 1/4。这就是对资本家的赎买。

改造私营零售商，主要是采取经销、代销和公私合营的方式。经销是私营商业按照国营商业指定商品的供应计划进货销售。代销是国营商业委托私营商业销售。这两种形式都是国家资本主义初级形式。在这之前，重庆市的主要副食品都掌握在私营零售商手中。1955 年上半年，对粮食、油料进行统购统销后，全市对私营粮、油零售商实行代销，随后，又将各区县 3 696 家私营猪肉、煤、茶、盐业、烟酒、副食等零售商改造为国营商业经销企业，还同 6 049 家私营零售商

建立了批购经销的关系。这一年私营零售商经营商品额在纯商业中的比重已由1952年的61.07%下降至50.2%。1955年6月，重庆掀起了公私合营的热潮，这是国家资本主义的高级形式。在这个运动中，重庆私营金融界代表杨受百首当其冲，他力排家族中的异议，促使资金雄厚的"聚兴诚"银行带头实现公私合营，对全市商界震动很大。1956年1月16日，全市12 750家私营零售商、31 000多名从业人员，经重庆市委批准，实现了全行业的公私合营。至此，全市对私营零售商业改造的历史任务基本完成。

3. 组织个体商贩走合作化的道路

私营商业中的很大一部分是个体经营的小商小贩。小商小贩大部分是在旧中国失业的工人和店员、生活贫困而流入城镇的农民、破产的资本家和小业主、失学失业的知识分子，也有一部分是城市工人或贫民家庭中依靠商业所得作为辅助收入的。重庆市政府对他们的方针是团结、教育、改造，最后引导他们走合作化的道路。在国营商业领导下，坚持自愿的原则，政府通过各种合作形式把他们组织起来，使其成为国营和合作商业的补充部分。1956年，重庆市从业人员26 600多人的22 900户个体小商贩，大多数都按行业组成统一领导、共负盈亏的合作小组、合作商店。合作小组是同一个地区、同一行业或业务相近的一些经营额小、业务零星分散的小商小贩，在国营商业或供销社商业领导下，自愿组织起来，实行分散经营、自负盈亏。其经营方式，有的是联购分销，有的是代购代销，有的是自购自销。它是对小商小贩改造的基本组织形式。合作商店是由有一定资金、一定经营能力、同行业或行业相近的小商小贩，在国营商业或供销社的领导下，自愿组织起来，实行资金入股、统一经营、统一核算、共负盈亏，并按期从盈余中提取一定数量的公共积累。在社会主义改造高潮中，还有一部分小商小贩随着资本主义零售商一起，参加了全行业公私合营；另有一部分小商小贩则"一步登天"，直接参加了国营商业和供销合作社。到1957年底，基本实现了对小商小贩的社会主义改造。

4. 国营商业成为市场的主体

到1957年，全市多种经济成分并存的国内市场发生变化，资本主义商业基本上从商品流通中排挤出去了。国营商业已成为市场的主体和领导力量；公私合营商业除资本家按规定领取定息外，已同国营商业没有什么区别，实质上已成为国营商业的组成部分；供销合作商业是国营商业的有力助手；合作小组、合作商店是国营商业的补充成分。

（三）1958—1965 年：大跃进期间和国民经济调整时期的零售业

供销合作社是商品流通的一条重要渠道。"一五"时期，该渠道仅次于国营商业。1958 年底全市近百个供销合作社与国营商业合并，从机构、人员到资金、财产完全由集体所有制过渡到全民所有制。商品流通渠道由两条变为一条。

在集体商业过渡到国营商业的同时，全市许多合作小组、个体商贩也"一步登天"进入国营商业。这种商店除定股定息外，和其他国营商店一样。这个时期直接升级进入国营商业的个体商贩共 46 780 多人。全市个体商贩和合作小组从业人员只剩下 4 800 多人，比 1957 年下降 90.84%。由于集体商业和个体商业的"过渡"和"升级"，商业从业人员全市共减少 46 000 多人；社会零售商业网点比 1957 年减少 67%。

1. 商业的调整与改进，恢复和建立各级国营商业专业公司

根据中央决定，重庆市对大跃进给商业造成的恶果，大刀阔斧地采取了一系列调整措施。①着手恢复和建立各级国营商业专业公司。第一类：重庆五金机械分公司、重庆交通电工器材分公司、重庆化工原料分公司，它们在业务上以省公司领导为主；第二类：重庆纺织品公司、重庆百货公司、重庆糖烟酒公司、重庆食品公司、重庆医药公司、重庆煤建石油公司，它们在业务上由省公司和市商业部门分级领导；第三类：重庆蔬菜公司、重庆饮食服务公司，由市二商局领导。实行这种新的商业管理体制一定程度上减少了过去"政企不分"的弊病。②在调整批发商业的基础上，市财贸办公室又提出改进城市零售商业体制的原则，要求专业零售商店必须直接从事专业零售业务，并且撤销了二十多个"政企不分"的总店。③商业部门还认真贯彻了"唐山经验"，注意按经济区划合理设置商业机构和组织商品流通。

2. 重新恢复供销社集体所有制商业流通渠道

1961 年 3 月，中共中央工作会议提出恢复供销合作社。1962 年下半年，重庆政府作出《关于市供销社和市二商局分工的决定》，将市供销社从市二商局划出来，重新恢复供销社集体所有制商业流通渠道。供销社积极恢复贸易货栈。到 1962 年 12 月，全市各区县、乡村恢复的基层供销社近百个，贸易货栈 20 多个。供销社恢复后在农村商品流通渠道中发挥了独特的作用。

国民经济调整时期，一大批小商小贩退出国营和合作商店，重新办起煤炭、

饮食、蔬菜、土产、日杂、理发、修补、缝纫、小百货等个体网点，充分发挥了个体商贩"点小、分散、机动、灵活、方便、勤进、快销"的经营特色，不仅受到城乡消费者的欢迎，而且对当时调整国民经济、活跃城乡市场起了积极作用。1965 年，重庆市合作商店和个体商贩的从业人数增加到 30 846 人，比 1960 年增加 25 944 人，接近 1957 年的水平。个体商业的商品零售额恢复到 179 万元，比 1958 年的 19 万元增加了 8 倍多。合作商业的商品零售额恢复到 9 106 万元，比 1958 年的 3 929 万元增加了 1 倍多。

（四）1966—1976 年："文化大革命"时期的零售商业

"文化大革命"时期，商品流通领域遭到了严重的破坏。1967 年 2 月，继市财贸系统所谓的"夺权"之后，市一商系统的五金、交电、化工、仓储等公司有 70%的职工离开工作岗位；市中区 144 家国营商店就有 102 家半天营业，42 家停业，全市商业工作处于无政府状态。

20 世纪 70 年代初期，全市商业部门再一次大砍合作商店，取缔自由市场，"割资本主义尾巴"。1970 年，全市砍掉合作商店和个体商业网点 4 486 个，并将 3 400 个合作商店合并为国营，大批合作商店的从业人员被下放到农村。对全市保留下来的 4 490 个合作商店，采取了所谓"三统一、三不变"的改造，即业务由国营统一经营、人员由国营统一调配、资金由国营统一安排使用；企业性质、工资收入、福利制度不变。合作商店实际上成为国营商店的分店。几起几伏的自由市场和农村集市贸易在这一时期又被当作"资本主义尾巴"割掉了。1971 年，全市的 33 个自由市场都被取缔。

（五）1977—1978 年：零售商业恢复发展

从 1977 年起，重庆市首先恢复了一部分合作商店，逐步允许一些小商小贩上街经营。接着又在全市城乡恢复自由市场和集市贸易 360 个。到 1980 年年底，全市城乡集市贸易和自由市场的成交总额已经达到 10 038 万元。重庆还对国营商业部门的体制进行了一些调整，将下放的企业和管理权限逐步收回，共收回三级批发站 30 多个。从 1978 年上半年起，全市各级商业部门开始着手疏通和扩大商品流通渠道。到 1978 年年底，全市商业网点有 10 900 多个，其中零售机构 9 477 个；集体商业和个体商业网点恢复到 3 097 个；集体商业和个体商业的社会商品零售额达到 15 500 万元，比 1976 年增加 3 190 万元。

## 五、1979—1995 年：零售商业快速发展

1979—1995 年，即从 1979 年到重庆代管"两地一市"以前的时期，在市场经济的价值取向下，重庆的零售商业又重现了活力。在全国有极大影响的"商业四放开"就始于重庆。这一时期重庆形成了以市场导向为主、商品购销放开、商业企业充满活力、"三多一少"（多种经济成分、多种流通渠道、多种经营方式、少流通环节）、市场繁荣兴旺的商业流通新格局。

### （一）城乡市场活跃兴旺，社会消费品零售总额稳步增长

改革开放以来，重庆社会消费品零售总额逐年稳步增长，如表 1-2 所示，1995 年比 1978 年增长了 1 556.87%。

表 1-2　　　　　　　　1978—1995 年重庆社会消费品零售总额表

| 年份 | 社会消费品零售总额 | | 批发零售贸易业 | | 餐饮业 | |
|------|------|------|------|------|------|------|
| | 绝对数（万元） | 指数（以上年为100） | 绝对数（万元） | 指数（以上年为100） | 绝对数（万元） | 指数（以上年为100） |
| 1978 | 165 648 | 106.7 | 139 941 | 107.1 | 12 148 | 119.1 |
| 1980 | 254 451 | 126.1 | 202 751 | 122.9 | 14 190 | 104.6 |
| 1985 | 482 526 | 128.6 | 357 712 | 127.3 | 20 957 | 114.3 |
| 1986 | 561 006 | 116.3 | 411 023 | 114.9 | 25 210 | 120.3 |
| 1987 | 662 508 | 118.1 | 475 939 | 115.8 | 30 665 | 121.6 |
| 1988 | 863 916 | 130.4 | 627 318 | 131.8 | 37 129 | 121.1 |
| 1989 | 977 590 | 113.2 | 709 939 | 113.2 | 45 739 | 123.2 |
| 1990 | 1 008 043 | 103.1 | 687 195 | 96.8 | 67 185 | 146.9 |
| 1991 | 1 154 790 | 114.6 | 760 023 | 110.6 | 72 752 | 108.3 |
| 1992 | 1 332 760 | 115.4 | 845 336 | 111.2 | 85 066 | 116.9 |
| 1993 | 1 656 939 | 124.3 | 1 020 077 | 120.7 | 112 259 | 132.0 |
| 1994 | 2 190 000 | 132.2 | 1 236 989 | 121.3 | 128 389 | 114.4 |
| 1995 | 2 744 576 | 125.3 | 1 612 272 | 130.3 | 223 766 | 174.3 |

资料来源：据 1996 年《重庆统计年鉴》整理而成。

**（二）形成了多种经济成分并存的流通格局，商业网点建设卓有成效**

从 1979 年起，重庆零售商业以国有经济为主导的集体经济、私营经济、个体经济、联营经济、股份制经济、外商投资经济、港澳台投资经济等多种经济成分并存的流通格局形成。如表 1-3 所示，到 1995 年全市批发零售贸易业、餐饮业网点共 236 764 个，比 1978 年的 10 900 个增长了 2 072.15%。其中，个体私营网点 198 882 个，占全市商业网点的 84%。在全市社会消费品零售总额中，个体私营的比重达 27.19%。

表 1-3　　　　　　1985—1995 年重庆商业网点发展情况表

| 年份 | 合计（个） | 批发商业网点（个） | 零售商业网点（个） | 餐饮网点（个） |
|------|-----------|-------------------|-------------------|---------------|
| 1985 | 176 618 | 4 624 | 152 531 | 19 463 |
| 1990 | 169 817 | 5 966 | 137 662 | 26 189 |
| 1991 | 175 603 | 3 929 | 145 066 | 26 608 |
| 1992 | 183 154 | 5 711 | 148 788 | 28 655 |
| 1993 | 248 188 | 25 586 | 179 802 | 42 800 |
| 1994 | 212 691 | 23 100 | 155 643 | 33 948 |
| 1995 | 236 764 | 23 921 | 174 376 | 38 467 |

资料来源：据 1996 年《重庆统计年鉴》整理而成。

**（三）商业体制改革，尤其是零售商业企业改革成效显著**

十二届三中全会至十三大以后，重庆按照"国家调控市场，市场引导企业"的原则和"放开小的，搞活大的"的指导思想，以落实企业经营自主权，把国有商业企业推向市场为重点，在全市商业企业推行租赁承包经营责任制；实行站、司合并，转轨变型改革批发企业等一系列改革。1991 年，重庆在全国商业流通领域率先推行经营、价格、用工、分配"四放开"改革，得到党中央、国务院的充分肯定，在全国产生巨大影响。

"四放开"改革主要是针对零售商业的改革。实行"四放开"是学习沿海地区经验和借鉴农村改革成功实践的结果。重庆市人民政府在《重庆市商业零售企业"四放开"试行办法》中明确规定了"四放开"的适用范围是：国营零售商业、供销合作社商业、集体商业和饮食服务业。国营批发商业、农资、粮食、石油等经营专营商品和重要生产资料的企业可参照执行。"四放开"的基本内容如下：

（1）经营放开。在搞活主营业务的同时，允许企业根据自身设施、资金、人员等条件，扩大经营范围，调整经营方式，实行"一业为主，综合经营"。除专营、专卖和国家指定单位经营的商品外，其余商品都可以经营。有条件的零售企业，经批准可以兼营重要消费品的批发业务。

（2）价格放开。除国家定价的商品按规定执行外，其余商品的零售价格全部放开，由企业根据供求变化，按照价值规律自行定价。批发企业自主定价范围也适当扩大，关系国计民生的重要商品价格仍由国家定价，其余商品价格逐步放给企业自主定价；对仍由重庆市定价的商品进销差率在现行基础上允许扩大3~5个百分点。

（3）分配放开。在落实承包责任制的基础上，企业按照按需分配的原则，把职工收入与企业经济效益、劳动效益挂钩，实行百元销售工资含量、联销联利计酬、计件工资以及全员风险抵押承包等多种适合各企业实际的分配形式，拉开分配差距，对职工收入上不封顶，同时强化个人收入调节税的征收。

（4）用工放开。按照"国家宏观调控，企业自主用工，多种形式并存，全员劳动合同"的要求，企业可根据生产、经营需要，编报用工计划，经批准面向社会公开招考，择优录用。职工有权辞职自谋生路，企业有权辞退违纪职工。企业内部建立"三制"，实行"三岗"。"三制"即全员合同制、干部聘用制、内部待业制。"三岗"即优化组合上岗者为"在岗"，通过学习重新上岗者为"试岗"，下岗内部待业者为"待岗"，对待岗者只发给基本生活费。

重庆商业"四放开"改革一经提出，便在全国引起了强烈的反响。特别是分配放开和用工放开是人们最为关注的两项改革，得到各地因地制宜的推广。

（四）集市贸易繁荣兴旺，集市贸易成交额占社会消费品零售总额的比重逐年上升

如表1-4所示，1985年重庆集市贸易成交额仅占社会消费品零售总额的19.85%，而1995年这一数字就达到65.53%。

表 1-4 　　　　　1985—1995 年重庆集市贸易情况表

| 年份 | 集市数 | | 集市贸易成交额 | |
|---|---|---|---|---|
| | 绝对数(个) | 增长率(%) | 绝对数(万元) | 占社会消费品零售总额的比重(%) |
| 1985 | 842 | — | 95 787 | 19.85 |
| 1990 | 895 | | 252 295 | 25.03 |
| 1992 | 951 | 4.62 | 531 627 | 39.89 |
| 1993 | 987 | 3.79 | 757 900 | 45.74 |
| 1994 | 1 048 | 6.18 | 1228003 | 56.07 |
| 1995 | 1 158 | 10.50 | 1 798 486 | 65.53 |

资料来源：据 1995—1996 年《重庆统计年鉴》整理而成。

（五）开始了连锁经营的尝试，并取得一定成绩

连锁经营代表着世界零售业发展的主流，世界零售巨头都无一例外地实行了连锁经营这一形式。1994 年，重庆国有商业连锁店经营取得实质性的突破和进展。重庆百货大楼、友谊华侨公司、两路口百货公司等企业积极发展连锁经营，在市内外开办连锁店、分店、平价商场、超级市场。其中，最突出的是重百北碚分店，1995 年年销 8 000 万元，实现利润 400 万元，显示出了强大的活力。这为重百后来的发展打下了坚实的基础。连锁店的兴办既树立了企业形象、扩大了销售规模，又缓解了重庆市商业网点过分集中在市中区地段的问题。

## 六、1996—2010 年：零售商业跨越发展

1996 年重庆代管"两地一市"，尤其是 1997 年重庆直辖，中央和国务院赋予了重庆伟大而光荣的任务，即努力把重庆建设成为长江上游的经济中心。重庆商贸流通不辱使命，零售商业跨越发展，重庆以长江上游地区购物之都、会展之都、美食之都和西部国际物流中心为内容的长江上游地区商贸物流中心地位日渐显现。

（一）社会消费品零售总额规模不断扩大

2010 年，重庆市的社会消费品零售总额已达到 2 938.6 亿元，相比 1997 年的 568.19 亿元增长了 4.17 倍，年均增长 13%以上。2010 年，重庆市商贸流通业增加值已达到 766.44 亿元，相比 1997 年的 161.77 亿元增长了 3.74 倍，年均增长 13%以上，其中批发零售业增加值达到 624.33 亿元，相比 1997 年的 130.86

亿元、增长了 3.77 倍。具体如表 1-5 所示。

**表 1-5　1997—2010 年重庆社会消费品零售总额、商贸流通业增加值、批发零售业增加值**

单位：亿元

| 年份 | 社会消费品零售总额 | 商贸流通业增加值 | 批发零售业增加值 |
|---|---|---|---|
| 1997 | 568. 19 | 161. 77 | 130. 86 |
| 1998 | 619. 39 | 174. 67 | 142. 99 |
| 1999 | 667. 01 | 185. 51 | 151. 89 |
| 2000 | 719. 95 | 199. 31 | 163. 38 |
| 2001 | 782. 31 | 216. 85 | 178. 39 |
| 2002 | 853. 59 | 238. 00 | 195. 64 |
| 2003 | 934. 67 | 263. 46 | 216. 35 |
| 2004 | 1 068. 33 | 304. 19 | 246. 52 |
| 2005 | 1 227. 82 | 344. 24 | 277. 68 |
| 2006 | 1 431. 51 | 391. 57 | 314. 33 |
| 2007 | 1 711. 12 | 458. 04 | 366. 19 |
| 2008 | 2 147. 12 | 560. 95 | 449. 32 |
| 2009 | 2 479. 01 | 657. 24 | 524. 36 |
| 2010 | 2 938. 6 | 766. 44 | 624. 33 |

数据来源：2014 年《重庆统计年鉴》以及计算得出。

　　重庆成为直辖市以来，社会消费品零售总额、商贸流通业增加值、批发零售业增加值呈逐年增长的趋势。从增长率的角度来看，社会消费品零售总额、商贸流通业增加值以及批发零售业增加值的增长率在 1997 年到 2008 年期间都表现为增长趋势，但在 2009 年出现了下滑折点之后，增长率大体趋于平稳。

　　（二）城市商圈建设成效明显

　　中央商务区建设全面启动，城市商圈集聚效应日益增强。2010 年重庆市建成城市商圈大约 30 个，解放碑、观音桥、南坪、三峡广场、杨家坪五大商圈商贸活跃、环境优越、购物便利，商圈建设成效瞩目，都市商业文化氛围日渐浓郁。截至 2010 年年底，五大商圈共实现社会零售总额约 903 亿元，占整个重庆社会零售总额的 30.74%。商圈建设的步伐逐渐向各个区县、乡镇迈进。乡镇商圈、社区便民商圈建设也都开始启动。其中，主城五大核心商圈基本情况如表 1-6 所示。

表 1-6　　　　　　2009—2012 年重庆主城五大核心商圈基本情况

| 商圈名称 | 面积（平方千米） | | 社会消费品零售商业设施面积（万平方米） | | 社会消费品零售总额（亿元） | |
|---|---|---|---|---|---|---|
| | 2009 年 | 2012 年 | 2009 年 | 2012 年 | 2009 年 | 2010 年 |
| 解放碑 | 0.92 | 1.2 | 120 | 140 | 201 | 296 |
| 观音桥 | 1 | 2 | 120 | 300 | 165 | 200 |
| 南坪 | 1.5 | — | 115 | 125 | 103 | 144 |
| 三峡广场 | 0.23 | 0.27 | 70 | 110 | 112 | 130 |
| 杨家坪 | 0.2 | 0.2 | 90 | 110 | 111 | 133 |

资料来源：重庆市商委提供数据及调研所得数据。

（三）零售主体培育卓有成效

重庆成为直辖市以来，培育了一批具有知名品牌和核心竞争力的大型零售商贸企业集团。如表 1-7 所示，2010 年重庆市限额以上零售企业有 1 244 家，零售额达 1 595.032 1 亿元，占全市社会消费品零售总额的 54.27%；营业利润 42.187 7 亿元，利润总额 39.667 8 亿元。

表 1-7　　　　　　2010 年重庆市限额以上零售企业情况表

| 类别 | 类型 | 企业数(个) | 资产总计(万元) | 利润总额(万元) |
|---|---|---|---|---|
| 按登记注册划分 | 内资企业 | 1 221 | 4 779 081 | 362 423 |
| | 港澳台商投资企业 | 11 | 139 021 | 10 256 |
| | 外商投资企业 | 12 | 186 370 | 23 999 |
| 按零售行业小类划分 | 综合零售 | 159 | 1 488 606 | 120 043 |
| | 食品饮料及烟草制品专门零售 | 78 | 107 726 | 14 968 |
| | 纺织服装及日用品专门零售 | 52 | 96 943 | 9 869 |
| | 文化体育用品及器材专门零售 | 33 | 296 328 | 26 283 |
| | 医药及医疗器材专门零售 | 102 | 518 862 | 24 363 |
| | 汽车、摩托车、燃料及零配件专门零售 | 482 | 1 633 727 | 127 599 |
| | 家用电器及电子产品专门零售 | 191 | 543 284 | 21 545 |
| | 五金、家具及室内装修材料专门零售 | 124 | 391 064 | 50 380 |
| | 无店铺及其他零售业 | 23 | 26 932 | 1 630 |

表1-7（续）

| 类别 | 类型 | 企业数（个） | 资产总计（万元） | 利润总额（万元） |
|---|---|---|---|---|
| | 总计 | 1 244<br>其中：国有控股<br>77 | 5 103 472<br>其中：国有控股<br>1 141 041 | 396 678<br>其中：国有控股<br>84 919 |

注："资产总计"，按登记注册划分各数据总和为 5 104 472 万元，按零售行业小类划分各数据总和为 5 103 472 万元。"利润总额"，按登记注册划分各数据总和为 396 678 万元，按零售行业小类划分各数据总和为 396 680 万元。"总计"采用 2011 年《重庆统计年鉴》的汇总数据。

数据来源：2011 年《重庆统计年鉴》。

（四）零售业态优化升级明显

重庆连锁经营企业发展迅速，限额以上商贸流通企业连锁比例在 35% 以上，在全国名列前茅。2010 年重庆市连锁经营协会统计协会会员已有 700 多家，旗下拥有 3 000 多家连锁店。重庆商社集团和和平药房分别位列 2010 年中国连锁百强的第 10 位和第 92 位。

这一时期重庆市大力发展新兴业态，使购物中心、仓储商店、超市、专卖店、便利店等得到快速发展，且积极引进并规范化了大量 24 小时便利店，如罗森 24 小时便利店。重庆零售业大胆探索发展了直销、网上购物、电视购物、邮购、自动售货等新的销售方式。

（五）零售业开放取得成效

1993 年，外商资本（包括港澳台资本）开始进入重庆零售业。外资零售企业迅速发展起来，成为重庆零售商业的一股重要力量。到 2010 年年底，外商资本（包括港澳台资本）在重庆企业数量达到 23 家，零售额达到 72.875 9 亿元，占重庆社会消费品零售总额的 2.48%。

家乐福、沃尔玛、麦德龙等外资大型商业企业和引进的王府井、永辉等国内大型商业企业，与重庆市内零售企业的扩张得到了互动发展，实现了互促共赢。一大批各种所有制形式的中小零售企业创新机制，错位发展，日渐活跃。

# 第二章 重庆零售业供给侧问题及改革

## 一、重庆零售业供给侧问题

### （一）有效供给不足

#### 1. 商业街

"十二五"期间，重庆建成特色商业街122条（未计入城市核心商圈里面的综合性商业街），其中国家级美食街16条，市级美食街52条，市级商业特色街10条。全市特色商业街拥有商业设施总面积达476.58万平方米，零售网点总计24 035个，连锁经营网点总计9 614个，社会消费品零售总额达271.7亿元，主力业态主要包括餐饮店、专卖店、专业店、百货店，主力业种主要涵盖餐饮、购物、休闲、娱乐、旅游体验。

目前，重庆市商业街在供给侧主要存在两个问题。一是在主题定位上雷同度过高，大部分以美食街为主，不能满足消费者的差异化消费需求；二是在规划设计上，没有注重商业街在形态、业态、生态和文态上的均衡，导致档次偏低，重庆特色风貌和文化底蕴不能充分显现。

#### 2. 商圈

"十二五"期间，重庆市各大商圈实现业态调整、错位发展，三级商圈网络体系（以中央商务区为龙头，区县核心商圈为骨干，社区便民商圈为支撑）逐步建成。截至2015年年底，重庆市共建成城市商圈54个，其中城市核心商圈30个，100亿级商圈12个；城市商圈总占地面积达5 728.36万平方米，总营业面积达2 349.90万平方米，零售网点总计122 264个，连锁经营网点总计11 412个，商圈年社会消费品零售总额达3 174.86亿元。

智慧化程度较低是重庆市商圈发展供给侧主要问题，具体体现为在商圈数据获取、消费、交通引导、物流配送、公共服务和管理方面，以及在商圈运行状况监测、数据统一管理和分析展示、重要信息与市级部门之间共享互通方面，仍处于起步阶段。

### 3. 零售业态

重庆市零售业态在"十二五"期间实现了又好又快的发展，但从发展趋势上看，仍然在供给侧存在着一些不容忽视的问题。一是传统实体零售业在"互联网+"时代没有主动谋求转型升级，导致受到网络零售的猛烈冲击而纷纷倒闭；二是本土零售企业连锁经营比重偏低，不能充分发挥规模经济优势，实现规模化、集约化经营；三是某些零售业态特别是大型超市、百货店过度依赖制造商品牌，没有主动开发自主品牌，去努力获取消费者的品牌信任和忠诚；四是购物中心和商业综合体没有合理配备书店、剧场、健身、教育、餐饮等业态，没有完全发挥出购物、社交、娱乐的功能。

### 4. 农村电子商务

2015 年重庆市农产品网络销售总额达 27.6 亿元，比 2014 年增长 155.6%。共有 17 个区县被商务部评为国家级电子商务进农村综合示范县。但是，重庆市农村电子商务供给侧问题仍然十分突出，具体体现在两方面。一是农村电子商务零售专业人才供给不足，缺乏网店美工、信息采集、在线客服、营销推广、行情分析、促销活动策划等专业人才；二是农村电子商务零售服务网点缺乏，导致城市工业品下乡难、农产品进城难。

### 5. 跨境电商

跨境电商在供给侧方面存在的问题如下：一是大型跨境电子商务零售企业供给不足，目前重庆市进口跨境电商货源采购多由个人买手或者是专业团队向国外零售商代购，再销售给国内消费者，这样很难取得国外品牌商或大型零售商的授权，导致跨境电商进货渠道窄且不固定，对海外货源掌控力弱，货源品质得不到保证，甚至成为假货销售的平台。二是跨境电商零售售后服务供给不足，特别是跨境购的商品质量维权、货品丢失处理、技术售后服务等环节的建设，还处于起步阶段。

### （二）无效供给过多

本课题依据重庆市 40 个区县反馈的零售业态数据，按照营业面积超过 3 000 平方米的标准，并在保证数据完整性的基础上，测算了购物中心、家居建材商店、大型超市、超市、百货店、专业店、专卖店 7 类大型零售业态营业面积在

2015 年的供求状态。结果表明,2015 年 7 种零售业态均出现了不同程度的供给侧问题(供给超过需求)。按照差额由大到小的顺序排列,零售业态依次为购物中心、家居建材商店、百货店、大型超市、超市、专卖店、专业店。其中,供过于求最为严重的零售业态是家居建材商店,供给规模超需求规模达 41.1 万平方米,供给超需求比例达 45.3%。

(三)运行成本过高

本课题从经营能力的角度考察了重庆市零售企业运行问题。以最具代表性的限额以上零售企业为例,其在"十二五"期间表现出的营运能力、负债能力以及盈利能力,均显示出运行成本过高的特征。从营运能力来看,无论是流动资产周转率还是总资产周转率均显示出衰减的迹象,意味着在"十二五"期间,重庆市限额以上零售企业营运能力在弱化;从负债能力来看,5 年中的资产负债率均高于 50% 的理想水平,而产权比率更是远远高于 100% 的理想水平;从盈利能力来看,其成本费用利润率与主营业务利润率相比其他直辖市和沿海发达省份的差距仍然很大。(具体见表 2-1)企业制度成本与融资成本是制约这三大能力的重要因素。

表 2-1　　重庆市限额以上零售企业营运能力、负债能力及盈利能力分析

| 指标 | 年份 | 2011 | 2012 | 2013 | 2014 | 2015 |
|---|---|---|---|---|---|---|
| 营运能力 | 流动资产周转率(次) | 4.30 | 4.10 | 4.15 | 4.06 | 3.86 |
| | 总资产周转率(次) | 2.85 | 2.77 | 2.79 | 2.69 | 2.54 |
| 负债能力 | 资产负债率(%) | 65.12 | 68.02 | 66.60 | 67.68 | 66.72 |
| | 产权比率(%) | 186.64 | 212.68 | 199.43 | 209.43 | 200.46 |
| 盈利能力 | 成本费用利润率(%) | 3.3 | 3.4 | 6.0 | 5.4 | 4.4 |
| | 主营业务利润率(%) | 10.2 | 10.5 | 13.4 | 13.4 | 12.3 |

数据来源:2010—2016 年《重庆统计年鉴》、2010—2016 年《中国统计年鉴》。

(四)发展短板明显

1. 跨界融合创新零售

即使在"十二五"时期,重庆市产品和服务零售供给内容仍然有很多领域

尚待开发。一是围绕母婴、儿童、老年的零售产业还没有形成，母婴用品、老年用品、文化服务、可穿戴智能设备等供给不能满足市场需求；二是时尚化、品质化、个性化、定制化的供给不足，文化、艺术、体育、音乐、旅游、教育等各零售领域之间缺乏融合机制、创新机制。

2. O2O 零售

O2O 零售是全渠道零售发展趋势下的重要抓手，而重庆市 O2O 零售发展明显不足。究其主要原因，一是缺乏大型知名电子商务企业的引领带动，二是线下零售体验店、网络零售商品体验中心建设不足，三是没有充分发挥"重庆制造"的本土产品优势。

3. 农村流通网络体系

"十二五"重庆农村流通网络体系发展短板包括三个方面：一是高山扶贫搬迁移民村、农民新村、避暑胜地等区域规范化超市建设不足；二是乡镇超市、农家店服务功能单一，缺失文化娱乐、美容美发、网订店取、维修、缴费、配送等多样化便民服务功能；三是生态绿色农产品零售供给不足，超市在与合作社、种养大户等在产销一体化流通链条中的合作绩效还有待提高。

4. 零售大数据

重庆市零售产业大数据运用尚处于起步阶段，互联网、移动互联网、物联网、云计算等现代化信息手段综合应用能力不强，零售信息服务平台缺失。

## 二、重庆零售业供给侧改革

（一）增加有效供给

1. 商业街

实施商业街区示范建设工程，围绕形态、业态、生态和文态开发，精心做好商业街区规划设计，明确主题定位，完善基础设施和街区管理，打造一批拉动消费明显的特色商业街区。重点实施南滨路、北滨路提档升级示范工程，建成独具重庆特色风貌、在全国有重要影响力的品牌特色商业街区。着力打造鲁祖庙、鹅岭二厂、融创白象街等，建成具有重庆历史文化、人文特色的商旅文目的地。规范建设渝中区较场口 30 度街吧、江北区九街、沙坪坝区双碑九重锦夜市、九龙坡区九龙滨江广场夜市等，建成管理规范、功能多样的品牌夜市街区。升级改造高速公路服务区，大力发展服务区经济。

2. 商圈

加快中央商务区建设，打造高端商业承载区、总部经济集聚区。建设商圈智能物联网、商圈网、智慧商圈信息服务中心、商圈公共管理中控展示中心、商圈中小商户融资服务中心，实现商圈数据获取、消费、交通引导、物流配送、公共服务和管理的智慧化，提高商圈内资源整合能力和消费集聚水平。建立市级商圈信息中控服务平台，实时监测各商圈运行状况，统一管理和分析展示商圈数据，实现商圈管理科学化，重要信息与市级部门之间共享互通。率先在都市功能核心区和都市功能拓展区的城市核心商圈试点建设智慧商圈，在其他区县核心商圈有序推进智慧商圈建设。

3. 零售业态

引导传统零售业向多元化、复合化、体验化业态转型，促进不同业态融合发展，培育跨界融合的商业业态体系。提高零售企业自营商品比例，加大自主品牌、定制化商品比重，深入发展连锁经营。调整城市商圈、购物中心、商业综合体业态布局，合理配备书店、剧场、餐饮、美容、健身、医疗、娱乐、教育培训等业态，让传统购物空间向体验经济、社交平台、家庭休闲场所和生活中心转变。

4. 农村电子商务

深入推进电子商务进农村工作，在渝东北生态涵养发展区和渝东南生态保护发展区实施国家电商进农村综合示范工程，城市发展新区开展市级电商进农村示范建设，创建农村电商强县（强镇、强村）。积极培育多元化农村电子商务市场主体，着力打造有地域特色的农产品知名电商品牌，建成各具特色的农产品电子商务产业链，推动我市特色农产品及加工（工艺）品和农村服务网上销售。

5. 跨境电商

打造一批进口商品展示直销中心、展示交易商场、跨境直购中心等，支持保税商品展示延展平台设立跨境电商体验区。培育一批进口商品龙头企业和分销企业，引进国际贸易企业来渝设立西部地区的销售总部、运营总部。支持企业依托海关特殊监管区域，将保税展示交易拓展至周边地区，打造辐射内陆地区的保税贸易中心。

（二）去除无效供给

有序引导大型零售规划建设，实施大型零售设施管控发展，防止形成新的产能过剩。积极开展大型零售设施监测预警工作，定期发布预警信息和负面清单。都市功能核心区从严控制新建或续建购物中心，都市功能拓展区根据城市人口聚集情况可适度配备相应的零售设施。根据发展实际和需求，城市发展新区、渝东北生态涵养发展区和渝东南生态保护发展区可均衡布局建设购物中心。

（三）降低运行成本

一是降低制度性成本。全面推进零售领域"放管服"改革，规范优化行政审批流程，完善事中事后监管机制，实施网上行政审批，推行随机抽查制度。完善行政权力清单制度，推进行政审批、行政处罚"双公开"，实现权力公开透明运行。加快政府职能转变，推动"水、电、气"工商同价全覆盖，继续执行绿色通道政策，探索推进扩大增值税抵扣范围，减轻企业负担，推进管理服务创新，为零售企业发展营造良好的法治环境。二是降低企业融资成本。探索零售领域政府性基金与融资租赁、商业保理有效合作，鼓励引导融资租赁、商业保理向零售企业提供优惠的投融资服务。加大产业引导股权投资基金对零售企业的投资力度，充分发挥中小零售企业公共服务平台作用，推进"银政担—助商贷"融资担保贷款工作，引导执行商贸小微企业贷款优惠政策，逐步解决零售企业融资难、融资贵问题。

（四）补强发展短板

1. 跨界融合创新零售

完善"从出生到终老"的完整零售链条。补齐适宜母婴、儿童、老年阶段的零售产业，推动青少年、中年阶段的零售产业提档升级；发展母婴用品、孕期胎教、孕期心理疏导、婴儿早教等母婴消费；围绕儿童主题创新打造游乐场、购物体验店等适应儿童需求的消费场所；丰富老年用品，健全从基本生活照料、康复护理到精神慰藉、文化服务养老服务零售体系；细分青少年、中年等各阶段零售市场，引进培育时尚化、品质化、个性化、定制化商品和服务。同时，推进零售与文化、艺术、体育、音乐、旅游、教育融合发展，满足不同年龄层次、不同收入水平和各种消费偏好的消费者的需求。

2. O2O 零售

建设线上线下融合的消费平台。支持本地电子商务零售企业发展壮大，积极引进大型知名电子商务零售企业在重庆建立地区性运营总部和区域性仓储配送中心；鼓励线上零售企业发展线下体验店，建设网络零售商品体验中心；引导大型传统零售企业网上商城建设；推动本地产品和服务网上营销，实施"电商+重庆制造"行动，打造重庆产品网上交易零售专区，推动"重庆网货生产基地"建设及"重庆造"产品的上线，培育壮大消费电商零售、产业电商零售、服务电商零售；鼓励本地中小微零售企业深化电子商务应用，将本市知名产品和服务推向国内外市场。

3. 农村流通网络体系

建设完善农村流通网络体系。在高山扶贫搬迁移民村、农民新村、避暑胜地等人流大的地方建设规范化超市；拓展农村服务性消费，完善便利服务体系，在乡镇超市、农家店增加文化娱乐、美容美发、网订店取、维修、缴费、配送等便民服务功能，开展多样化服务；切实搞好生态绿色农产品零售供给，扩大绿色农产品采购和销售；开展农商对接，让农产品进超市，构建产销一体化流通链条。

4. 零售大数据

拓展商贸流通领域大数据应用。传统零售企业要积极利用互联网、移动互联网、物联网、云计算等现代化信息手段，加快信息化改造，推进供应链管理、仓储物流管理、商业运营管理信息化。

# 第三章 重庆零售业物流配送体系研究

"十二五"期间，重庆零售业快速发展，零售业物流配送体系成为零售业快速发展的重要支撑，城乡双向流通的"万村千乡市场工程"农村零售物流配送网络体系已经建成，效率高、功能强、周转快的三级城市共同配送零售物流配送网络正在形成。2015年，全市商贸物流费用率为8.5%，年均下降0.2%；零售业物流费用率达到7.6%，年均下降0.38%，零售业物流费用率呈现不断下降的趋势，零售业物流配送节点持续增加，仓储设施功能不断完善，仓库配送收入占总收入的75%，仓配一体化、城乡配送网络化水平明显提升。

## 一、重庆零售业物流配送体系现状

### （一）农村零售物流配送网络体系逐步完善

农村零售物流配送网络体系，依托大中型日用品连锁流通企业，形成以区县配送中心为龙头、乡镇连锁经营超市为骨干、村级便民放心商店为基础，两级配送、三级销售、双向流通的连点成线、结线成网、连网成片，县、乡、村三位一体的信息化程度较高的农村零售物流配送网络体系。农村零售物流配送体系是"万村千乡市场工程"的核心，已经覆盖重庆市所有区县（自治县）的897个乡镇和9 065个行政村，到2015年，建成农村商品配送中心62个、乡镇集配中心66个，充分发挥了大中型连锁流通企业的仓储、物流优势，将商品低成本高效地配送到连锁制的村级零售终端，农村零售物流配送能力得到极大的提升。

### （二）城市共同配送零售物流配送网络正在形成

城市零售物流配送网络是依托城市共同配送体系搭建零售物流的三级配送网络体系。

零售物流配送一级网络是在都市拓展区的重点物流园区设置综合型或专业型

市级物流分拨中心，集零售商品采购集散、公共仓储、加工分拣、全市分拨、区域配送、多式联运、货物中转、信息服务等复合功能，零售物流配送基本实现自动化管理、一体化配送。

城市零售物流配送二级网络，在都市核心区和拓展区结合二环区域货运枢纽及物流园区，承上启下，实现零售商、生产商、供应商，以及物流服务商等零售供应链相关企业统一配送的公共配送中心，集零售公共仓储、加工分拣、区域配送、信息管理等一体化服务功能，实现了零售物流配送与一级网络之间的有效衔接。

城市零售物流配送三级网络，是城市末端配送网点，城市末端配送网点与电子商务和物流快递协同发展，依托城市现有的商业零售网络基本实现城市末端配送网点全覆盖。

（三）网络零售物流配送规模不断增加

"十二五"期间，重庆市在网络零售方面取得了显著成效。2014年全市纳入建档建库管理的电子商务经营主体超过12.5万户，电子商务交易额突破4 500亿元，同比增幅超过50%，网络零售额近380亿元，同比增幅约73%。网络零售物流规模不断增加，重庆市2006—2013年网络零售货运周转量和货运量的年均增长率分别为48%和38%；与网络零售相匹配的物流配送服务要求也在不断提高，重庆快递业年均增长30%左右。2015年，全市规模以上快递服务企业业务量累计完成1.39亿件，年均增长43.2%，网络零售配送规模在不断增加。

（四）电商物流三级配送体系初见成效

在电商物流配送体系建设方面，重庆市构建了主城区一级分拨中心—区县电商物流公共配送中心—末端公共取送点三级体系。一级分拨中心的渝北空港快件分拨集散中心、京东巴南物流基地及"亚洲一号"仓、苏宁电器重庆物流基地，以及顺丰、圆通、宅急送、联邦快递等国内外大型快递企业的物流配送中心，为重庆市电子商务物流配送发展奠定了基础。重庆市依托国家农村电子商务示范县，打造电商物流公共配送中心，城市末端快递公共取送点的建设与快递企业资源整合，实行网订店取（送）、公共智能柜自提等新型配送模式，实现末端共同配送，降低配送成本，方便群众消费。特别是农村电商快递配送把全市1 868个村邮站纳入行政村便民服务中心并运营的成效显著。

（五）连锁零售物流配送模式多样化发展

经过长期的发展，零售连锁企业形成了多种配送模式，以满足不同商品、不同流通环境的需要。一是供应商直接配送，由供应商或生产企业直接把所需商品送到门店的配送方式，主要适用于保质期短，或价值高、需求量少的商品。二是连锁企业自营配送，即连锁企业通过独立组建配送中心，实现对内部各门店的货物进行配送。自营配送使配送中心成为连锁企业的一个有机组成部分，具有灵活性，能满足门店的独特需要。三是社会化配送，由第三方的专业公司来承担零售连锁企业的物流配送任务。通过专业公司的规模性操作，降低成本，实行专业化作业管理，合理运用社会资源，提高资源利用率。四是共同配送，连锁企业为实现整体的配送合理化，以互惠互利为原则，与相关企业之间互相提供便利的协作型配送模式。共同配送促进连锁企业运输规模扩大及企业有限资源的合理互用，能有效降低配送成本，提高服务水平，增强竞争力。

（六）连锁零售企业物流配送以自营为主

零售连锁企业的物流配送模式中，自营物流模式占有很大比重，一些大型零售企业通过自营自建物流中心实施物流配送。重庆零售连锁企业自有配送中心的数量占其配送中心数量的95%以上，均采取集中进货、统一保管、按需配送，实现了信息技术、物流自动化技术和现代化管理科学的集成，物流配送规模不断扩大，统一配送比例不断提升。重庆连锁零售企业配送中心情况如表3-1所示。

表3-1　　　　　　2011—2014年重庆连锁零售企业配送中心情况表

| 年份 | 配送中心数 | 自有配送中心数 |
|------|-----------|--------------|
| 2011 | 89 | 85 |
| 2012 | 92 | 89 |
| 2013 | 94 | 90 |
| 2014 | 97 | 95 |

数据来源：2012—2015年《中国零售和餐饮连锁企业统计年鉴》。

（七）零售业物流配送效率不断提高

一方面，探索多种销售模式，推进大型连锁商贸企业统一配送，实现物流资源和信息共享；另一方面，大力开展城市共同配送，减少流通环节，降低流通成本，提高物流配送效率。2015年，重庆市商贸物流费用率为8.5%，年均下降0.2%；批发业、零售业物流费用率分别达到9.4%、7.6%，年均分别下降0.3%、0.38%，零售业物流费用率呈不断下降的趋势。

（八）零售业物流配送发展环境不断优化

重庆市认真贯彻国务院和商务部关于加快发展物流业、商贸物流发展等文件精神。重庆市政府出台了实施物流规划、完善城市配送体系、开展城市共同配送，以及发展农产品物流、农村电商物流、冷链物流、粮食物流、再生资源物流等专业物流的政策措施，提出打造长江上游商贸物流中心。重庆市商委出台了加快发展商贸物流、商贸物流标准化、智慧物流配送体系建设等系列政策措施，支持和推进商贸物流项目建设，协调解决商贸物流发展中的扶持政策和农产品流通中的通行停靠等问题，营造了促进零售业物流配送的良好政策环境。

## 二、重庆零售业物流配送体系存在的问题

（一）农村零售物流网络配送体系有待进一步完善

在作为"万村千乡工程"重要建设内容的三级销售、两级配送的零售物流配送体系建设方面，农村物流配送基础设施有待加强，村级零售终端的连锁经营比例不高，乡（镇）到村的商品统一配送率较低，需要进一步加大龙头企业的培育力度；乡（镇）的物流配送存在规模较小、设施薄弱、功能不齐、机械化与自动化水平程度低等问题，村级零售终端的"一网多用"的信息化建设有待完善，同时需要转变农村消费者的消费观念，提高商品统一配送比例。

（二）城市零售物流配送体系有待加强

布局合理、功能完善、供需匹配、服务城市共同配送的零售三级物流配送体系有待进一步完善；生鲜及农产品冷链物流等配送的仓储设施建设水平有待提升；公共仓储配送设施功能化、信息化水平需要提升；零售物流配送基础设施之间存在衔接不畅，一级、二级及三级配送网络之间的信息资源需要加强共享；城市末端"最后一公里"配送效率有待进一步提升。

（三）第三方物流企业配送能力有待提升

消费者需求的变化及零售形式的多样化发展，对物流配送服务提出了更高的

要求。目前城乡普遍存在着第三方物流及共同配送物流模式发展滞后的问题，特别是网络零售物流配送的集中度较低，80%以上的第三方物流配送企业是中小型企业，规模小、专业化程度低。民营物流配送企业占重庆市总快递企业的80%左右，大多在本地经营同城快递业务或者以加盟形式代理其他物流配送企业的业务，总体呈现小而散的状态，存在迂回运输、资源浪费的问题，造成零售物流配送成本高、效率低，大大降低了小型零售企业物流配送服务能力。

（四）零售物流配送的智慧化程度有待加强

目前，重庆市零售物流配送的标准化、信息化程度相对较低，三级配送网络之间的信息化共享程度有待进一步提升；零售物流配送先进技术推广力度不足，物流配送的标准化设施建设水平较低，现代化零售仓储设施规范化需要进一步提升。重庆市通过互联网整合物联网，实现精细、动态、科学的管理，实现零售物流配送的自动化、可视化、可控化、智能化、网络化，打造智慧化的零售物流配送体系任重道远。

（五）零售物流配送的政策体系有待进一步推进

零售物流配送体系建设中，政策体系支持起着重要作用。目前在零售物流配送中仍然存在着用地难、用地贵、融资难、通行停靠难等问题，特别是在城市末端配送网点布局建设方面存在一定的问题，因此，如何进一步落实各项物流政策措施，是零售物流配送体系能否高效运转的关键。

## 三、重庆零售业物流配送体系发展思路

（一）完善零售业物流共同配送体系

根据《重庆市"十三五"商贸物流网络体系建设规划》的要求，零售业物流配送作为商贸物流配送的重要组成部分，依托商贸物流的三级配送体系，搭建起全市分拨中心，公共配送中心和城市末端配送点的零售业物流配送的三级网络体系，形成零售物流配送一体化运作、网络化经营，零售业物流配送效率明显提升。特别鼓励和支持苏宁云商、永辉超市、重庆百货等大中型连锁零售企业以及第三方物流配送企业整合资源，建设区域性零售物流配送中心，布局专业型零售物流配送中心，设置公共仓储区域并提供社会化物流配送服务。

以零售共同配送模式整合现有分散的网络零售物流基础设施以及其他资源，形成集中化、规模化的网络零售物流共同配送体系，减少电子商务物流配送成本；共同配送的信息共享模式，使网络零售和物流配送衔接更为紧密，将改变过去低效、小规模经营管理以及分散的网络零售物流配送发展模式。到 2020 年，城市共同配送率将达到 50%，其中，都市功能核心区和拓展区共同配送率将达到 70%。

（二）巩固农村零售物流配送建设成效

进一步巩固"万村千乡市场工程"的三级销售、两级配送的网络体系，改造一批农资商品配送中心，鼓励农家店连锁化经营，稳步提升农家店商品统一配送率；加大农村零售企业及连锁农家店信息化建设力度，实现物流配送信息化管理、网络化发展，推动农村零售物流配送基础建设上档升级，物流配送服务能力显著提升。进一步整合电商、快递和农村连锁零售企业现有配送点，与村邮相结合设置村级电商服务点，加快完善县乡村三级配送网络体系，推进快递进村入户。到 2020 年，基本实现乡乡有网点、村村通快递，农村统一配送率达到 30%。

（三）建设标准化的零售仓储物流配送设施

推进全市零售物流分拨中心、公共配送中心、电商物流区域性配送中心、乡镇集配中心、末端公共配送点等零售公共仓储物流设施进行标准化改造建设，鼓励大中型零售、物流、快递等企业改造建设标准化的仓储物流配送设施，配置标准化的现代物流装备，加快建设一批立体仓储、机械搬运、自动分拣、智能管理的现代化零售物流配送中心，推进零售业的城市共同配送、托盘循环共用和智慧物流配送体系硬件基础建设，不断扩大标准化仓库面积。

（四）推进零售业物流配送智慧化建设

以"互联网+"理念为指导，以满足消费需求为出发点，发展多层次的零售物流配送公共信息平台；实现零售物流与商流、信息流、资金流的融合，互联网、移动互联网、物联网与车联网的融合，提升零售业物流配送设施设备智能化水平、物流作业单元化水平、物流流程标准化水平、物流交易服务数据化水平、物流过程可视化水平，打造智慧化的零售业物流配送体系，提升零售业物流配送效率，降低配送成本。

（五）培养零售业物流配送管理人才

支持各类院校、行业协会等各类培训机构开展形式多样的零售业物流配送管理和技能培训，切实提高从业人员基本素质，着力培养一批专业型、技能型、高素质的零售业物流管理和配送人才。支持市级物流行业协会制订和实施人才培养方案，聘用高校专家、知名物流企业管理人员和行业内资深专家作为零售业物流顾问或培训讲师，提升从业人员的专业水平和操作技能。

# 第四章 重庆零售业"互联网+"行动研究

2016 年中国"互联网+"峰会在北京召开，会上揭晓了中国"互联网+"建设十大标杆城市榜单，重庆与北京、深圳、广州、上海、成都等城市一起入围。重庆不仅以排名第 7 入选中国"互联网+"建设十大标杆城市，还在"互联网+"指数①省级排名中位列第 10。在"互联网+零售"的指数排名中，重庆的表现也非常抢眼，位列第 10 位。

## 一、"互联网+"的提出

第十二届全国人民代表大会第三次会议后，"互联网+"成为国家推动产业发展的重要战略之一。《国务院关于积极推进"互联网+"行动的指导意见》（国发〔2015〕40 号），强调把要把互联网的创新成果与经济社会各领域深度融合，推动技术进步、效率提升和组织变革，提升实体经济创新力和生产力，形成更广泛的以互联网为基础设施和创新要素的经济社会发展新形态。《国务院办公厅关于深入实施"互联网+流通"行动计划的意见》（国办发〔2016〕24 号）进一步指出，要推进流通创新发展，推动实体商业转型升级，拓展消费新领域，促进创业就业，增强经济发展新动能。

## 二、"互联网+"及其零售业"互联网+"的理论内涵

"互联网+"就是"互联网+各个传统行业"，但这并不是简单的两者相加，而是利用信息通信技术以及互联网平台，让互联网与传统行业进行深度融合，创

---

① 中国"互联网+"指数是由腾讯研究院系统基于腾讯、京东、滴滴出行、携程、58 同城等中国主要互联网公司 2015 年的全网数据，分析考量而得出。

造新的发展生态。它代表一种新的社会形态，即充分发挥互联网在社会资源配置中的优化和集成作用，将互联网的创新成果深度融合于经济、社会各领域之中，提升全社会的创新力和生产力，形成更广泛的以互联网为基础设施和实现工具的经济发展新形态。

零售业"互联网+"，则是要让互联网作为基础设施与实现工具，与传统零售业中的各个环节进行深度融合，降低各零售环节的运行成本，提升各零售环节的运行效率，进而提升整个零售产业的创新力与生产力。

面对"互联网+"这一崭新的产业发展战略，重庆市零售业如何在这个战略下实现创新发展是一个重要课题。本章分别从零售管理、零售营销、零售经营、零售渠道、零售主体、零售领域、零售盈利、零售服务八大零售环节，论述重庆市零售产业的"互联网+"行动。

## 三、重庆零售业"互联网+"行动

（一）零售管理"互联网+"

鼓励商圈、市场、特色街、电子商务产业园等打造线上线下相结合的大众创业、万众创新载体，为中小企业应用互联网创新创业提供集群注册、办公场地、基础通信等软硬件一体化支撑服务，加大对零售业初创期和成长型零售企业创新创业的支持力度。

加快推进智慧商圈建设，运用物联网、云计算、大数据等先进技术，打造智慧商圈信息服务软件、硬件基础设施和中控服务等平台，实施智慧零售运用工程，实现商圈零售管理服务智能化、人性化、个性化。

加快实施特色商业街区示范建设工程，将城市记忆、文化片段、生活场景、商业空间有机结合，推动形态、业态、生态、文态四态合一，提高产品和服务的特色化、差异化、精准化、数字化营销推广能力，提升特色商业街区的智慧化、便捷化服务水平，打造一批商旅文农融合发展、线上线下互动、具有重庆历史文化韵味的全国知名特色商业街区（夜市）。

（二）零售营销"互联网+"

以满足消费者需求为中心，支持零售企业突出商品和服务特色，加快推进大数据、物联网、云计算、移动互联网、地理位置服务等信息技术应用，建立覆盖实体店、电子商务、移动端和社交媒体的全渠道营销新体系，促进线上线下融合互动，全方位、全天候满足消费需求，降低消费成本。

大力发展体验消费，支持有条件的零售企业利用现有设施改造发展消费体验示范中心，鼓励城市商圈、购物中心、百货店、专业市场与书店等业态跨界融合，推动传统购物中心向生活消费中心、文化消费体验中心和众创空间等转型发展，增强实体店体验式、全程式服务能力。

打造一批老字号产品集聚区，增强老字号等传统品牌影响力，鼓励老字号企业加强技术创新、文化创意创新、设计创新和营销手段创新，利用电子商务拓展国内外市场，开展"'重庆品牌'全国行"宣传促销活动，线上线下互动传播重庆品牌。

（三）零售经营"互联网+"

零售企业积极利用互联网平台优化社会闲置资源配置，提高闲置资源利用率，盘活闲置存量资产，拓展产品和服务消费新空间、新领域，扩大社会灵活就业。支持发展协同经济新模式，在零售领域通过众创、众包、众扶、众筹等具体形式，丰富创业创新组织形态，优化劳动、信息、知识、技术、管理、资本等资源配置方式，围绕产业链、供应链、服务链建立上下游企业、创业者之间的垂直纵深与横向一体化协作关系，提升流通领域社会化协作水平和资源优化配置能力；推动"互联网+创新创业"，推进零售企业网络平台众创，促进生活服务众包，大力发展零售创新基地。

（四）零售渠道"互联网+"

2014年被称为零售业的O2O全渠道转型元年，线上线下全渠道融合成为零售企业的发展共识，几乎所有大型零售企业都在积极探索转型O2O。重庆市传统零售企业要尽快加强和完善零售渠道网络信息基础设施建设。

首先，要创建专属的二维码，在自己的微信公众平台，向客户推送促销信息、进行品牌传播等。其次，要布局无线网络，解决客户上网成本高的问题。再次，要进行会员管理，具体做法为升级商家客户关系管理系统，利用现代化的即时通信工具如微信、QQ等来管理会员，实现会员信息管理、服务同步。最后，要提高线上线下产品、服务质量和水平以增强客户体验感。增强客户体验感可通过如下几点来实施：一是通过即时互动平台，有针对性地把商家促销打折的信息传递出去，提供一系列特色增值服务；二是基于位置服务（LBS）与营销有机结合，使顾客可使用智能终端获得商品与服务信息；三是要提供安全快捷的支付平台，满足顾客的多样化支付需求；四是要加强宣传以塑造企业的网络品牌，并充分利用网络销售平台，强化网上品牌效应。

（五）零售主体"互联网+"

积极推进农产品零售主体"互联网+"。培育壮大农村电子商务平台企业、服务企业等市场主体，鼓励各类市场主体拓展适合网络销售的农产品、农业生产资料、休闲农业等产品和服务，整合农村产品资源，培育农村产品品牌。引导种植养殖大户、农民专业合作社、农业产业化龙头企业等新型农业经营主体应用电子商务，采用现代追溯技术提升商品品质，推动"三品一标""名特优新"等农村产品和服务的网上销售。鼓励新型农业经营主体与便利店、邮政快递网点和社区对接，城市末端公共服务平台与农村电子商务平台对接，开展生鲜农产品"基地+社区直供"电子商务业务。

鼓励农村商贸流通企业、供销合作社开展农村电子商务服务，支持电子商务企业渠道下沉，拓展农村市场。鼓励各类零售企业针对农村消费习惯、消费能力、消费需求等特点，从供给端提高商品和服务的结构化匹配能力，提升农村生产、生活服务水平，缩小城乡居民在商品和服务消费上的差距。积极推进电子商务扶贫工程，支持电子商务零售企业开辟贫困地区特色农产品网上销售平台，完善线上线下电子商务扶贫服务体系，与合作社、种植养殖大户和贫困户建立直采直供关系，增强贫困地区利用电子商务创业、就业的能力。

（六）零售领域"互联网+"

拓展智能零售领域，推动互联网零售与协同制造、机器人、汽车、农业、教育、金融、医疗、旅游、文化、娱乐等产业融合，开发虚拟现实、现实增强等人工智能新技术、新服务，适时开展可穿戴设备、生活服务机器人、智能家居等智能化产品，促进动漫游戏、数字音乐、网络艺术品等数字文化内容零售，提高智能化产品和服务的零售供给能力与水平。

（七）零售盈利"互联网+"

"互联网+"背景下，传统零售行业进入微利时代，传统购销差价、通道费、联营扣点等盈利模式难以为继。零售企业要充分发挥自身优势，从与消费者的连接中获取超额回报，具体应着力提高供应链管理控制能力，改变引厂进店、出租柜台等经营模式，充分利用网络销售平台，通过集中采购、买断经营、实行"买手制"、开发自有品牌等方式提高自营商品比例，扩大商品毛利；通过发展连锁经营、采购联盟等多种组织形式降本增效，利用信息化、网络化、智能化技术实现降低流通成本，提升流通效率。

（八）零售服务"互联网+"

大力发展社区零售服务"互联网+"，促进电子商务企业与社区零售网点融合互动，提供物流分拨、快件自取、电子缴费等服务，提高社区零售的信息化、标准化、规范化、集约化水平，提升社区居民的生活品质。完善"一站式"便民服务消费功能，整合现有商业资源，支持老旧小区利用闲置房间、地下空间等打造多层次、多形式的便民零售服务点，鼓励在各类社区统筹建设和改造菜店、药店、洗衣店、便利店、维修点、餐饮店、美容美发店、社区综合超市、再生资源回收店等生活服务网点，积极发展"一店多能"模式。规范和拓展代收费、代收货、家政服务、社区配送等便民服务，鼓励和支持零售企业整合线上线下供给渠道和资源，建设集餐饮、家政服务、家电维修、养老、儿童服务、休闲旅游、便民服务、医疗卫生、社区管理、教育培训等业态为一体的智慧化社区服务终端或社区综合服务零售平台。

# 第五章 重庆农产品电子商务发展研究

重庆市农产品电子商务于近年起步，2011 年重庆启动"重庆农产品流通网络体系建设项目"，并提出建立集农产品物流、信息流和流通服务于一体的农产品流通体系，标志着重庆农产品正式开启电商化道路。短短几年，重庆农产品电子商务实现了从零到年销售额近 30 亿元的巨大跨越，农产品电子商务发展迅猛。发展农产品电子商务有利于粗放式农产品经济向集约化经济转变，打破传统农产品交易的时空限制，扩大市场空间，还有利于促进重庆现有的以家庭为主的落后生产经营方式向组织化农产品生产经营的新模式转变，有效解决农产品小生产与大市场之间的矛盾以及交易方式单一落后等难题，促进重庆农业产业快速发展。因而，全面摸清重庆市农产品电子商务发展特点，找准农产品电子商务发展问题并制定适用于重庆农产品电子商务发展的政策建议，对促进重庆农产品电子商务更好、更快地发展尤为重要，重庆农产品电子商务研究刻不容缓。

## 一、重庆农产品电子商务发展特点

根据中国互联网络信息中心发布的第 38 次《中国互联网络发展状况统计报告》的数据显示，截至 2016 年 6 月，中国网民规模达 7.10 亿，互联网普及率达到 51.7%，超过全球平均水平 3.1 个百分点。截至 2015 年 12 月，重庆市网民数量为 1 445 万，互联网普及率为 48.3%，增速为 6.5%，重庆市行政村均实现了互联网的接入，覆盖率 100%。2015 年 1~11 月重庆市电子商务进一步发展，全市限额以上法人企业通过公共网络实现网上零售额 158.81 亿元，同比增长 39.1%。互联网的普及、网民数量的稳定增长与电子商务飞速发展，为重庆市农产品电子商务提供了发展契机。重庆农产品电子商务在发展过程中呈现出七个方面的特点。

（一）农产品电商初具规模

重庆市各区县近年积极开展农产品电子商务工作，重庆五大功能区一定程度上实现了农产品触网，初步形成农产品电商规模。2015年重庆市农产品网络销售总额达27.6亿元，比2014年增长155.6%。重庆市社科院发布的《重庆农产品电商产业发展研究报告（2015)》显示：2015年12月，综合类农产品电商平台在售重庆农产品有33 000余件，而本土近50家特色农产品电子商务平台也有近3 000件农产品在售；在售特色农产品中，以阿里巴巴系平台销售为主，占整体电商在售比例约80%。

（二）农产品电商主体丰富

2015年全市网上注册农产品电商主体数量达到8 718家，比2014年增长430%，农产品电商平台数量从2014年的60家增长至2015年的229家，增长282%。《重庆农产品电商产业发展研究报告（2015)》显示，重庆大部分区县农产品电商平台呈现出以综合性网站为主，以专业性农产品电子商务网站为辅的"两超—多强—小众"格局。其中，"两超"指的是阿里巴巴系、京东系两大超级农产品电商平台；"多强"是指如苏宁易购等具有较强竞争力的农产品电商；"小众"是指重庆本地香满园、渝农鲜等具有成长性的特色农产品电商。

（三）农产品电商实现全域布局

重庆农产品电商发展势头迅猛，已基本实现全域布局。目前，重庆无论主城区还是郊县，城市或农村，均有不同程度的农产品电商平台、企业、个体等布局。如主城区有"香满园""田园优选"以及重庆农产品电子商务平台等平台布局；城市发展新区拥有"重庆富硒网"、渝涪农副产品电子交易市场等平台；渝东南生态保护区各区县布局了"淘宝馆""亲戚田园""苏宁馆"等农产品电商平台；渝东北生态涵养区也实现了农产品电商全域布局，拥有"淘宝·云阳馆""天农八部""奉节馆"等诸多农产品电商企业、平台。各区县也逐步建立"中心—站—点"模式，实现区县、乡镇、村一体化布局，全市农产品电商试点行政村已超500个。此外，由于农产品电商政策布局，2015年和2016年重庆已有17个区县被列为国家电子商务进农村综合示范县，覆盖了渝东北生态涵养发展区与渝东南生态保护发展区的全部区县。重庆农产品电子商务平台布局也多集中于"两翼"地区，这有利于促进电商综合示范县的快速发展。

（四）网售农产品种类繁多

在线销售的重庆特色农产品中，有蜂蜜、牛肉干、底料、调料、麻花等农产品加工产品，也有果蔬（如橙子、柚子、玉米等）、肉类（如猪肉、牛肉等）、水产（如鱼类等）等农产品，在线销售农产品种类繁多。但整个重庆电子商务平台在售的500多类农产品中，非生鲜类农产品销售额占比约为85%，大大高于生鲜类农产品占比15%的份额，生鲜类农产品触网比例较低，反映出重庆农产品电子商务发展过程中销售品类不均衡等急需解决的问题。

（五）品牌建设初见成效

重庆市自大力发展农产品电子商务以来，高度重视农产品电子商务品牌建设，着力培育区域公共品牌、发展特色农产品品牌、复兴传统老字号品牌。重庆各区县积极打造具有本地特色的农产品品牌，江津区多个农产品商标获得重庆市著名商标称号；永川区重点培育永川秀芽、黄瓜山梨、永川豆豉、永川松花皮蛋、永川莲藕等一批独具永川特色的农产品品牌；合川区积极打造极具特色的"合川桃片"品牌，并在原有基础上，增加了绿豆、八珍、椒盐等系列桃片，极大地丰富了合川桃片的种类，满足市场需求；云阳县积极打造"天生云阳"品牌，已涵盖25类农产品，100多种单品，初步实现农产品品牌标准化；秀山县的"信祥"牌猕猴桃和"美馨"牌纽荷尔脐橙获"中华名果"称号，秀山县农产品已初步实现本土农产品品牌走出去的目标。此外，重庆市政府还将通过农业标准化建设、区县质检站建设、乡镇监管站建设、加强体系队伍培训、追溯管理平台建设等五大建设，完善农产品电子商务发展环境，推动农产品电商品牌化进程。

（六）农产品电商物流体系日渐完善

1. 加快推进物流体系的建设

农产品物流作为物流产业的一个重要分支，其以农产品为输出对象，包括运输、仓储、包装、加工、配送和信息处理等一系列功能。随着信息技术的不断进步，商业模式的创新和现金流动方式的变革对电子商务的发展有着巨大的推动作用，同时也对重庆市农产品物流升级提出更高的要求。重庆市着力构建完善的物流网络体系，日益满足农产品电商发展所需的物流要求，具体措施有：建立快件公共配送中心和快件公共中心。主城区改造建设了一批标准化、现代化的大型公共配送中心，其他区县则建立快件公共中心，如云阳县建成渝东北仓储物流分拨中心，整合供应链，实现分散的农产品集中化并实行统一配送；此外，还建立城市末端配送网点，在社区、学校等合理布局末端共同配送点或公共智能自提柜。乡镇地区建立配送服务站，利用村邮站、村级综合服务站、供销合作社等在农村开展物流配送服务，旨在解决农产品物流"最初一公里"与"最后一公里"难题。重庆市农产品电子商务物流配送体系建设已取得初步成效，截至 2015 年 11 月，全市共建成快递网点 1 029 家，全行业从业人员约 1.7 万人；2015 年 1~11 月，全市快递业完成业务量 1.8 亿件，同比增长 47.25%，业务收入累计 25.59 亿元，同比增长 42.57%，每日快件进出港量平均为 159.85 万件。

2. 区县物流配送体系稳步推进

随着市级物流配送体系的大力推进，重庆部分区县也加快了农产品电子商务物流体系建设的步伐，其中，全市 17 个电子商务进农村综合示范县农产品电子商务物流体系构建较突出，部分电商综合示范县已基本解决了农产品电商物流发展的"最初一公里"与"最后一公里"难题，详见表 5-1。

表 5-1　重庆电子商务进农村综合示范县农产品电子商务物流体系构建情况（2015 年）

| 序号 | 区县 | 物流建设情况 |
|---|---|---|
| 1 | 云阳县 | 采用 PPP 模式建成占地 8 000 平方米的首个运用智能物流系统的渝东北仓储物流分拨中心；采用大数据平台对农产品物流进行全过程追溯 |
| 2 | 忠县 | 逐步建立 363 个电子商务村级服务站；建成近 3 000 平方米的快递配送中心 |
| 3 | 秀山县 | 依托武陵现代物流园区，建成功能完善的现代化仓储；利用农村淘宝县，整合圆通、申通等 83 家快递物流企业，依托 98 家"武陵生活馆"实体店，形成了"覆盖城乡、双向流通"的现代物流体系 |
| 4 | 石柱县 | 以中国邮政石柱分公司为农村物流配送龙头企业，整合全县快递物流资源，优化农村物流配送线路；已建成县级电商快递物流分拨中心、122 个乡镇村快递物流配送站点，设置农村物流配送专线 4 条，配置农村物流车 34 辆；同时，易淘也在石柱建成 1 个企业物流分拨中心，县内配送农资可实现当日送达 |
| 5 | 黔江区 | 整合 20 余家快递企业，在 24 个镇乡和冯家街道建成 25 个农产品电子商务服务站 |
| 6 | 梁平县 | 与本地邮政公司合作建设农村电商物流分拨中心，已有镇村电商服务站点 105 个；与阿里巴巴公司合作，建设县级农村淘宝电商服务中心，镇村电商服务站点 50 个 |

表5-1(续)

| 序号 | 区县 | 物流建设情况 |
|---|---|---|
| 7 | 垫江县 | 引进全国各类快递公司 16 家,服务网点延伸至乡镇及沿线交通干道村社;对入驻产业园的物流企业实施免三年租金的政策 |
| 8 | 武隆县 | 全县有邮政、申通等物流主体 14 家,有"万村千乡市场工程"日用品配送中心 1 个、农资配送中心 1 个、乡镇商贸中心 2 个,农产品产地集配中心 3 个、冷冻库 3 座,年冷藏冷冻能力达 5 万吨 |
| 9 | 城口县 | 建立县级电商公共运营服务中心、货运物流中心 |
| 10 | 万州区 | 建立 41 个乡镇农村电商服务中心,37 个农村电商服务站,实现镇乡电商服务全覆盖;打造"邮掌柜"工程,承担农产品收购、消费品配送等职能;建成家益超市生鲜配送中心、峰森公司 5 000 吨冻库农产品冷链物流等 |
| 11 | 开州区 | 建成水果、蔬菜、猪肉、冷水鱼等农产品冷链物流 18 个、产地集配中心和城区集配中心 45 个,加快建设歇马现代物流中心 |
| 12 | 丰都县 | 建成一批农产品冷链物流和产地集配中心项目,如光明食品 5 000 吨食品冷藏库、绿汇农业 3 000 吨农产品冷藏库、雨泪农业 500 吨蔬菜冷藏库 |
| 13 | 奉节县 | 与阿里巴巴合作建立 60 余个村淘服务站,并配备特定村淘物流车 |
| 14 | 巫山县 | 已发展 40 余家乡镇电商营销服务站和村级电商营销平台;2015 年已建成巫山县城至当阳、县城至抱龙、县城至铜鼓三条农村物流配送服务专线 |
| 15 | 酉阳县 | 整合县内多家快递物流成立"酉阳中百申达快递公司",为全县 278 个村(社区)提供"门对门"服务;将快递、物流组合成为"1 个团队、3 个体系、8 条线路"的城乡配送体系,有效解决了 2 000 多千米农村物流配送里程难题;实行电商快递"三统三定三承诺"制度,实现农村电商管理和快递一日达 |
| 16 | 彭水县 | 建成"彭水电子商务产业园",设立物流配送中心,构建"县—乡—村"服务网点和物流体系 |
| 17 | 巫溪县 | 完善县、乡、村三级电子商务物流建设 |

资料来源:重庆市统计局网站、各区县人民政府网站。

(七)政府对农产品电商大力支持

1. 政府助力农产品电商平台构建

重庆农产品电商平台的搭建有着很强的政府助力色彩,主城区通过政府助力农产品电商平台,实现了区县农产品进城,丰富了市民的菜篮子;区县通过政府助力农产品电子商务平台创建,解决了农产品销路问题,同时,部分贫困县也将支持农产品电商平台创建与政府精准扶贫相结合,加快推进"互联网+农产品"

建设，吹响扶贫攻坚的号角。重庆部分区县政府助力农产品电商平台搭建的情况见表5-2。

表5-2 重庆市部分区县政府助力搭建农产品电子商务平台情况（2016年）

| 序号 | 区县 | 成果 |
|------|------|------|
| 1 | 主城区 | 政府支持创建了"香满园""亿农加""重庆农产品网"等农产品电子商务平台 |
| 2 | 云阳县 | 政府支持创建"go928"网络公共平台，支持淘宝云阳馆与苏宁易购云阳馆建立 |
| 3 | 万州区 | 政府支持创建了中国血橙网以及白羊柠檬网，实现了特色生鲜农产品销往全国 |
| 4 | 秀山县 | 政府助力重点打造本土农产品电商平台——武陵生活馆，引进阿里巴巴第三方电子商务平台 |
| 5 | 黔江区 | 着力构建武陵山农特产品展示展销中心，大力扶植"亲戚田园"本土农产品电商平台 |
| 6 | 武隆县 | 政府支持上线运营京东商城"中国特产·武隆馆"、苏宁易购"中华特色·武隆馆"和淘宝"中华特色·武隆馆" |
| 7 | 梁平县 | 重点支持本土农产品电商平台"天农八部"，实现梁平特色农产品在线销售 |
| 8 | 忠县 | 政府支持成立"主流电商""万众电商"两家本土电商营运平台；政府引进阿里巴农村淘宝、邮乐网、村游网等电商平台，在乡镇设立电商服务站、村设立电商服务点运营 |
| 9 | 垫江县 | 支持创建"五彩田园网""四季鲜"等农产品电子商务平台 |

资料来源：重庆市政府网站、各区县人民政府网站。

2. 政府若干政策文件支持农产品电商

从2015年开始，国家层面涉及农产品电子商务的政策层出不穷，此外，重庆市委、市政府也响应国家政策，高度重视发展农产品电子商务，陆续出台多项有关政策以支持重庆农产品电子商务发展。国务院于2015年5月4日发布的《关于大力发展电子商务加快培育经济新动力的意见》指出，加强鲜活农产品标准体系、质量保障与安全监管体系建设，大力发展农产品冷链基础设施；建设地理标志产品技术标准体系和产品质量保障体系，支持利用电子商务平台宣传和销售地理标志产品，鼓励电子商务平台服务"一村一品"，促进品牌农产品走出去。2015年7月财政部与商务部联合发布《关于开展2015年电子商务进农村综合示范工作的通知》，明确提出健全农村电子商务支撑体系，扩大农村电子商务应用领域，提高农村电子商务应用能力，改善农村电子商务发展环境；支持建立完善县、乡、村三级物流配送机制，支持县域电商公共服务中心和村级电商服务站点建设改造，支持为发展农村电子商务而开展的农产品和农村特色产品的品牌培育和质量保障体系建设，农产品标准化、分级包装、初加工、配送等设施建设，支持农村电子商务培训。2015 年 4 月，重庆市商委发布《重庆市电商进乡村工作方案》，明确提出"以开拓农村电商消费市场、促进农特产品触网营销为主攻方向，打造一批农产品电子商务平台，建设一批农村电商服务站点，培育一批农村电商带头人，支持一批涉农、加工企业开展网上经营，组织一批农网对接活动，拓宽农产品、工业品销售渠道"。2016 年 7 月 29 日，重庆市人民政府办公厅发布的《关于全面推动农村电子商务发展的实施意见》中指出，培育壮大农村电子商务市场主体，壮大一批网上销售农村产品的市场主体，引导相关人员通过农村电子商务平台销售农村产品，鼓励农民合作社、家庭农场、农村种植养殖大户和农产品批发商等借助电子商务平台开展网上营销；加快农产品标准化建设，推动"三品一标""名特优新""一村一品"农产品网上销售，支持新型农业经营主体与城乡邮政网点、快递网点和社区对接，开展生鲜农产品"基地+社区直供"电子商务业务。在国家政策主导，重庆市委、市政府高度重视下，各区县政府也凭借当地特色农产品资源与政策资金扶持，深入开展区县农产品电子商务示范工作。如云阳县委、县政府开展领军人才培育行动、电商主体壮大行动、电商品牌推广行动、电商缺环弥补行动、零散产品整合行动、电商外延发展行动、缓解电商融资难行动以及举办"9·28"电商活动等八大行动，助推云阳县农产品电子商务更快更强发展；秀山县着力于网络便捷化、农产品特色化、农产品基地标准化、农户利益共同化、农产品增值最大化五个环节，助推本地农产品电商扶贫进程。

## 二、重庆农产品电子商务发展中存在的主要问题

（一）整体电商水平不高，与先进地区差距较大

据 2016 年 5 月由国家发改委指导并与清华大学电子商务交易技术国家工程实验室等部门联合发布的《中国电子商务发展指数报告（2014—2015）》显示，

2015 年各省级行政区域电子商务发展指数居前 10 位的省市依次为广东、浙江、北京、上海、江苏、四川、福建、山东、陕西、安徽，其中陕西省电子商务发展指数排名上升最快，提升了 10 名，首次进入全国前 10。而重庆市 2015 年电子商务发展指数为全国第 15 名，排名较 2014 年上升了 3 位，居全国中等水平行列；电商发展指数仅为 15.08，整体电商水平仍不高（表 5-3）。此外，通过指数对比发现，重庆电子商务发展指数与发展指数排名较前的省份仍有很大的差距，仅为广东省的 21.6%，约为浙江省、北京市的 1/4，与上海、江苏的差距也很明显，整体电商水平不足直接制约着农产品电子商务的发展。（详情见表 5-3）

表 5-3　　2014—2015 年部分省级行政区域电子商务发展指数测评结果

| 排名 | 省份 | 2014 年电子商务发展指数 | 2015 年电子商务发展指数 | 名次变化 |
|---|---|---|---|---|
| 1 | 广东 | 71.26 | 69.67 | - |
| 2 | 浙江 | 56.44 | 63.55 | ↑1 |
| 3 | 北京 | 60.87 | 58.94 | ↓1 |
| 4 | 上海 | 51.61 | 50.80 | - |
| 5 | 江苏 | 41.04 | 44.71 | - |
| 6 | 四川 | 16.94 | 27.11 | ↑4 |
| 7 | 福建 | 27.50 | 26.23 | ↓1 |
| 8 | 山东 | 21.68 | 22.54 | ↓1 |
| 9 | 陕西 | 12.63 | 21.34 | ↑10 |
| 10 | 安徽 | 19.08 | 20.10 | ↓1 |
| 11 | 湖北 | 14.16 | 18.46 | ↑2 |
| 12 | 海南 | 13.15 | 17.88 | ↑5 |
| 13 | 河北 | 16.09 | 17.83 | ↓2 |
| 14 | 天津 | 19.34 | 15.12 | ↓6 |
| 15 | 重庆 | 13.04 | 15.08 | ↑3 |

注：表中名次变化指 2015 年各省电商排名较 2014 年发生的变化，其中，"-"表示不变，"↑n"表示上升 n 名，"↓n"表示下降 n 名。

资料来源：《中国电子商务发展指数报告（2014—2015）》。

（二）交易规模偏小，业务水平层次不高

重庆市农产品电子商务经营主体以个体为主。截至2016年第2季度末，阿里巴巴平台上销售重庆农产品且注册地为重庆的店铺共4 585家，本土平台仅60余家，其中近2/3属于非正常营运平台。具体有以下问题：网站交易规模小，约80%的农产品电商网站年销售额不足千万元；网站盈利水平不足，据统计，阿里平台上销售重庆农产品的店铺约有6.5%处于盈亏平衡线上；此外，重庆农产品电商主体运营能力有限，导流能力较弱，不能有效提升网站流量。据云阳老虎电子商务公司的数据，采用短信的方式将传统实体客户转移至网上流量时，发放30万条短信约促成150位进站购买用户，转换率仅为万分之五，效果很不理想。卖方很少从推广方式、品控和服务上来提升运营能力，绝大多数电商竞争能力与盈利能力不足。

（三）农产品标准化程度低，品牌建设滞后

重庆市农产品种类繁多，反映产品品质的指标也不统一，给农产品标准化制定造成较大的困难。同时，网络的虚拟性决定了利用电子商务交易的商品具有包装标准化的要求。研究表明，只有规格标准、易配送、知名度大的商品，在网络上进行宣传和销售时才能有更好的销量，才能真正体现电子商务明显的优势。但据课题组调研结果显示，重庆市农产品包装的标准化程度不高，造成农产品附加值低，农产品竞争力不足，易陷入恶性价格竞争旋涡；此外，重庆虽拥有部分区域性品牌，但全国知名农产品品牌极少，目前还存在农产品生产规模小的问题，导致农产品品牌化发展难度加剧。品牌化发展不足造成重庆大部分地区网售农产品存在严重的同质化现象，导致竞争无序，亏损经营，建站与关站并存。农产品若不能像工业产品那样通过多样化的品牌、附加值的提高、产品标准化的实现来满足消费者多元化的需求，则很难发挥电子商务优势。

（四）产销主体衔接不足，电商对农户生产和农业结构调整的带动作用还不明显

重庆农产品电商的采购渠道十分有限，多为直接与生产加工企业或零散农户合作，与合作组织、家庭农产、基地、农户等生产主体衔接不够、合作不深；加之销售规模小、销售周期不稳定，造成与产品供应方的合作多为短期、松散的买卖关系，缺乏长效的利益联合机制。这种机制无法发挥新型农业生产主体在农产

品资源整合方面的优势及服务性为主的本质作用，导致农产品成本难以降低。

**（五）农产品质量安全控制难，追溯体系缺失**

重庆市网售农产品质量安全保障程度低，虽然规模较大的农产品电商主体已开始进行农产品溯源行动，但整体规模不够。同时，落后的质检方式也给网售农产品质量安全保障增加了难度。调研发现，多数乡镇的个体网店经营户网售的农产品货源来自一般农户，且无针对农产品品质检测的专业鉴定仪器，多采用经验判别法来判断农户所提供的农产品的质量。这使网售农产品品质存在严重的隐患，农产品品质安全难以得到保障。

**（六）农产品物流基础设施不足，配送成本高**

是否具备现代化的物流配送体系影响着重庆市农产品电子商务尤其是生鲜农产品电子商务的发展。生鲜农产品由于其较强的时鲜性、易腐性等特点而严重依赖完善的冷链物流系统，但重庆市冷链物流发展起步晚，冷藏车总体规模小，冷链物流基础设施不足，制约了生鲜农产品流通。据《重庆农产品电商产业发展研究报告（2015）》，全市六成以上的库容能力集中在主城区，区县冷链物流发展严重落后，冷链物流的水平低下直接制约了农产品电子商务的发展。此外，多数农产品商品价值较低，运输成本较高，从某种意义上来说，农产品电商不仅没有降低流通成本，提高效率，反而增加了成本，甚至拖累了企业的发展。

**（七）农户电商意识不足，农产品电商人才匮乏**

尽管国家政策扶持力度不减，重庆市也出台相关政策促进农产品电商的发展，如加强基础设施建设，实现了行政村互联网的100%普及，为电子商务发展创造了良好的条件，但由于受文化程度和自身素质的制约，相当一部分农户未认识到电子商务的优势。有些农户认为有没有电子商务对农产品并无影响，互联网应用离自己很遥远，集市交易也能将手中的农产品交易出去。也有部分农户想利用电子商务销售农产品，但担心网络环境不安全，害怕上当受骗等。这些都是由于农户自身文化程度不高以及缺乏相应的专业培训所造成的，农户并不能充分地意识到应用电子商务所带来的巨大好处，因而严重制约本地农产品电子商务发展。此外，农产品电子商务的发展需要一大批既有现代农产品知识又有电子商务知识的复合型人才。目前重庆发展农产品电商主要缺乏几类人才：缺乏精通维护网站的专业人才，造成了农业信息网络数据搜集、数据库建设以及更新进度缓慢等问题突出；同时，缺乏善于分析农产品电商市场信息的专业人才，造成农产品经销商难以及时、准确地掌握农产品信息，市场分析能力较弱，从而难以把握农产品市场走向；此外，售后服务方面的人才也十分匮乏，导致农产品电商平台缺乏专人维护，造成客户的问题不能够及时得到反馈。

## 三、重庆农产品电子商务发展的案例剖析——以云阳县为例

（一）云阳县农产品电子商务发展的现状

重庆云阳县农产品电子商务发展起于 2013 年，起步较晚，但发展速度快。自 2015 年被成功列入国家级电子商务进农村综合示范县以来，云阳县将加快发展农产品电子商务作为县域经济发展的重中之重，并取得明显成效。仅 2016 年上半年，云阳县电子商务交易额就达到 5.3 亿元，增长 76.6%，网络零售额达到 2.2 亿元，增长 121.5%。农特产品网络销售额实现新突破，截至 2016 年 7 月 25 日，云阳县农特产品依托电子商务平台，出件量达 77 万票，实现销售额 5 433 万元，较上年同期增长 156%；同时，云阳农产品电商主体达 1 315 个，较上年全年增加 225%。

（二）云阳县农产品电商发展的经验总结

云阳县按照"政府推动、市场主导，夯实基础、搭建平台，整体推进、重点突破"的思路，坚持"上行下行上下都行，关键在上行；买好卖好买卖均好，重点要卖好"，大力发展农产品电商，在全市率先找到了很多破解农产品电商发展"瓶颈"的办法。

1. 通过构建三大平台，为农产品电商发展提供有力支撑

（1）服务平台。利用闲置办公楼建成云阳县电商公共服务中心和互联网产业创业孵化园，集技术中心、数据中心、孵化中心、培训中心四大服务功能于一体，致力于不断完善互联网产业生态圈，主要开展基础服务、公共服务，入园电商服务企业和创客 89 家，从业人员近 300 人，入园主体滚动孵化。

（2）销售平台。建成淘宝特色"中国·云阳馆"，主打经营云阳特色农产品和手工艺品。培育重庆特产直通车、不二电商、掌上云阳等 30 多个农产品网络营销主体，主推本地特色农产品；成功开发微信公众号"云创星空""go928"移动平台；苏宁易购中华特色云阳馆于 2016 年 8 月开业，丰富了云阳县农产品

电子商务销售平台，为促进农产品电商发展提供良好的平台基础。

（3）交流平台。成立了云阳县电子商务协会，会员单位超过300家，为全县乡、村电商综合服务站点和电商企业建立了沟通交流的桥梁，推动电子商务集聚融合升级。

2. 通过构建三大体系，为农产品电商发展提供基础保障

（1）物流体系。采用PPP（Public-Private-Patnership，公私伙伴关系）模式，投资金额1 200万元，建成占地8 000平方米的渝东北快递物流分拨中心，由快递自动分拣区、电商智能仓储区、特殊仓储区和商贸物流区四个分区组成；将县城划分为11个街区，由11辆专用配送车进行集中配送，建设8条乡镇物流快递专用运输线，覆盖全县38个乡镇，每天定时往返、定点投递和收件，同时将农特产品运回分拨中心；城区开通3条共同配送路线，配送车将街区内的出县快件运回分拨中心，再发往全国各地，极大地推动了快递物流系统的建设。

（2）培训体系。整合全县各类培训资源，由电商主管部门统筹安排，以政府购买服务的方式，委托电商企业组织培训，计划3年内培训学员实现村镇干部与创业人员的全覆盖。目前，已实现乡镇和部门党政重要官员培训全覆盖，培训农村电商带头人和电商实操人员2 000余人。

（3）服务体系。在建成县级服务中心的基础之上，按照有一定产业基础、交通比较便利、人口相对集中的原则，强力推进镇村服务体系建设，建成乡镇电商综合服务站41个、村级电商综合服务点187个，为农户提供网上代购代销、网上政务代理、物流配送等服务。

3. 加强品牌建设，提高市场竞争力

为培育云阳农产品统一的品牌形象，提高产品内在价值，云阳县打造与推出了"天生云阳"区域公共品牌，目前已有25类农产品，100多个单品种上线经营。为扩大云阳农产品电商的市场知名度，定于每年9月28日为"9·28电商日"在全国开展大型宣传活动，并带动分布在全国各地的云阳人争当云阳农产品宣传推广者。2016年的"9·28电商日"活动，出件22.3万票，总成交额超过1 500万元，显著扩大了云阳农产品电商的影响。

（三）云阳县发展农产品电商过程中的问题

1. 山地农产品电商发展模式不成熟

重庆以山地地形为主，适宜农业耕作的平地与缓坡地的面积约占全市土地总

面积的 59%，约有近 1/5 的陡坡地不适宜农业生产，主要分布在长江的南岸以及渝东北的中低山区。云阳县地处渝东北，地形以山地为主，复杂的地形特点决定了农产品无法进行大规模集中种植，而分散化的种植模式不仅大大耗费人力物力，提高了生产成本，也不利于解决农产品"最初一公里"的问题，因而山地农产品电子商务发展模式需与一般产品电子商务发展模式有所区别。云阳县在发展山地农产品电子商务的过程中，并未形成具有山地特点的农产品电商模式，山地农产品从种植到进入消费者手中的过程很难像一般产品那样加以标准化控制，因而难以形成行业标准与规则，进而难以实现具有山地特点的农产品电商模式。

2. 农产品电商主体发展形势不乐观

尽管云阳农产品电商主体数量增长快，但参与市场的农产品电商主体规模较小。据统计，云阳县仅 4 个农产品电商主体实现了线上年营业额达千万的目标。云阳农产品电商多为小微企业，未能形成具有较大规模与影响力的农产品电商主体；同时，云阳全县近 300 个电商平台呈现平台起点低、运营能力不足、盈利水平差等问题。目前云阳县农产品电商主体平台造血功能不足，仅依靠政府政策维持，自身缺乏良好的内生动能，多数农产品电商平台呈亏损状态，整体形势仍较严峻。

3. 优势单品不足

目前云阳县已触网的农产品有100多种，线上销售农产品种类丰富，且触网农产品品类增速快，但线上销售的优势单品少，未能形成一定的品牌影响力；而由于对农产品供给与需求之间判断不足造成信息不对称，部分线上销售较好的农产品如云阳红薯粉、水果玉米等，出现产量不足、供不应求的现象，也严重制约了优势单品的积累与发展。

4. 物流配送成本高企

目前云阳县虽已建成渝东北仓储物流中心，整合全县物流资源，一定程度上降低了农产品物流成本，但农产品物流整体成本仍较高，物流配套设施不健全等问题并未得到根本解决。尤其是冷链物流相关配套设施严重不足，全县拥有冷库容量不足，需向外租借，而重庆冷库租赁价格每天每吨收费达 3.3~3.4 元，冷库设施建设不足造成冷链物流储藏成本居高不下；冷藏车缺口较大，生鲜农产品运输过程中的保鲜问题得不到解决。此外，通过对云阳县部分乡镇服务站网店经营情况调查发现，生鲜农产品物流费用占农产品自身价值比重较高，类似于土鸡类农产品冷链物流费用甚至占总价格的1/3，高昂的冷链物流成本严重影响了云阳县生鲜农产品电子商务的发展。

## 四、加快重庆农产品电子商务发展的对策建议

### （一）探寻适合山地农业的农产品电商发展模式

以平台角度来看，重庆农产品电子商务发展模式主要依托于第三方电子商务平台，而未能发挥供销社在山地农业发展电子商务中的作用。重庆供销合作社应充分发挥自身特点，整合小散化山地农产品资源，建立供销合作社网站，利用供销社网站销售山地农产品，促进山地农产品电商规模化发展。从经营模式角度来看，重庆农产品电子商务主要以 B2C、B2B 两种方式为主，网上所售的山地农产品均来源于其他品牌商或农户，企业可尝试垂直一体化经营模式，可在合适的地区承包农场，然后通过自建 B2C 网站的方式直接销售给消费者，降低因农户违约所造成的山地农产品供给不稳定风险；从服务角度出发，重庆市可发展"山地农产品电商+旅游电商"的服务模式，通过山地农产品溯源系统激发消费者实地体验的兴趣，带动山地农产品生产地区乡村生态旅游发展。用户通过线上渠道订票游玩景点，便可享受吃住行乐一体化服务，提高消费者满意度，实现以旅游带动山地农产品销售，以景点体验加速消费者线上购买本地农产品的步伐，做到线上主打订票与购物，线下做好旅游 O2O，推进山地农产品电商与旅游电商的深度融合。

### （二）加强高质量农产品电商主体的培育

政府应坚持以龙头企业带动为导向，培育壮大农业龙头企业，通过直接投资、参股经营、签订合同等方式，引导其重点发展农产品电子商务、农产品加工、流通及社会化服务，并建设标准化和规模化的农业生产基地，带动农户及农民合作社适度规模经营。政府应加强对农民合作社和家庭农场主体的培育，强化合作社与家庭农场的基础作用，鼓励农民合作社、家庭农场等主体在龙头企业的带动下发展农产品网络销售，并对支持电商化改造的农民合作社、家庭农场等实施优先享受涉农项目与相关优惠等政策。同时，政府应支持培育专门化、规模化农产品加工企业，并促进其与互联网的深度融合，优化农产品企业服务能力。政府还应支持培育供销合作社农产品电商主体，高度重视供销社的作用，加强供销

合作社与农民合作社、龙头企业、农产品经纪人及农户等农产品经营主体有效对接和密切合作，积极推动供销社电商化进程，构建农产品电子商务服务平台，解决农业生产资料"卖难买贵"与农产品"卖难卖贱"双重问题。

（三）完善农产品电商物流体系

重庆应建立大中型综合型或专业型物流配送中心，打造农产品物流电子商务平台，以信息技术为基础，整合传统物流企业资源，建立集数据分析、信息整理与发布、智能配送、库存管理及流通加工等功能于一体的现代化农产品物流电子商务平台。通过构建"中心—站—点"物流体系，连接农产品末端物流链，重点建设标准化田间市场，完善基础设施，推进农产品田头初加工进程，使农产品上岸便能进入物流供应链系统，解决农产品物流"最初一公里"难题。

完善公共物流配送体系，加强社区、楼宇办公区等地物流配送能力，解决农产品电商"最后一公里"难题，整合物流供应链，实现从起点到终点农产品物流的相关信息有效联动，提供多功能的综合性农产品物流公共服务。

此外，生鲜农产品易腐烂、不易保存等特点，对物流的保鲜与时间控制具有较大的考验，发展冷链物流是重庆发展生鲜农产品电子商务的关键。冷链物流在资金、成本、回报期等方面的特点决定了一般企业与厂商很难实现这个体系，急需政府以政策与资金扶持相关企业建立社会化、专业化、服务化的冷链物流体系。企业可成立独立的冷链物流运作部门，实行垂直一体化管理模式，充分利用其冷藏车、冷库等资源，为农产品尤其是生鲜农产品触网提供全面的冷链物流服务支撑。

（四）打造具有影响力的农产品品牌

完善的农产品质量标准体系有利于农产品标准化机制形成，同时为消费者提供满意的购物体验，促进消费者在网络平台上进行传播分享，推动农产品迅速形成市场品牌效力和影响力。同时，利用电子商务进行农产品网络营销也有助于打造农产品品牌。具体分为两个步骤：第一，在农产品品牌形成前，为了打开市场，可采用低价销售来吸引消费者的眼球，利用电子商务平台在网上实行团购，使人们以相对较低的价格购买并体验同等质量的农产品，为农产品创立自己的品牌打下坚实的基础；第二，在品牌成形时，要注重品牌的培育，将质量内蕴于品牌当中，充分挖掘国家政策对农产品的支持，开展情感营销。例如在春节、中秋节、端午节等节日时，很多单位有发放职工福利的传统，企业应抓住时机，推广自己品牌的农产品。企业还应在主流媒体和政府网站做正面的宣传，塑造良好的品牌形象，促进产品批量销售。

（五）加强农产品质量安全体系建设

一方面，农产品的特殊性要求提高农产品标准化程度，因此要根据重庆市不同产地不同农产品的特点制定质量标准。农业主管部门应当与食品卫生、质量监督等部门开展合作，探索建立农产品质量标准和管理制度体系。此外，包装标准化也影响着农产品流通速度与物流成本，应注重对农产品进行标准化包装，以减小运输空间，提高物流运输量，降低物流成本；注重农产品分级包装，使之成为有区别、易鉴别的农产品，在保证农产品质量安全、缩减物流成本的同时又能提高农产品附加值，增加收益。另一方面，应当探索建立重庆农产品质量溯源机制，保障农产品质量安全。可通过加入阿里巴巴平台"满天星"溯源计划实施农产品质量追溯，对农产品的种植、生产等制定一系列标准，从农产品的源头开始进行质量管控。在农产品的包装、说明等处附带追溯基本信息，如二维码标签，实现"一品一码"的线上销售模式，消费者可通过扫二维码获取农产品的来源地、营养成分、农药残留检测结果等信息，从而清晰直观地了解农产品的基本情况。农产品电商主体与农产品供给者之间可以用签订合同的方式增进彼此间联系，这也对农产品供给者有一定的约束力，使其重视农产品供给质量，保证农产品品质的安全可靠。

（六）构建并完善农产品电商与农户的对接机制

构建多元化的农产品电商与农户对接方式，建立电商与农户稳定的利益联结机制，通过电商与农户的关系建设提升电商在"电商—消费者"终端渠道中的地位，从而提升其竞争力。电商与农户对接方式主要包括：①"电商+合作组织+农户"。这种方式有两种实现形式，一是电商与代表农户利益、聚合农户产品的农民合作组织进行对接，二是农民合作组织自建电商销售渠道。②"电商+龙头企业/专业市场/经纪人+农户"。电商向龙头企业、专业市场中经营户或农产品经纪人通过合同、订单等方式采购农产品，或者龙头企业、专业市场、经纪人直接开设电商平台、网店销售农产品，从而实现对农户生产的带动。③"电商企业+农户"。电商企业通过与农户签订合同、订单等方式，直接同农户生产进行对接。④"第三方电商平台+农户"对接方式。第三方电商平台一方面可提供实时市场行情和客户信息，另一方面又可提供平台让农户发布农产品信息，并匹配平台上供需信息，促成农户与消费者交易。⑤"农户+网店"。农户可自行在淘宝等平台上开网店，或者将产品寄放在村镇电商服务站点进行代售，通过自产自销的方式网上售卖农产品。⑥"电商+仓储物流企业/集配中心+农户"。引导冷链物流中心、仓储物流企业、农产品集配中心嵌入批发商、平台型采购代理商等角色，成为电子商务企业与农业之间的重要中介组织，凭借其集散产品与信息能力、供应链优势提升电商与农户的对接效率。

（七）加快农产品电商人才体系建设

一方面，需加大农产品电商宣传，提高农民电商意识与技能。重庆市农产品电子商务要发展必须转变农民观念，农民只有认识到电子商务的有益性和便捷性，才能真正产生利用电子商务交易农产品的积极性。政府部门应加强农产品电子商务宣传教育，以海报、视频宣传以及组织农户体验等方式为主，积极引导农户主观上接受农产品触网；同时，可建立专家咨询系统与电商培训系统，为农民提供专业的理论与实践指导，并定期开展针对当地农民的相关信息技术和电子商务培训活动，帮助农民更好地掌握信息检索、网上交易及防范风险的方法，提升农民的整体信息素质与技术水平。另一方面，加快农产品电商人才的培养。农产品电商需要既具备计算机操作技能又拥有电子商务营销或市场营销方面的知识以及一定的农业经营管理知识储备的复合型人才。完善重庆市农产品电商人才的培养，可与地方院校进行合作，建立暑期实践基地，让学生在实践中锻炼实际操作能力，同时学生也能为企业提供发展农产品电子商务所需的专业理论，实现双方互利共赢；政府还需制订系统化的复合型人才培养计划，加大投入经费，制定补贴与优惠等政策，鼓励大学生返乡创业。政策支持、财政补贴及实践基地的不断结合，将促进形成鼓励和培养农产品电商人才的长期稳定机制，从而完善农产品电子商务的人才队伍建设。

# 第六章　重庆零售业连锁经营发展研究

## 一、重庆零售业连锁经营发展的历程回顾

重庆零售连锁经营兴起于 20 世纪 90 年代，从无到有，从小到大，呈现良好的发展势头。重庆零售业连锁经营的发展历程可分为五个阶段。

第一阶段：起步时期（1994—1998 年）

我国连锁商业起步于 20 世纪 90 年代初，重庆是中国最早探索连锁经营的为数不多的城市之一。1994 年，重百大楼、友谊公司先后开办了重百大楼北碚商场、友谊公司沙坪坝分公司等，促进了区县商业的发展。在当时，不少企业已意识到连锁经营的必要性和迫切性，兴办了一些带有连锁性质的商店，并取得一定成效。如当时大渡口区粮食系统的佳禾连锁店仅有十家 70~80 平方米的便民粮店，开业两个月就盈利 10 万元；两路口百货公司涪陵商场 1995 年 12 月由 400 平方米扩大到 2 920 平方米，全年销售 629 万元，盈利 71 万元；重百大楼投入 2 000 万元兴办百汇食品超市（6 300 平方米），并打算以此超市为连锁总部发展分店；1996 年重庆医药公司推出和平药房，并试探性地开办了 14 家连锁店，当年零售额达 700 万元；华生园鲜点屋开办了 50 多个销售店；市新华书店重庆发行站租用公交站台，开办了 32 个图书音像连锁店（每个 5~6 平方米）；台资汉龙冰饮食品有限公司也借这个机会在市区设立泡泡冰、棒棒冰等冷饮专销点 12 个。与此同时，政府积极扶持连锁经营，1997 年重庆市政府专门出台了一些发展连锁商业的政策，在资金、税收、简化工商登记手续等方面给予大力支持。由于重庆连锁经营发展较早，因此在 1996 年全国零售商业普遍经营萎缩、效益滑坡之际，重庆零售业却异军突起，当年新开业商场面积达 13 万平方米；在 1998 年全国百货商场大量倒闭时，重庆百货、新世纪百货却加快了连锁经营步伐。不过，这一阶段仅仅是重庆零售连锁的起步阶段，总体来讲成长缓慢，组织化、规

模化、现代化程度很低，大部分连锁企业停留在 10~20 间分店的规模，这些带有连锁性质的商店还远远没有达到连锁经营的规范要求和连锁规模效应。

第二阶段：快速扩张阶段（1999—2004 年）

连锁经营成为重庆政府发展商业的重中之重，政府试图通过连锁经营构建集约便利的现代零售服务体系。2004 年 5 月，重庆市商委组织召开了第一次重庆市连锁经营工作会。这一阶段重庆零售业连锁经营的发展有以下特点：①向不同业种和业态全面发展。从业种看，医药、图书报刊、烟草、电子通信、加油站、家电、汽车贸易、农资、家具家居等新兴业种的连锁经营如雨后春笋。从业态看，在稳步发展连锁超市、百货商场业态的同时，积极发展专业店、折扣店和便利店。比如，医药专业店发展迅猛，2001 年和平药房、桐君阁和时珍阁分别拥有连锁门店 290 家、15 家和 36 家，这 3 家连锁企业门店的数量的总和只占重庆药房总数的 4%，却占据了重庆 60% 的医药市场份额。新华书店集团从 2002 年初启动连锁经营战略，同年末集团 16 个直营门市和所属 39 个区市县新华书店中心门市全部与总部实现了连锁经营网络化管理。同年，精益高登连锁公司成立，次年在全市发展了 30 家分店。②一批实力雄厚的连锁企业抢滩布阵，积极向农村拓展，初步形成"主城商圈—县级城市—小城镇"三级网状覆盖格局。比如重庆百货，除在主城区均开设了分店以外，也在长寿、璧山、涪陵等部分区县开设新店，这些县域分店成为企业保持平稳增长的关键。市供销合作社、邮政局利用自身强大的网络资源，与桐君阁、和平药房等连锁企业合作，将药品超市、农资超市、日用品超市开到农村各个角落。截至 2003 年年底，桐君阁、和平、明星、双叶、时珍阁等 23 家连锁医药企业在重庆 40 个区县的乡镇和农村开设了 2 806 家药品超市，占到全市连锁药店总数的 57%。在这一阶段，重庆连锁经营的发展程度，无论是在规模上还是在速度、效益上，均处于西部第一，并拥有西部地区最具规模的两家连锁经营企业——重庆百货大楼、重庆新世纪百货，这些连锁企业加速了重庆乃至整个西部流通现代化的发展进程。

第三阶段：群雄逐鹿时期（2005—2008 年）

自 2005 年开始，沃尔玛、好又多、易初莲花等 28 家境外大中型知名商家先后入驻重庆，直接引资超过 3 亿美元，设施面积超过 30 万平方米。同时，福建永辉、北京华联、武汉中百、深圳人人乐等国内知名连锁超市也纷纷进入重庆。这一时期也诞生了重庆首家销售规模上百亿的商业流通企业——2005 年 8 月重庆商社与重庆百货重组成功，成为西南地区最大的商贸流通集团，名列 2005 年中国连锁企业 30 强的第 11 位，具有抵御各种类型外来零售企业抢滩的实力。重组后的重百、新世纪进一步扩大规模，主动参与竞争。可以说，这一时期的竞争非常激烈，本地零售企业仍处于龙头地位，顾客忠诚度较高，而一些全国性百货商场、外地区域性龙头百货却因"水土不服"黯然撤场，包括铜锣湾百货解放碑店、银泰百货、迪康百货、茂业百货解放碑店等。

第四阶段：市场集中度提高时期（2009—2012 年）

这一时期，经过激烈竞争洗礼的全国布局零售商和优势的区域零售商，向一些实力相对薄弱的零售企业，进行吞并和蚕食。无论是百货超市，还是销售 3C 产品、医药、眼镜等的专业店，呈现集中度不断提高的趋势。2010 年，重庆百货并购新世纪百货，重庆商社成为西部地区最大的零售连锁集团。在中国商业联合会和中华全国商业信息中心发布的 2010 年中国零售百强榜中，重庆商社集团、和平药房均榜上有名，其中重庆商社首次入围前十。在医药行业，据重庆市药监部门数据显示，1999 年，重庆有零售药店 12 000 余家，其中 90%是单体药店，面积不过几平方米，人员不过二三人。而到了 2012 年，重庆的零售药店数量为 13 000 多家，但连锁率却达到 90%。这一阶段，重庆共有连锁药店企业 43 家，其中桐君阁、和平占领了大半边天。2010 年四大民营药房的时珍阁、双叶、麦克和全发全军覆没，彻底退出了重庆医药零售市场后，连锁药店的市场集中度进一步提高，民营药企以重庆万和、重庆鑫斛这两家后起之秀为主。在超市行业，同属重庆商社集团的新世纪超市和重百超市在重庆地区具有很强的区域优势，规模优势进一步扩大，它们和永辉超市呈三足鼎立之势，占据了重庆 60%以上的超市市场份额。此外，重庆通过"万村千乡市场工程"体系，在全国率先实现"县县有商品配送中心、乡乡有连锁经营超市、村村有便民放心商店"全覆盖目标，建成县级配送中心 62 个、乡镇超市 1 728 个、村级便民店 18 256 个。

第五阶段：转型发展时期（2013 年至今）

近年来，传统大型零售企业经营面临成本高企、消费升级、三公消费下降等多重压力，尤其是新兴业态的涌现和网络、移动购物的崛起，更是对传统零售业造成了强烈的冲击，其销售份额持续下降。连锁百强销售规模在社会消费品零售总额中的占比从 2009 年的 11.1%下滑到 2015 年的 6.9%。2016 年一季度，全国 50 家重点大型零售企业零售额累计同比下降 5.2%，增速低于上年同期 6.6 个百分点。据联商网数据显示，2014 年，全国主要零售企业（百货、超市）共计关闭 201 家门店，数量同比增长约 474%，创历年之最；2015 年上半年，这一数字达到了 120 家。在重庆本土，零售连锁企业尤其百货业态也开始显现经营业绩下滑迹象。据重庆百货 2016 年第一季度报告显示，重庆百货一季度实现营业收入 103.86 亿元，同比下降 1.39%，净利润同比下降 5.43%。面对压力，零售企业不断谋求创新，更加注重单店盈利能力提升和盈利模式转型，在运营模式、扩张模式、销售渠道和物流运作等多方面寻求突破。尤其是在线下线上多渠道发展方面进行了积极探索，如重庆商社集团旗下电商平台"世纪购"于 2014 年正式营运，并同时在保税港展示交易中心开设了线下体验店；和平药房于 2012 年获得互联网药品交易服务资格，和平药房网上商城除拥有自建网站外，还进驻了天猫和京东商城；移动支付已扩展到百货、超市、便利店、专业店等各零售业态。这一阶段，重庆零售连锁业进入创新发展与转型升级时期。

## 二、重庆零售业连锁经营的现状特征

### （一）连锁经营规模不断扩大，在西部居于领先地位

由于政府的高度重视、本地零售企业的改革创新，重庆连锁经营在全国起步早，发展快，规模扩大，连锁经营发展程度在西部地区居于领先地位。如表 6-1 所示，据统计，2014 年年末重庆连锁企业共 93 家，有连锁门店 12 233 家，平均每个连锁企业拥有门店数 131.5 家，连锁门店营业面积共 427.83 万平方米，从业人员达 9.76 万人，实现商品销售额 1 163.2 亿元。从 2010—2014 年数据看，重庆连锁企业发展平稳，商品销售额、企业数和营业面积持续增加，坪效稳定。不过也能看出 2014 年门店总数和从业人数首次出现负增长，在一定程度上说明了重庆零售连锁进入结构调整时期。根据 2015 年《中国零售和餐饮连锁企业统计年鉴》，2014 年，重庆营业额 10 亿元以上的零售连锁企业有 10 家，门店数超过 100 家的零售连锁企业有 25 家（见表 6-2、表 6-3）。重庆商社是西部最大的商贸流通集团，在中国连锁经营协会发布的 2015 年中国连锁百强排行榜中，重庆商社实现销售额 594.038 亿元，拥有门店 340 个，名列连锁百强第 8 位。

表 6-1 2010—2014 年重庆连锁企业基本情况表

| 指标 | | 2010 年 | 2011 年 | 2012 年 | 2013 年 | 2014 年 |
|---|---|---|---|---|---|---|
| 企业数（个） | 数量 | —— | 88 | 91 | 89 | 93 |
| 门店总数（个） | 数量 | 10 678 | 11 316 | 11 517 | 12 453 | 12 233 |
| | 同比增减额 | —— | 638 | 201 | 936 | -220 |
| 年末从业人数（万人） | 数量 | 7.72 | 8.62 | 9.09 | 9.87 | 9.76 |
| | 同比增减额 | —— | 0.9 | 0.47 | 0.78 | -0.11 |
| 营业面积（万平方米） | 面积 | 287.3 | 332.96 | 388.24 | 407.27 | 427.83 |
| | 同比增减额 | —— | 45.66 | 55.28 | 19.03 | 20.56 |
| 商品销售额（亿元） | 金额 | 614.8 | 862.5 | 975.5 | 1 067.7 | 1 163.2 |
| | 增长速度 | —— | 40.29% | 13.1% | 9.45% | 8.94% |
| 坪效（万元） | 金额 | 2.14 | 2.59 | 2.51 | 2.62 | 2.72 |
| | 增长速度 | —— | 21.03% | -3.09% | 4.38% | 3.82% |

数据来源：国家统计局网站。

表 6-2 营业额 10 亿元以上的重庆零售连锁企业名单（2014 年）

| 序号 | 企业名称 | 业态 | 连锁商号 |
|---|---|---|---|
| 1 | 重庆百货大楼股份有限公司 | 百货店 | 重庆百货、商社电器、新世纪 |
| 2 | 中石油重庆销售分公司 | 加油站 | 中国石油 |
| 3 | 重庆永辉超市有限公司 | 超市 | 永辉 |
| 4 | 重庆渝宁苏宁电器有限公司 | 专业店 | 苏宁电器 |
| 5 | 重庆新华书店集团公司 | 专业店 | 新华书店 |
| 6 | 中石化重庆销售分公司 | 加油站 | 中国石化 |
| 7 | 重庆国美电器有限公司 | 专业店 | 国美电器 |
| 8 | 重庆和平药房连锁有限责任公司 | 专业店 | 和平药房 |
| 9 | 重庆重客隆超市连锁有限责任公司 | 超市 | 重客隆 |
| 10 | 重庆家乐福商业有限公司 | 大型超市 | 家乐福 |

数据来源：根据 2015 年《中国零售和餐饮连锁企业统计年鉴》整理。

表 6-3　　　　　　100 家门店以上的重庆零售连锁企业名单（2014 年）

| 序号 | 企业名称 | 业态 | 连锁商号 |
|---|---|---|---|
| 1 | 重庆桐君阁大药房连锁有限责任公司 | 专业店 | 桐君阁大药房 |
| 2 | 云阳县腾龙商贸有限公司 | 超市 | 腾龙超市 |
| 3 | 重庆和平药房连锁有限责任公司 | 专业店 | 和平药房 |
| 4 | 中国石油天然气有限公司重庆销售分公司 | 加油站 | 中国石油 |
| 5 | 重庆鑫斛药房连锁有限公司 | 专业店 | 鑫斛药庄 |
| 6 | 万州区福意百货有限公司 | 超市 | 福意百货 |
| 7 | 重庆津科农业有限责任公司 | 其他 | 津科农业 |
| 8 | 万州区江南医药有限公司 | 专业店 | 江南医药 |
| 9 | 重庆绝味食品销售有限公司 | 专卖店 | 绝味 |
| 10 | 开县孙氏商贸有限责任公司 | 超市 | 渝开心连心超市 |
| 11 | 重庆市新大兴爱家商业连锁有限公司 | 超市 | 爱家超市 |
| 12 | 重庆百货大楼股份有限公司 | 百货店 | 重庆百货、商社电器、新世纪 |
| 13 | 大足唯一食品有限公司 | 其他 | 唯一 |
| 14 | 重庆市万和药房连锁有限公司 | 专业店 | 万和 |
| 15 | 荣昌县老百姓副食超市 | 超市 | 老百姓 |
| 16 | 重庆丰谷农资荣昌连锁超市有限公司 | 其他 | 丰谷农资 |
| 17 | 万州区中兴医药有限责任公司 | 专业店 | 中兴医药 |
| 18 | 重庆医药合川医药有限责任公司 | 专业店 | 合川医药 |
| 19 | 合川区国泰生化药品有限责任公司 | 专业店 | 国泰 |
| 20 | 江津区新联佳商贸有限责任公司 | 超市 | 新联佳 |
| 21 | 合川区金利医药贸易有限公司 | 专业店 | 金利医药 |
| 22 | 重庆市涪陵医药总公司 | 专业店 | 桐君阁大药房 |
| 23 | 重庆重客隆超市连锁有限责任公司 | 超市 | 重客隆 |
| 24 | 重庆聚富再生资源有限公司 | 专业店 | 聚富再生资源 |
| 25 | 重庆新华书店集团公司 | 专业店 | 新华书店 |

数据来源：根据 2015 年《中国零售和餐饮连锁企业统计年鉴》整理。

（二）业态广泛，便利店和专业专卖店发展最快

连锁经营的零售业态呈现多元化的特征，包括超市、大型综合超市、百货商店、便利店、专业店、专卖店、仓储式商店等各类业态，更好地满足了消费者的多种需求。虽然近年来我国零售业总体增速放缓，专业专卖店和便利店却表现出相对较好的发展势头。据对连锁经营的相关调查统计，2015 年我国各业态的销售增幅分化明显，增长最快的是专业专卖店，增幅达到 16.1%，便利店的销售增幅达到 15.2%，超市的销售增幅为 4.1%；百货店的销售增幅为-0.7%。以水果专卖、快时尚、3C 专业店、品牌集合店等为代表的专业专卖店因在门店优化、商品采购、供应链管理、多渠道营销等方面的探索取得了突出的成绩，在重庆发展迅速，密集布店。便利店在近几年一直保持着高速增长。据不完全统计，目前重庆的便利店主要由外资连锁便利店、本地连锁便利店和小型便利店构成。外资连锁便利店主要有罗森便利店、7-11 便利店，本地连锁便利店主要有重庆十分利便利店、可购便利店、若家便利店等。其中，社区便利店因其紧邻居民住宅区、营业时间长及其配备的各种便民服务适应了现代人的生活方式，成为便利业态中的新宠。而随着电商、便利店、社区超市的进一步融合，一个集电商、货品供应商、生活服务商深度融合的业态，将体验、社交、生活服务和购物融为一体的以社区客群为中心的崭新模式将会出现。

（三）一批区域性品牌崛起，布局本地市场为主

在激烈的竞争中，重庆零售连锁业造就了一批知名的地方品牌。百货超市业有重百、新世纪、商社电器、重客隆、渝百家等，食品有沁园、华生园等，药品业有和平药房、桐君阁大药房、万和药房、鑫斛药庄等，眼镜零售业有千叶眼镜、精益高登等，这些品牌在全国已具有一定的知名度和美誉度。但是，重庆零售连锁业的品牌还局限于区域性品牌，市场集中于重庆，扩张主要采取区域性集中布局战略，目前还没有真正意义上的全国性零售企业。少数连锁企业如新世纪、重百、和平药房等有少量跨省经营门店，但步伐不大，也只在西南三省。从目前来看，重庆本地连锁业的两大支柱百货超市和药品，受地方保护和行业限制及对配送中心和加盟的门槛要求较高等因素影响，短期内很难在全国成功扩张。从布局轨迹看，一般是先布局主城区，并以重庆主城商圈为核心向外辐射；在主城商圈几近饱和的情况下，越来越多门店选择往县、乡镇二级下沉，挖掘县域和

农村消费潜力。

（四）重视配送中心建设，以自营物流为主

随着零售企业竞争的不断加剧，高效物流系统作为第三利润源泉被越来越多的企业所重视。重庆大部分大型零售连锁企业都建立了自己的配送中心，采用自营配送的模式。新世纪、重百、永辉、中百仓储超市都已经拥有了一套相对完整的物流配送体系，也都形成了相应的规模，发挥了应有的配送效益，但相比沃尔玛、家乐福等零售企业世界级的配送中心的辐射效应还是小了很多。除此之外，一些中型零售企业也建立了配送中心，然而由于自身规模限制，没有足够配送需求支撑配送中心的运作，配送成本高、效率较低，浪费了很多物流资源。由于第三方配送企业发展相对滞后、供应商配送能力千差万别，中小型零售企业配送成本较高。

（五）积极发展线上业务，探索多渠道零售

相对于传统零售企业销售份额持续下落，网络零售这几年取得了飞速发展，市场份额一路攀升，从 2008 年占社会消费品零售总额的 1.2% 上升到 2015 年的 12.8%，网上零售额突破 3.8 万亿元。线下与线上结合已成为业内共识。据不完全统计，近七成重庆本土传统商贸企业转型"触网"，重庆商社、和平药房等零售企业通过自建网上商城或平台开拓网上市场，绝大多数线上零售企业通过微信公众号、手机应用程序、自建平台等方式进行商品推广、促销与销售。2014 年 9 月，重庆商社集团旗下电商平台"世纪购"正式上线，标志着商社集团这个全国第二大百货连锁公司正式进军电商领域。此外，零售连锁企业还加快了对传统实体门店的升级改造，增加体验性设施与服务，引入微信、支付宝、Apple Pay 等多种移动支付方式。

## 三、重庆零售业连锁经营存在的主要问题

（一）对外拓展意愿不强，发展能力有限

一是连锁门店不足。重庆零售连锁企业在数量上难以形成规模经济，无法达到通过商品数量和门店数量增多降低企业长期平均成本的目的。二是跨区域发展能力弱。由于资金、采购、管理、信息化、物流、人才等方面的制约，重庆零售

连锁企业多是区域性发展，极少跨区域开店或品牌输出，品牌认知度、消费者信任度、顾客忠实度都限制于本区域内。在外来资本大量进入、迅速开拓重庆市场的情况下，本地企业大多采取被动防守的策略，主动出击、区外开拓的意愿和能力不强。相反，在重庆的外来资本发展很快，如永辉、国美、苏宁、沃尔玛、家乐福、人人乐等，使得本地企业市场空间相对较小。三是经营绩效不理想，利润率、人效、坪效、周转率等指标与国内发达地区连锁企业存在较大差距。

（二）地区分布不均衡，网点布局有待进一步优化

重庆零售连锁系统地区分布不均衡的矛盾比较突出。①知名企业门店、大多数连锁网点集中于主城区、区县县城核心地段，而乡镇、农村的零售连锁店发展严重不足，流通现代化程度低，制约了乡镇微型商圈的发展和农村消费的扩大。②随着城区改造带来的大量人口外迁和网络零售的分流，原先集中在主城商圈购物的消费格局已被打破，购买力由过去高度集中向分散化、社区化、郊区化转移，而一些零售连锁企业仍在商业中心地带密集布点，必然造成资源的浪费和企业经营效益的下滑。

（三）传统企业电商化转型艰辛，多渠道零售能力不足

在传统零售业持续连年走低、电商冲击巨大的环境下，单一的实体门店难以抵御激烈的竞争，将实体门店与电子商务相互结合，实施全渠道的组合零售已是传统零售连锁企业转型改革的迫切选择。重庆零售连锁企业也纷纷"触网"，力图突围。然而，据调查显示，已经开始电商化转型的实体零售企业目前业绩都不太理想。以重庆商社旗下网站"世纪购"为例，根据重庆百货披露的公开信息，商社电商 2014 年度亏损 820 万元，2015 年 1—7 月仅实现盈利 75.69 万元。传统零售企业在转型模式、价值链重构、上线商品、客户体验设计、供应链改善、IT系统升级、线上线下融合、组织架构等方面存在很大困难，似乎"不做电商等死，做了电商找死"，电商化过程异常艰辛。在营销上，大多数零售企业禁锢于传统思维和营销手段，互联网思维、社会化媒体运用、消费者体验与互动方面的营销能力相当弱，已难以获取消费人群。

（四）信息化技术运用不够，商业技术现代化水平有待提高

近年来，供应链管理、企业资源策划（ERP）、电子订货系统、数据交换系统、客户关系管理（CRM）等现代商业技术被越来越多的大中型零售企业采用，

虚拟现实（VR）、人脸识别、超声波定位等新型商业技术也开始被一些大型零售企业所采用。但是，就整体来看，重庆零售企业对现代商业技术的应用还不足。虽然大多数企业采用了计算机管理，但与国际国内先进水平相比，重庆零售企业信息管理水平还比较低，大部分中小连锁企业只把 POS 系统作为收银机，而没有将其作为连锁经营管理基础系统进行挖掘与充分利用，更没有充分运用数据挖掘与分析技术为科学决策提供可靠依据。大数据应用是大势所趋，但重庆绝大多数零售企业没有大数据获取能力，更谈不上大数据挖掘与分析，以及为上游供应链提供及时反馈。

（五）配送能力有限，配送成本较高

连锁经营发展到一定规模，配送中心的建设问题就会十分突出。配送中心是零售连锁企业商流、物流、信息流的交汇点，承担着连锁门店所需商品的进货、库存、分拣、加工、配货、运输、送货、信息处理等任务，是化解产销差异、提高物流管理效率、降低经营成本、适应规模化经营的最关键环节。目前，除了龙头企业外，重庆大多数零售连锁企业在配送环节上还非常薄弱。主要表现为：第一，统一配送率不高。据统计，2010 年重庆市零售连锁企业的统一配送率仅为45.11%，2014 年为 62.24%（表 6-4），低于国内平均水平（78.04%），与国外发达国家 80%~90%的统一配送率相比，差距还很大。第二，配送技术、设备落后，配送能力弱。从总体上来看，重庆物流仓储设施仍显落后以及陈旧，一些连锁企业将原先仓库简单改造成配送中心，技术和设备比较缺乏，机械化和自动化作业较少，功能不全，造成进出货慢、效率低、损耗高等问题。第三，农村配送能力弱，配送成本高。农村物流基础设施建设较落后，物流装备差，缺乏完善的农村物流配送体系，导致企业配送农村市场的成本极高，阻碍了更多零售连锁企业"下乡"设立网点。

表 6-4　　　　　2010—2014 年重庆零售连锁企业的统一配送率

| 年份 | 2010 | 2011 | 2012 | 2013 | 2014 |
|---|---|---|---|---|---|
| 统一配送率（%） | 45.11 | 60.78 | 59.98 | 65.62 | 62.24 |

数据来源：国家统计局网站。

## 四、推进重庆零售业连锁经营持续发展的对策建议

### (一) 推动连锁经营向多业种、多业态、多区域、多形式发展

推动连锁经营加快发展，向多行业、多业态、多区域、多形式延伸，提高连锁经营在零售中的比重，力争2020年，重庆连锁经营在社会消费品零售总额中占比达到50%。一是鼓励连锁经营向更多的业种、业态延伸，重点支持便利店、社区超市、专业店、专卖店、购物中心等业态连锁发展，引导与扶持中小零售企业走上连锁经营发展道路。二是鼓励零售连锁企业到乡村、社区拓展网点，增加服务功能，将电子商务、商品供应商与生活服务提供商的功能有机融合。三是推动大型零售企业开展业态创新、线上线下融合和跨区域发展，加强品牌建设。四是推进发展直营连锁，规范发展特许连锁，引导发展自愿连锁，通过并购、特许加盟、自愿连锁等形式引导中小零售企业、个体商户实现经营方式转变与经营管理能力的提升。

### (二) 加快信息化进程，加强科技应用能力

一是进行流程分析，准确进行信息化建设定位。企业信息化首先要求企业先梳理清楚自己的业务流程，然后进行简化、重组，最后才实现操作自动化，这是一些成功企业的共同点。二是实施信息化改造，积极采用基于客户关系管理（CRM）的POS-MIS系统、电子订货系统（EOS）、管理信息系统（MIS）、仓储计算机管理、电子数据交换、全球定位系统（GPS）、地理信息系统（GIS）、条码技术、射频技术等的现代信息技术，关注地理定位、移动支付、人工智能、机器人、VR技术、大型数据库和数据计算、传感器数据、社交网络等新技术新趋势对零售业的重塑及最新应用。三是实施企业内部网络连接，引导电子商务和电子政务基础设施共享，改变企业"信息孤岛+POS系统"模式，使企业经营系统与办公系统、财务系统、人力资源系统、供应链系统等实现对接。四是提高数据集成与分析能力，以用于商品分析以及顾客精准识别与顾客管理，为决策提供数据支撑。

### (三) 优化物流配送模式，提升物流配送绩效

①选择合适的物流配送模式，提高统一配送率。企业应综合考虑自身资源、

经营内容、外部条件等因素，选择合理的物流配送模式。一般来说，完全自营配送模式往往由已经定型的大型零售连锁企业所采用；合作配送模式是企业与其他有共同物流需求的企业，在充分挖掘利用每个企业现有物流资源基础上，合作和共享，联合创建配送组织模式；第三方物流一般是没有自营配送能力的企业采用的，这一模式受限于第三方物流企业的配送能力和经营能力。为降低商品配送成本，连锁企业应减少自有配送中心的营运成本，将商品配送从自营配送为主转向社会化配送服务为主。②加强配送中心信息技术改造。配送中心应配备各种信息化工具，将条码技术、数据库技术、分布式订单管理系统、电子数据交换、射频识别技术（RFID）和电子标签等信息技术应用于配送管理；完善配送作业流程，提高仓储、拣货、加工、运输的自动化水平；加强与供应商信息系统的兼容，实现内外部信息共享，杜绝信息孤岛，保证信息化系统在物流配送过程中互联互通；提高配送中心数据分析能力，让信息出效益。③提升终端配送能力。在传统企业电商化转型过程中，必须加强消费者终端的配送网络体系建设。企业应整合配送中心和终端之间的资源，建立便于实施控制的配送网络，构建多种形式的终端配送体系，包括连锁门店、竞争门店、社区综合平台、社区便民点、非一楼配送点、小区物管、自动售卖机、自动提货机等多种终端形式，解决最后 50 米的消费者需求；加强配送终端信息管理，对消费者进行精准分析和精准定位。

（四）鼓励零售企业拓展线上渠道，实施全渠道零售

全渠道零售是指企业采取尽可能多的零售渠道类型进行组合和整合（跨渠道）销售的行为，以满足顾客购物、娱乐和社交的综合体验需求，这些渠道类型包括有形店铺和无形店铺，以及信息媒体（网站、呼叫中心、社交媒体、电子邮件、微博、微信）等，这意味着零售企业能通过多种渠道、界面或入口，与顾客随时互动。实施全渠道零售应注意以下问题：①树立全渠道理念。这里的"全"并非所有，而是"尽可能多"的意思，即并不是倡导传统零售企业去开拓每一个渠道，而是要根据行业特征、顾客需求、竞争状况及自身资源情况进行渠道拓展，切忌盲目拓展渠道。②加强渠道间的整合与协作。应明细各渠道的定位及在渠道体系中的不同地位和作用，线上线下是相互协作、相互补充的关系，而非竞争或分流的关系，对不同渠道的商品品类与价格策略应进行整体开发与适度错位。例如，线上不能简单地把门店商品放上去，使电子商务与实体经营形成内部竞争。③改造传统实体门店。可以利用先进的互联网和信息技术，设计富有吸引

力的互动方式，提升实体门店的体验功能，加强"实体店+网上商店"的一体化建设。如通过提供 WiFi 服务，鼓励顾客到店里进行自助比价；通过 WiFi 或超声波实现定位，为来店顾客推送精准促销信息或服务项目；运用导购系统、平板电脑、可视货架、VR 应用、自动收音机、机器人客服等现代科技设备，加强顾客的体验感，为顾客提供更好的购买建议；建立网上商城，顾客可以在网上进行商品选择与比较，然后到实体店进行消费与支付，也可以"实体店体验—网上购买—实体店提货"等。总之，传统零售企业应把实体门店的特色转化为优势，把逛商店变成一种令人兴奋的娱乐体验。④积极运用各类社会化媒体。企业应利用包括网站、论坛、微博、微信、QQ、邮箱等的社会化媒体，与消费者进行潜入式互动，及时了解消费者的需求及体验感受，快速反馈给上游供应链。

### （五）实施品牌战略，提升品牌美誉度与顾客忠诚度

品牌是连锁企业的生命力，重庆零售业应大力推进品牌战略，扩大企业品牌知名度、提升企业品牌美誉度，增强品牌生命力及品牌亲和力，加速连锁的规模化发展，培育更多在国内外具有良好声誉的知名品牌。第一，整合资源，进行集中、有效的品牌传播。制订并实施品牌宣传计划，有目的、有针对性地加强品牌宣传，与媒体建立良好的公共关系，强化传播与维护，并制定有效的品牌应急处理预案。第二，实施自有品牌战略，大力开发与推广自有品牌产品。零售连锁企业拥有自有品牌，意味着拥有更大的利润空间和对连锁系统及这类产品更多的控制权。要充分发掘资源优势，制定自有品牌发展规划，形成合理的商品结构与开发时间表，构建定位科学、独具特色的质量效益型自有品牌体系，并选择合理的自有品牌开发策略。企业应对一些具有地方特色的产品实施探索代理或买断的方式；对于自身没有生产能力的、经过市场调研有市场需求的产品，委托符合条件的原始设备制造商提供，并由专门的品质控制部门和委托的第三方机构共同完成产品质量的监督，确保产品的质量。

# 第七章 重庆外资零售业发展研究

我国对外商投资商业开放经历了试点、半开放、全开放的历程。在 1990 年《中华人民共和国外资企业法实施细则》实施前，我国禁止外商以合资、独资的方式进入国内零售业、批发业，只允许外商投资的生产企业在我国境内销售部分自产的产品。根据乌拉圭回合服务贸易谈判，我国逐步开放零售业。1992 年 12 月，国务院做出《关于在商业零售领域利用外资问题的批复》，开启了中国零售业对外开放的大门，进入试点时期。2004 年 12 月，我国零售业基本取消了对外商投资商业企业的数量、地域和股权比例限制，开始转入全面开放。各种市场限制逐步取消，外资零售企业进入快速发展阶段。1993 年外商资本（包括港澳台资本）开始进入重庆零售业，之后，外资零售企业迅速发展起来，成为重庆零售业的一股重要力量。但是我国零售环境正在发生巨大变化，外资零售进入重庆 20 余年，重庆的外资零售企业也面临着新的形势。

## 一、外资零售业在重庆的发展历程

重庆外资零售业的发展以重庆成为直辖市为分界点，分为两个不同时期。重庆成为直辖市之前，国家政策严格限制外资对零售业的投资，在渝的外资零售企业大多是通过其他途径渗透进入零售业的。重庆成为直辖市之后，国家放宽了外资进入重庆零售业的限制，外资能自由地进入重庆零售业，外资零售企业在重庆的发展加快。

（一）1997 年 6 月之前：萌芽阶段

1997 年之前，有少量的外资通过与国内企业合营的方式进入重庆。到 1997年，重庆外资零售企业的数量有 10 家，其中外商投资 2 家，港澳台投资 8 家。1994 年 12 月 17 日，重庆市第一家大型外资公司——富安百货，在渝中区两路口开业，给重庆的零售业带来了生机与活力。富安百货全面引进国内外流行服饰品牌，如欧珀莱、宝姿、淑女屋、鳄鱼、花花公子等。富安百货的开业，首先引进全开架式经营方式，顾客可以自由挑选、自由试穿，给重庆带来一种全新的外资百货经营模式。

随后一些大型的外资零售企业陆续进入，太平洋商场、家乐福超市相继开业。1997 年，家乐福在中国西部的第一家店在重庆解放碑开业，伴随着重庆直辖市的设立，家乐福棉花街店生意火爆，家乐福以超常速度在观音桥开了第二家店。重庆太平洋百货大都会店 1997 年正式进驻解放碑。作为重庆第一批引领时尚潮流的外资百货公司，太平洋百货大都会店进驻重庆成为重庆百货业的转折点，国际品牌开始进入重庆。1993 年和 1994 年重庆外资零售企业的零售额分别为 0.21 亿元和 0.28 亿元；到 1995 年重庆外资零售企业销售额达 2.1 亿元，比 1993 年增长 6.5 倍，1997 年外资零售企业市场份额上升到 0.62%，外商在重庆零售业投资已初具规模。

（二）1997 年 6 月至今：成长阶段

1997 年 6 月重庆成为直辖市后，对外资吸引力增强，麦德龙、诺玛特、好又多、百盛商场等一批外资零售企业纷纷开业。这一时期，重庆外资零售企业销售额以 41% 的速度递增，远高于同期内资企业。2000 年，重庆市外资零售企业的市场份额达到了 2.3%。重庆市外资零售企业零售额 2009 年达到 180.8 亿元，2010 年经历一个短暂的下降后，2012 年达到历史峰值 320 亿元，外资零售已经是重庆零售业的重要组成部分。到 2015 年年底，重庆限额以上的外资零售企业的数量达到 46 家，其中外商投资企业 17 家，港澳台投资企业 29 家。

## 二、外资零售业在重庆的发展现状及问题分析

近年来，重庆零售行业发展迅速，社会消费品零售总额迅速增加，外资零售企业快速发展。"十一五"期间，社会消费品零售总额实现 20% 的年均增长率，商品销售总额达到 208.8 亿元；外资零售企业社会消费品零售总额 83.7 亿元，限额以上外资零售业企业数量 23 个；"十二五"期间，社会消费品零售总额突破 6 000 亿元，达到 6 424.02 亿元，年均实现 16.14% 的增长速度，商品销售总额达到 19 813 亿元，外资零售企业社会消费品零售总额达到 214.9 亿元，限额以

上外资零售业企业数量达到 46 个。

（一）外资企业的社会消费品零售总额不断增长，但占社会消费品零售总额比重不大

重庆外资零售企业的社会消费品零售总额在不断增长，但是在重庆社会消费品零售总额中所占的比重不高。外资零售企业的社会消费品零售总额由 1993 年的 0.23 亿元增长到 2015 年的 214.8 亿元，年平均增长 22 亿元。尽管外资零售企业社会消费品零售总额呈现增长趋势，但是重庆外资零售企业的社会消费品零售总额占重庆市社会消费品零售总额的比重不大，对重庆零售业的影响力有限，1993 年占比 0.09%，到 2015 年占比 3.3%，占比最高的年份是 2012 年，占比 7.28%（见图 7-1）。

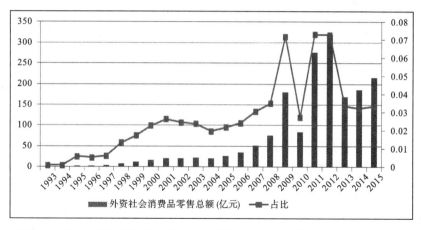

图 7-1　重庆市外资零售企业社会消费品零售额及占比情况（1993—2015 年）
数据来源：2016 年《重庆统计年鉴》。

（二）限额以上外资零售商数量不断增加，但吸纳就业人数在不断下降

"十一五"期间，入驻重庆的外资零售限额以上的法人企业数量增加了 19 家。"十二五"期间，限额以上外资零售商的数量增加了 23 家，达到 46 家，而吸纳的就业人数出现了下降，从 2011 年的 18 457 人下降到 2013 年的 10 277 人，2012 年到 2013 年吸纳的就业人数下降了 50%。（具体见图 7-2）

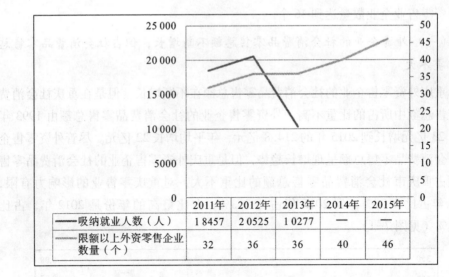

| | 2011年 | 2012年 | 2013年 | 2014年 | 2015年 |
|---|---|---|---|---|---|
| 吸纳就业人数（人） | 1 8457 | 2 0525 | 1 0277 | — | — |
| 限额以上外资零售企业数量（个） | 32 | 36 | 36 | 40 | 46 |

图 7-2　重庆市限额以上外资零售企业数量及吸纳就业人数（2011—2015 年）

数据来源：2012—2014 年《中国贸易外经统计年鉴》、2015—2016 年《重庆统计年鉴》。

（三）限额以上外资零售企业盈利能力内部差异较大

"十二五"期间，重庆市限额以上外资零售企业的商品购、销和库存反映了外资零售企业的盈利能力。港澳台限额以上外资零售企业和外商投资零售企业之间存在一定的差异，港澳台限额以上外资零售企业的购、销总体上呈现下降的态势，但是期末的库存额没有太大的变化，一直保持着比较稳定的水平，即使在购和销都大量下降的情况下，期末库存额也保持和之前差不多的水平，反映出港澳台限额以上外资零售企业在供给和需求方面也存在着一定的问题，特别是供给侧结构方面存在着一定的问题。而外商投资企业的购、销呈现不断上升的态势，期末库存额一直保持比较稳定的状态，说明外商投资零售企业总体供给与需求情况不错，即使在供给与需求不断上升的情况下，库存并没有明显的增加，盈利能力强于前者。（具体见图 7-3、图 7-4）

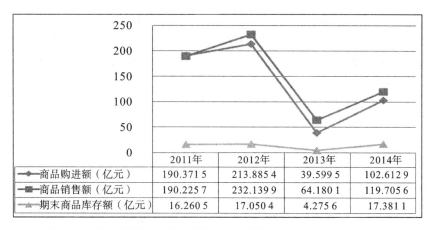

| | 2011年 | 2012年 | 2013年 | 2014年 |
|---|---|---|---|---|
| 商品购进额（亿元） | 190.371 5 | 213.885 4 | 39.599 5 | 102.612 9 |
| 商品销售额（亿元） | 190.225 7 | 232.139 9 | 64.180 1 | 119.705 6 |
| 期末商品库存额（亿元） | 16.260 5 | 17.050 4 | 4.275 6 | 17.381 1 |

**图 7-3　重庆市港澳台限额以上外资零售企业商品购、销、存情况（2011—2014 年）**
数据来源：2012—2015 年《中国贸易外经统计年鉴》。

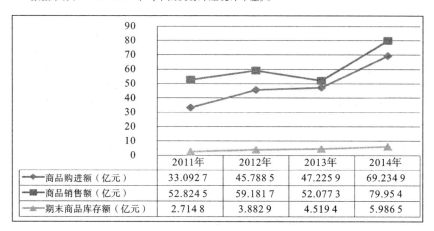

| | 2011年 | 2012年 | 2013年 | 2014年 |
|---|---|---|---|---|
| 商品购进额（亿元） | 33.092 7 | 45.788 5 | 47.225 9 | 69.234 9 |
| 商品销售额（亿元） | 52.824 5 | 59.181 7 | 52.077 3 | 79.954 |
| 期末商品库存额（亿元） | 2.714 8 | 3.882 9 | 4.519 4 | 5.986 5 |

**图 7-4　重庆市外商投资限额以上外资零售企业商品购、销、存情况（2011—2014 年）**
数据来源：2012—2015 年《中国贸易外经统计年鉴》。

（四）限额以上外资零售企业经营能力内部存在一定差异

限额以上港澳台商零售企业和外商投资企业的企业经营能力存在一定的差异。限额以上外资零售企业经营能力主要通过营运能力、偿债能力及盈利能力三个指标进行衡量①。

重庆限额以上外资零售企业的营运能力主要用流动资产周转率和总资产周转

---

①　见第二章"十二五"时期重庆市限额以上零售企业经营能力分析。

率指标来反映。港澳台商零售企业的流动资产周转率和总资产周转率总体呈现下降趋势，而外商投资企业的流动资产周转率和总资产周转率呈上升趋势，反映出港澳台商零售企业的流动资产利用效率和销售能力不断下降的趋势。（具体见图7-5、图7-6）

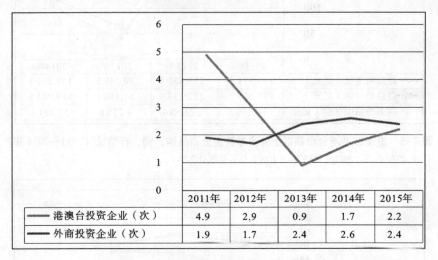

| | 2011年 | 2012年 | 2013年 | 2014年 | 2015年 |
|---|---|---|---|---|---|
| 港澳台投资企业（次） | 4.9 | 2.9 | 0.9 | 1.7 | 2.2 |
| 外商投资企业（次） | 1.9 | 1.7 | 2.4 | 2.6 | 2.4 |

**图 7-5　重庆市限额以上外资零售企业流动资产周转率（2011—2015 年）**

数据来源：经 2015 年《重庆统计年鉴》、2015 年《中国统计年鉴》相关数据计算得出。

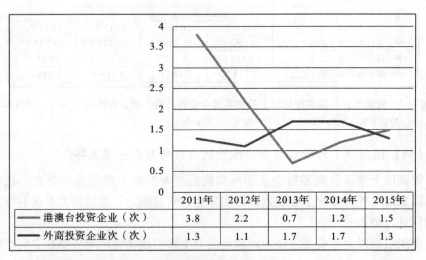

| | 2011年 | 2012年 | 2013年 | 2014年 | 2015年 |
|---|---|---|---|---|---|
| 港澳台投资企业（次） | 3.8 | 2.2 | 0.7 | 1.2 | 1.5 |
| 外商投资企业次（次） | 1.3 | 1.1 | 1.7 | 1.7 | 1.3 |

**图 7-6　重庆市限额以上外资零售企业总资产周转率（2011—2015 年）**

数据来源：经 2015 年《重庆统计年鉴》、2015 年《中国统计年鉴》相关数据计算得出。

偿债能力主要采用资产负债率和产权比率两个指标进行衡量。"十二五"期间重庆市限额以上外资零售企业的资产负债率低于80%，其中外商投资企业的资产负债率整体低于港澳台商零售企业；产权比率呈现下降态势，反映出外资零售企业的偿债能力和负债经营能力较强。（具体见图7-7、图7-8）

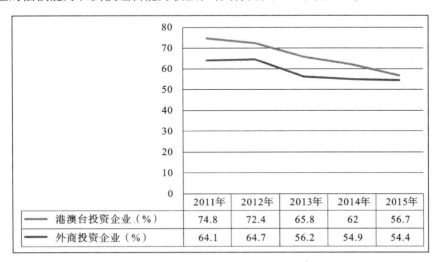

| | 2011年 | 2012年 | 2013年 | 2014年 | 2015年 |
|---|---|---|---|---|---|
| 港澳台投资企业（%） | 74.8 | 72.4 | 65.8 | 62 | 56.7 |
| 外商投资企业（%） | 64.1 | 64.7 | 56.2 | 54.9 | 54.4 |

**图 7-7　重庆市限额以上外资零售企业资产负债率（2011—2015 年）**
数据来源：经 2015 年《重庆统计年鉴》、2015 年《中国统计年鉴》相关数据计算得出。

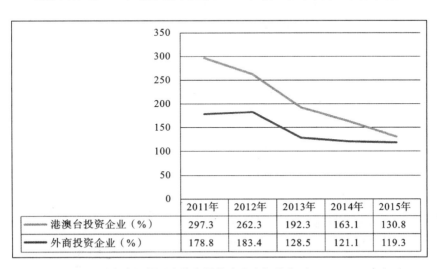

| | 2011年 | 2012年 | 2013年 | 2014年 | 2015年 |
|---|---|---|---|---|---|
| 港澳台投资企业（%） | 297.3 | 262.3 | 192.3 | 163.1 | 130.8 |
| 外商投资企业（%） | 178.8 | 183.4 | 128.5 | 121.1 | 119.3 |

**图 7-8　重庆市限额以上外资零售企业产权比率（2011—2015 年）**
数据来源：经 2015 年《重庆统计年鉴》、2015 年《中国统计年鉴》相关数据计算得出。

　　盈利能力主要采用成本费用利润率和主营业务利润率两个指标进行衡量。限额以上外资零售企业的成本费用利润率整体呈现下降趋势；在主营业务利润率方面，港澳台商零售企业呈现整体上升趋势，而外资零售企业呈现下降趋势。（具体见图7-9、图7-10）2010年计划3年内在重庆开300家店的罗森，到2013年只开了57家店，而且先后关闭了几家严重亏损的门店，已开店中，只有3成盈利。

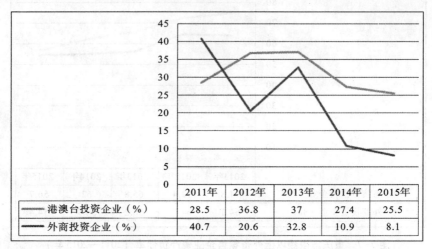

| | 2011年 | 2012年 | 2013年 | 2014年 | 2015年 |
|---|---|---|---|---|---|
| 港澳台投资企业（%） | 28.5 | 36.8 | 37 | 27.4 | 25.5 |
| 外商投资企业（%） | 40.7 | 20.6 | 32.8 | 10.9 | 8.1 |

**图7-9　重庆市限额以上外资零售企业成本费用利润率（2011—2015年）**

数据来源：经2015年《重庆统计年鉴》、2015年《中国统计年鉴》相关数据计算得出。

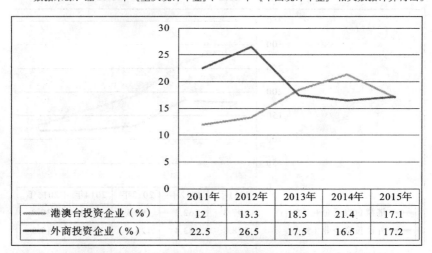

| | 2011年 | 2012年 | 2013年 | 2014年 | 2015年 |
|---|---|---|---|---|---|
| 港澳台投资企业（%） | 12 | 13.3 | 18.5 | 21.4 | 17.1 |
| 外商投资企业（%） | 22.5 | 26.5 | 17.5 | 16.5 | 17.2 |

**图7-10　重庆市限额以上外资零售企业主营业务利润率（2011—2015年）**

数据来源：经2015年《重庆统计年鉴》、2015年《中国统计年鉴》相关数据计算得出。

（五）外资连锁零售企业经营状况不佳

从外资连锁零售企业的连锁店总数、门店数量、年末从业人数可以看出，"十二五"期间，重庆外资连锁零售企业的规模不大，连锁店总数保持在 4 家店，门店数量及年末从业人员数整体呈下降趋势，反映出新形势下，传统实体零售业发展竞争激烈，经营业绩下降。（具体见表 7-1）2014 年 3 月 4 日，重庆沃尔玛南滨路店因位置不佳、竞争激烈而关门停业，成为沃尔玛关闭的首家重庆门店。2015 年，6 家大型外资超市在重庆没有新增一家门店。

表 7-1　　　　重庆外资连锁零售企业规模一览表（2011—2014 年）

| 年份 | 连锁总店数（个） | 门店数（个） | 年末从业人数（人） |
|---|---|---|---|
| 2011 | 4 | 187 | 13 829 |
| 2012 | 5 | 80 | 15 096 |
| 2013 | 4 | 107 | 3 238 |
| 2014 | 5 | 140 | 3 131 |

数据来源：2012—2015 年《中国零售和餐饮连锁企业统计年鉴》。

## 三、外资零售企业对重庆零售业发展的影响

（一）零售业态多元化发展

外资进入之前，重庆零售业业态主要以单一的老式百货商店为主，经营形态老旧，经营体制不够灵活。到 2015 年，外资进入重庆 20 余年，外资零售企业带来了多种新型业态和经营形式，如富安百货的敞开式货架是当时比较新颖的经营形式。家乐福的大型超市及大卖场的业态，带动超级市场、连锁店，专卖店、电视商场、电子商务等新的零售形式出现。外资零售企业使重庆零售业完成了从单一百货业态向多元化业态发展的过程。

（二）零售业市场竞争加剧

外资进入重庆市场之前，重庆零售企业缺乏一定的竞争意识。外资进入重庆零售市场后，以新型的经营形式和零售业态，迅速占领市场，获取一定的市场份额，使零售业的竞争压力不断加大，促使重庆本地零售企业不断地吸取外商先进

管理模式、营销理念进行创新管理，调整业态，来适应市场的变化。例如，重庆百货大楼股份有限公司积极参与改制并提出了"壮大主体，发展两翼，多种模式，拓展市场"的发展方针，并通过上市融资，开办分店，向近郊区辐射以争取更大的市场，最终于 1996 年成功上市，于 2010 年完成重大资产重组。2015 年，重百实现营业收入 300.79 亿元，实现利润 4.38 亿元，总资产 120.60 亿元，雄踞西部地区百货零售市场首位，荣列财富中国 500 强第 178 位。同时，很多内资企业采取了将单一柜台售货方式改变为开敞式售货方式、开设食品超市、找准商品定位、改进服务等措施。各个大型商家之间的激烈竞争也打破了小型零售网点的平衡，使得重庆零售市场竞争日益加剧，一批经营落后的百货商店被淘汰，取而代之的是一批有先进营销形式的专卖店、超级市场、购物中心、连锁店等。

（三）零售企业的服务能力提升

相对于本土传统零售业而言，外资零售业在业态分布、企业功能、经营方式、经营管理状况等方面有一定的竞争优势。随着零售市场竞争日趋激烈，零售企业在商品质量、价格和种类等方面日益趋同，消费者从日益趋同化的产品信息中难以感受到企业的吸引力，而外资零售企业不断进行服务创新、营销创新，迫使本地零售业彻底转变服务观念和服务方式，赢得商店自身的生存和发展空间，重庆零售业的整体服务水平因此不断提升。

（四）本土零售业的兼并整合

重庆市零售业长期以来市场集中度低，中小型零售企业众多，以单店经营为主。小型化、分散化的特征同时也是国内零售业的基本特征。外资零售企业的进入，促进了重庆零售业的整合，通过收购、兼并、控股重组等方式，形成以商业为主导的产销一体化经营组织，加快集团化发展。例如，成立于 1996 年的国家重点培育的大型流通企业之一的重庆商社（集团）有限公司，在重庆市委、市政府及市国资委领导下，经过十余年发展，形成了以零售、批发为主营业务，致力于百货、超市、电器、汽贸、化工、进出口贸易和商业地产等多业态发展的经营格局，培育了新世纪百货、重庆百货、商社电器、商社汽贸、商社化工等企业品牌，集团控股上市公司重庆百货大楼股份有限公司，规模效益位居商业类上市公司前列。2015 年，商社集团实现销售收入 595 亿元，实现利税 16.9 亿元。截至 2015 年年底，商社集团拥有总资产 229 亿元，从业人员 10 万人，网点 335

个，经营面积 203 万平方米。

## 四、重庆外资零售企业的发展思路

### （一）转型发展，创新经营业态

在重庆的外资零售商有很大一部分为主要经营大卖场业态。2015 年，我国的大卖场业态首次出现负增长，重庆家乐福、沃尔玛等面临着这一压力。面对电商冲击，实体店客流下降，大卖场企业面临着创新经营业态转型发展等问题。在这样的背景下，家乐福开始引入便利店的新业态，沃尔玛积极探索小型业态店，发展沃尔玛精品超市。面对国人对高端、进口商品的大量需求，在需求指引下，精品业态是未来外资零售企业发展的方向之一。与此同时，百货商场逐渐购物中心化。近五年重庆主城区有 3 个购物中心和 10 家百货商场"洗牌"。而这 10 家百货商场，有 7 家转型为购物中心，另有 3 家关门停业。在电商冲击之下，实体零售商转型加快，跨界转型成为外资零售商实体店发展的主要方向。"咖啡馆+服饰""零食店+服装"……各种"百货+"的模式不断出现，实体店通过多种业态的叠加，以此加强体验感、个性化，这也将是未来实体零售行业的一种趋势。

### （二）创新发展，线上线下全渠道

电子商务在社会消费品零售中的占比不断上升，重庆外资零售商已经开始探索全渠道模式，实体店与网络零售融合发展。家乐福、沃尔玛、麦德龙、宜家等都在探索全渠道发展模式。2015 年 6 月，宜家（IKEA）宣布，所有拥有宜家实体店铺的国家，将开始发展电商业务，支持网上下单并为顾客送货上门。麦德龙中国的 APP 软件，可以帮助消费者深入感受线上和线下体验，同时提供电子优惠券、电子促销信息、电子会员卡、会员积分系统，并能通过社交网络分享商品及促销信息。外资零售商采取多渠道战略，以搭建线上商城为基础，配套建设商家 APP、会员一卡通、统一支付平台、统一仓储物流、统一营销推广及统一售后运营和大数据系统等，以打通线上线下商城体系，实现 1+1>2 的效果，增强竞争力。

### （三）创新管理策略，探索多元化的管理模式

重庆外资零售商曾将先进的经营理念和成熟的管理经验引入重庆市场，极大

地促进了重庆零售行业的发展。然而，在重庆本土企业不断成长和赶超的大环境下，外资零售商的先发优势已不复存在，必须寻求新的领先优势。具体来说，重庆外资零售商必须创新管理策略及管理模式，在内部要从人力资源本土化、物流服务本土化等方面深化本土化策略，借鉴重庆内资大型零售企业的经验，将外资企业精细化管理模式与本土化有机结合起来，实施多元化的管理模式，才能进一步提升竞争力。

（四）创新营销策略，增强服务能力

转变外资零售企业一贯所采取的低价的营销模式，实施精准营销机制。重庆外资零售商应把精准营销作为培育品牌的重要手段，建立消费群体信息及分类维护制度，找准目标消费群体，深入挖掘市场潜力；密切关注精准营销范围品牌市场状态，持续跟踪发展趋势，不断完善精准营销群体的服务能力。此外，在消费升级的关键阶段，要精确分析消费群体的特点。外资零售企业可以凭借自身国际品牌的优势，引入国际知名品牌及高品质的自有品牌，增加体验功能，以精准营销、个性化定制等方式，满足中高端消费者的需求，增强对渠道和品牌的控制力，从而增强市场掌控能力，巩固和提升竞争力。

（五）创新发展模式，实现稳健发展

在新形势下，重庆外资零售商应转变简单粗放的增长模式，在扩展门店数量的同时提升开店的质量，通过门店数与门店销售额的共同增长来推动业绩增长。外资零售企业应更加关注门店的选址和店内设计，改善购物环境和货品陈列，认真研究重庆消费者的购物习惯和独特需求，有针对性地选择货品种类、改进门店设计，提供更好的消费体验，实现稳健发展。

（六）整合供应链，打造综合化的商业模式

大型外资零售企业要积极地引入各种资本，通过资本纽带连接多个公司，整合供应链，与内资企业的采购集合成联合采购，共享供应商和服务体系，形成优势互补；要加强与微信、支付宝等平台的支付合作，拓展增值服务；整合采购、销售、支付、增值服务等流程，打造综合化的商业模式。

# 第八章 重庆主城区核心商圈转型升级研究

商圈有狭义和广义之分。广义的商圈指一个城市乃至更大的地区所能影响的空间范围，狭义的商圈是以城市中心广场或商业步行街区为中心，通过合理布局多个零售、餐饮、旅游、休闲、娱乐、文化和商务楼宇、星级酒店等设施，形成的多业态、多功能、复合型商业商务集聚区。城市商圈既是城市第三产业发展的主要标志，也是城市商业文化的标志。商圈的发展在促进区域经济增长、推动流通产业及相关服务业的发展等方面都发挥着不可替代的作用。重庆作为西部地区唯一的直辖市，通过多年发展，目前具有城市核心商圈、社区便民商圈、乡镇商圈三个层级。如何推动城市核心商圈转型升级，已成为当前重庆城市商圈特别是主城核心商圈发展的一个重大课题。

## 一、重庆主城区核心商圈发展现状

"十二五"期间，重庆市商圈建设初具规模。截至 2015 年年底，全市共建成城市商圈 54 个，其中城市核心商圈 30 个，零售额超过百亿的商圈 12 个，总体规模情况详见表 8-1。"十三五"时期，根据《重庆市现代商贸服务业发展"十三五"规划》，主城区市级核心商圈层面，规划将提升解放碑、观音桥、南坪、三峡广场、杨家坪商圈品质，续建完善九宫庙、缙云、空港、李家沱、江北嘴、龙洲湾、大石化、嘉州商圈，培育西永、茶园、蔡家、龙盛、礼嘉、陶家、悦来等城市新兴商圈；区县核心商圈层面，规划将推进万州、涪陵、永川、合川、江津、綦江、璧山、荣昌、大足、开州、云阳等区县核心商圈向商业商务集聚区和智慧商圈转型发展；远郊区县城，也将集中打造一批各具特色的精品商圈。到 2020 年，重庆将建成零售额过百亿元的商圈 15 个，零售额 500 亿元级商圈达到 3 个。

表 8-1 　　　　　　重庆市城市商圈总体规模情况（2015 年）

| 指标<br>类型 | 个数 | 占地面积<br>（万平方米） | 营业面积<br>（万平方米） | 零售网点<br>（个） | 连锁网点<br>（个） | 年社会消费品<br>零售总额(亿元) |
|---|---|---|---|---|---|---|
| 城市商圈 | 54 | 5 728 | 2 350 | 122 264 | 11 412 | 3 175 |

数据来源：重庆市 38 个区县及万盛经开区商务局反馈数据，经课题组统计得出。

（一）主城区成熟商圈

主城区成熟商圈是指解放碑商圈、观音桥商圈、南坪商圈、杨家坪商圈、沙坪坝三峡广场商圈。这五大成熟商圈均位于都市功能核心区，重点是发展高端服务业，目前已达到全国服务业先进发达地区的水平。其中解放碑商圈位于重庆市渝中区，是全市经济、金融、信息、商贸中心，为市级的商业中心，现已成为重庆商业的地标和引领重庆时尚界的标杆，正处于高端化国际化的发展阶段；观音桥商圈位于重庆渝中半岛和北部地区的几何中心，是江北区政治、经济、文化中心和交通枢纽，现已打造成北部购物天堂，正处于主体化、中高端化的发展阶段；南坪商圈位于重庆市南部，商业集中在南岸中心、四公里、南滨路三个地段，南坪将会展经济作为一大品牌，现正处于专业市场发展阶段；杨家坪商圈连接南岸、渝中、沙坪坝、大渡口，突出人文景观，力图建成景观优美的购物休闲中心，现处于形象档次提升阶段；沙坪坝三峡广场商圈位于重庆市西部，依托周边高校主打"文化牌"，依靠年轻高素质消费群体，现已成为都市区文化氛围最浓的商业中心，正处于零散商业的整合阶段。重庆市主城区五大成熟商圈区位与功能定位对比和规模对比分别如表 8-2、表 8-3 所示。

表 8-2 　　　　重庆市主城区五大成熟商圈区位与功能定位对比表

| 商圈 | 解放碑商圈 | 观音桥商圈 | 南坪商圈 | 杨家坪商圈 | 三峡广场商圈 |
|---|---|---|---|---|---|
| 区位 | 渝中半岛<br>CBD 核心 | 辐射江北及<br>渝北区 | 重庆南大门<br>（南岸区及巴南） | 九龙坡及大渡<br>口工业中心 | 辐射三峡广场<br>老文化区 |
| 核心<br>竞争力 | 历史悠久、<br>商贸优势 | 集聚功能、<br>交通优势 | 交通要道 | 经济基础、<br>城市副中心 | 人文、教育、<br>文化 |
| 功能分析 | 现代、文明的<br>时尚场所 | 西部一流精品、<br>生态文化商圈 | 集餐饮、娱乐<br>等一体的商务<br>功能中心 | 景观优美的<br>购物休闲中心 | 突显文化、教<br>育及科技的商<br>业文化中心 |

表 8-3　　　　重庆市主城区五大成熟商圈规模对比表（2015 年）

| 序号 | 区县 | 商圈名称 | 占地面积（万平方米） | 营业面积（万平方米） | 商圈年社会消费品零售总额（亿元） |
|---|---|---|---|---|---|
| 1 | 渝中区 | 解放碑商圈 | 92 | 207 | 472 |
| 2 | 江北区 | 观音桥商圈 | 680 | 129 | 341 |
| 3 | 南岸区 | 南坪商圈 | 100 | 165 | 331 |
| 4 | 九龙坡区 | 杨家坪商圈 | 112 | 110 | 300 |
| 5 | 沙坪坝区 | 三峡广场商圈 | 74 | 56 | 192 |

数据来源：各商圈所在区商务局提供。

（二）主城区续建商圈

主城区续建商圈主要是指九宫庙、缙云、空港、李家沱、江北嘴、龙洲湾、大石化、嘉州等续建完善商圈，目前部分商圈已经初具雏形并投入使用，但是商圈潜力仍需进一步挖掘。其中，九宫庙商圈依托大渡口公园生态优势，拟建成生态式、休闲化购物乐园，服务于主城中偏西南地区居民，其商业步行街被评为全市十大最美街巷；缙云商圈以嘉陵风情步行街为核心，服务北碚居民，辐射周边地区；两路空港商圈依托毗邻空港优势，拟成为主城北部新貌展示窗口，服务于机场过往旅客和主城北部消费者；李家沱商圈以旧城拆迁改造为契机，拟打造成为南重庆区域商贸流通核心区；江北嘴商圈定位为"高端、时尚、精品"，拟打造成为长江上游地区金融中心核心区和重庆高端商务聚集区，目前部分中央公园配套商业已投入使用。重庆市主城区主要续建商圈区位与功能定位对比和规模对比分别如表 8-4、表 8-5 所示。

表 8-4　　　　重庆市主城区主要续建商圈区位与功能定位对比表

| | 九宫庙商圈 | 缙云商圈 | 空港商圈 | 李家沱商圈 | 江北嘴商圈 |
|---|---|---|---|---|---|
| 区位 | 辐射主城中偏西南地区 | 服务北碚城区及周边 | 毗邻空港优势，服务两路城区 | 服务巴南，辐射主城南部 | 江北金融商务区 |
| 核心功能定位 | 生态式、休闲娱乐的消费中心 | 服务高端产业人口的商贸商务区 | 服务辐射两路城区、机场客流和主城北部群体 | 以滨江休闲带、特色商业街为特色的城市综合体 | 高端商务聚集区 |

表 8-5　　　　　重庆市主城区主要续建商圈规模对比表（2015 年）

| 序号 | 区县 | 商圈名称 | 商圈区位 | 占地面积（万平方米） | 营业面积（平方米） | 商圈年社会消费品零售总额(亿元) |
|---|---|---|---|---|---|---|
| 1 | 大渡口 | 九宫庙商圈 | 大渡口区松青路 | 100 | 75 | 27 |
| 2 | 北碚区 | 缙云商圈 | 北碚城南 | 10 | 30 | 40 |
| 3 | 渝中区 | 大坪商圈 | 渝中区大坪 | 100 | 78 | 113 |
| 4 | 渝北区 | 两路空港商圈 | 两路老城区 | 93 | 43 | 57 |
| 5 | | 嘉州商圈 | 嘉州路新牌坊 | 100 | 38 | 150 |
| 6 | 巴南区 | 李家沱商圈 | 马王坪正街 | 16 | 6 | 70 |
| 7 | | 龙洲湾商圈 | 龙洲湾新区中部 | 129 | 28 | 20 |

数据来源：各商圈所在区商务局提供。

（三）主城区新规划商圈

为推动重庆市新一轮商圈的发展，主城区规划新建一批新兴商圈，以此来平衡城市商圈发展格局。新规划培育商圈主要包括西永、茶园、蔡家、龙盛、礼嘉、陶家、悦来等城市新兴商圈。这些新兴商圈定位明确，差异明显，潜力巨大。其中，沙坪坝西永商圈以完善西部新城城市功能为重点，突出科技、人文和生态特色，主要服务于西部新城，拟打造成全市最大的公园式商圈；南岸茶园商圈重点发展生产性服务业，形成东部新城商业中心区，规划到 2020 年，茶园新城的商业规模达到 130 万平方米，相当于南坪商圈总量；两江新区龙盛商圈位于重庆主城副中心核心区域、绕城高速外侧龙盛片区的南部启动区，拟成为两江新区龙石片区和鱼复片区商务商贸服务配套功能区；北部新区礼嘉商圈定位打造成国际商贸中心，重点发展总部经济、商务商贸、文化创意、设计研发等现代服务业，作为悦来国际博览中心的配套功能区；九龙坡陶家商圈位于九龙西城核心区，规划面积 6.58 平方千米，重点发展购物餐饮、休闲娱乐、金融证券、中介服务等商贸商务服务业。重庆市主城区主要新规划商圈区位与功能定位对比如表8-6 所示。

表 8-6　　　　　　　重庆市主城区主要新规划商圈区位与功能定位对比表

| | 西永商圈 | 茶园商圈 | 龙盛商圈 | 礼嘉商圈 | 陶家商圈 |
|---|---|---|---|---|---|
| 区位 | 服务北碚城区及周边新城区 | 服务东部新城，并向南岸区辐射 | 服务龙兴等四大人口集聚区 | 辐射北部新区几何中心 | 服务西部新城陶家等聚居区 |
| 核心功能定位 | 打造公园式商圈，突出人文、科技和生态特色 | 东部新城商业中心区，突出生产性服务业 | 打造特色历史建筑群与商贸服务配套功能区 | 形成多功能商贸中心，突出现代性服务业 | 打造突出"时尚+生态+人文"的休闲娱乐商贸服务业 |

## 二、重庆主城区商圈存在问题

近年来，伴随着重庆主城区商圈高速建设与发展，一系列的问题也相继产生。如何进一步扩大主城区商圈的经济效益和对周边区域的经济带动作用，如何使城市核心商圈更加便利化、科学化、人性化地发展，都是迫切需要解决的问题。

（一）成熟商圈空间提升存在难度，达饱和状态

成熟商圈聚集了业态多样的服务企业，是集中消费区域。随着城市向外拓展，老城区配套设施老化，工业企业、城市人口逐步向外分散，加上新商业形态及新兴商圈的冲击，五大核心商圈已经趋于饱和，没有太多的拓展空间，扩容存在一定的难度。

第一，急需转型升级，扩大辐射能力。解放碑亟待升级成国际化、高端化、辐射范围更广的商圈；观音桥商圈虽然在五大商圈中发展最快，但开发最晚，业态组合有待完善，空置业务成为提升空间；南坪的专业化发展任重道远，且各大商业体相距较远，带动性有待提高；杨家坪需要完善品牌化建设；沙坪坝零散商铺有待整合形成购物中心或大卖场。内部竞争、新兴商圈的冲击要求成熟商圈转型升级、扩大辐射范围并进行个性化改造。

第二，功能分区有待完善、业态缺乏多样性。成熟商圈同业和相似业态趋于饱和，单位经济效益呈下降趋势。在功能分区上，除了现有的大型商场、百货公司之外，商务类和中介服务类的功能区亟须进一步增设；商圈定位虽各有不同，

但实际销售产品则有大量重叠；购物中心被外来资本和外来经营方式渗透，导致商圈建设普遍存在模式单一化、业态雷同化、品牌同质化的问题。

第三，商业步行街的建设影响居民生活便捷性，交通问题突出。大型商业步行街在给城市发展带来新亮点的同时，也带来诸多不便，交通拥堵、停车位供不应求、市民通行效率低等问题日益突出。

（二）续建商圈升级提档差异化不到位，缺乏特色文化

商圈建设的加快，能推动服务业发展，从而丰富全市经济结构。在续建商圈中，九宫庙商圈较其他商圈具有规模小、档次低、辐射力不强等问题，应坚持扩容与提质并行；缙云商圈具有多方面的复合功能，没有特色的商圈标志；两路空港商圈城区地处机场控制区，不能修建高楼大厦，该区位决定了客流以采购生活用品为主，应维持现有大型商业布局，以做强国际奢侈品商场为特色；李家沱商圈商业设施陈旧，特色不明显，未发挥拉动消费的集聚效应作用，消费者以本地居民为主，未形成区域性的消费中心，且该商圈的休闲带打造不到位。

根据市场经济发展的需要，续建商圈的各项建设有待提升。重庆市续建商圈大多形成商务商贸等多功能区，特色功能不突出，趋于同质化，使得差异化不到位，多元化、综合化的同时忽略了功能区的核心定位。续建商圈应打造"低端层以满足基本生活需求为目标，中端层以满足大众消费需求为目标，高端层级以发展高端商业为主导"的商圈业态布局，达到求同存异的效果。

（三）新规划商圈商业氛围不浓，有待完善

目前重庆市新兴商圈初具规模，加快商圈发展是建设区域性商贸中心的重要组成部分。但新规划商圈商业氛围不浓，有待完善。

第一，社会各界对新兴商圈建设了解仍不充分。由于市级层面的单位部门热情不够，宣传力度不大，加之区政府信息与企业、社会各界对信息的掌握上存在错位，信息流不畅通，社会各界对新商圈的了解只限于概念理解，部分入驻企业对新兴项目的优惠政策、今后发展定位不清楚。

第二，商圈内部空置率较高。新兴商圈虽然地租便宜，写字楼供应量庞大，但由于商圈配套设施尚未完善，业态分布还未齐全，功能性有待丰富，造成商业氛围不浓厚，企业考虑到对正常运行可能造成的诸多不便，入驻意愿不高。

## 三、重庆主城区商圈转型升级对策

（一）找准商圈定位，完善商圈建设发展规划

重庆市政府明确提出到 2017 年，重庆主城区形成城市核心商圈集群，全市建成三级商圈网络体系，构建"金字塔"形商圈业态体系。因此，要提升和优化主城核心商圈功能及定位。对在建的商圈，根据商圈的地理位置、辐射半径等方面进行准确定位，突出功能分区；通过商业业态和发展模式引导错位发展，体现商圈特色和风格；对成熟商圈进行功能优化，形成高端要素集聚的商业核心区，扩大主城区商圈的影响力和辐射力。其中都市功能核心区建设以现代服务业为基础，突出高端综合功能，让主城区形成完善的商圈布局规划。

要根据错位发展的原则，明确功能定位。根据区位条件、人口流量、产业支撑、各种软硬件环境和地方文化等，确定各个商圈的功能和分工，避免功能重复，造成重复建设和恶性竞争。要把商圈的建设融入城市景观建设，使得商圈真正成为现代城市的风貌展示区和城市亮点，起到"城市名片"的作用。商圈规划和建设不能急功近利，要留足公共文化休闲及绿化用地，突出生态功能。要把商业步行街区的规划建设与城市旅游产业和发展结合起来，既要有看点，又要留得住人，把城市旅游与购物、休闲及文化娱乐融为一体。

（二）加大政策扶持力度，完善商圈体系保障

随着城市化的快速推进，政府应加大政策扶持力度，完善商圈体系保障，高度重视传统商圈转型升级，以及新兴商圈的规划建设、业态布局和特色定位等，针对商圈建设实行一系列支持政策。在财政支持方面，对商圈规划建设安排专项资金，统筹市级资金，对商圈标识和建造给予一定的嘉奖；鼓励创新创业，扶持特色优势产业，在科技创新产业方面实行资金扶持、利率补贴、税收返还等多项扶持政策。在土地保障方面，在规划国有建设用地供给计划中对商圈土地供应优先考虑，切实抓好商圈范围土地供应、城市土地各类征收、土地征转等工作，对商圈范围内超出约定期限的闲置土地依法进行清理，政府实施严格的责任考评制度。对商圈建设立法的可行性进行深入论证，为商圈发展提供法制保障。此外应借助政府对商圈的各类福利，通过政策的杠杆作用引领更大的市场资本参与进来，加快重庆主城商圈的提档升级步伐。通过政府带动可以组织外地学习，借鉴

经验，加强本地商圈和特色商业街建设。

（三）加快交通网络体系建设，提升商圈交通组织能力

针对各大商圈交通拥堵、人车混杂、停车位紧缺等问题，应从四个方面进行整治。第一，应进一步增加停车场数量，并对现有停车场进行整顿优化，以缓解商圈停车压力。第二，合理进行交通分流，在商圈内部通过平面分流、立体分流，以及增设步行区域等方法来解决人流与车流之间的相互干扰问题。平面分流是指通过在地面或地下设立机动车及行人专用通道，使两种交通各行其道、互不干扰；立体分流是通过设立空中步行系统以及地下步行系统，将行人和车辆在垂直空间上分离，同时考虑预留地铁或轻轨接口。通过合理引导，人流和车流能够进行方便有效的转换和疏解。第三，加强对商圈内部步行街车辆的管制，在步行街设置红绿灯或者让车辆绕道行驶，确保出租车辆能够有序出入商圈，社会车辆能够有序出入停车场（站）和停车库，保证交通安全。第四，加强交通设施建设，大力建设、完善地铁、轻轨系统，缓解交通压力。

（四）适应新兴消费趋势，促进商圈业态多元化发展

根据国内外商业设施发展的历程来看，商业设施发展主线基本上遵循以下步骤：临街铺面—零售百货商场—集购物、餐饮、休闲娱乐为一体的购物中心、超大型购物中心等。目前，重庆的商业发展水平仍以百货为主要业态，基本上处于百货商场和购物中心之间的阶段。业态的多元化、丰富化需要大力引进各种商业业态形式，如锁定目标人群的折扣店，此类商店在品牌选择上很重要；各种主题商店，专门经营特色商品，如与登山、军事爱好相关的产品；面向最终消费者的服务店，这类商店具有服务对象的单件性、重复性消费的特点。此外，在引入商业业态时要考虑各商圈的特殊性。重庆商业的发展在短期内仍是以零售百货、购物中心为主，超市、专业店等为辅的商业业态；由主力店加专业店的开敞式商业街区形式的综合商业也将是一种新的商业组合发展趋势。

（五）提高商圈信息化技术，打造智慧商圈

加快通信设施建设，建立和完善流通基础信息平台，加快商贸流通企业信息建设，大力促进电子商务发展。通过把传统的经济思维与"互联网+"结合起来，走集约、智慧、绿色的新兴道路，创新商圈发展的模式。对于成熟商圈应加快发展电子商务，加快商圈网建设，基本实现实体商圈与虚拟商圈相结合，线上

交易与线下交易结合，变传统零售模式为"零售+电商"模式；续建和规划的商圈要打造智慧商圈云平台，实施商圈公共区域 WiFi 全覆盖。通过电子化、数字化、智能化等信息技术，推进智慧商圈引导系统建设，打造线上智慧商圈软件平台，使得便民服务和商圈管理集为一体，让消费者借助移动智能终端应用系统、3D 虚拟商圈和门户网站构成的信息平台享受网络服务。

同时，智慧云商圈通过依托物联网和 O2O，利用数字管理来实现效能管制。利用大数据把传统的网络化管理升级到以智能传感为基础的物联网中，实现从产品创新到模式创新再到生态创新的转变，建设处理数据的云计算中心，通过后台数据支撑，打通商圈内相关企业信息和服务渠道，实现商圈信息流、人流和物流等信息集聚管理和处理，使大数据、物联网和云计算综合运用服务于现代都市商圈的发展。

（六）加强配套设施建设，改善商圈商业商务环境

在商业建筑设计方面，商业建筑风格、材料、色彩的选择要体现主城区的城市特色，要与周边环境相互协调，突出商业繁荣的特色，烘托商业氛围，体现时代感和现代化气息。在公共服务空间配置方面，商业区要提供足够的公共服务空间；设置一定数量的花坛、树木，绿地率不宜小于 10%；提供一定数量供行人驻留、休息的座椅；设置一些广场、雕塑等，形成富有特色的公共空间。在景观环境建设方面主要有三个要求。一是商业建筑首层通透度控制要求：现代风格商业建筑首层通透部分占建筑首层立面总面积的比例不小于 60%；由历史建筑改造的商业建筑首层通透部分占首层立面总面积比例不小于 40%。二是建筑墙体广告控制要求：商业建筑单体设计时需考虑建筑墙体广告的设置位置与大小比例关系，欧式建筑的建筑墙体广告应避免体现建筑特色的立面要素（如建筑门窗、檐口、线脚、柱廊等）的遮挡，鼓励透空设置；现代建筑的建筑墙体广告面积占高层建筑裙房或多层建筑立面面积比例不得超过 40%。三是夜景灯光控制要求：做好商业中心的夜景灯光设计，现代商业区、传统商业区、欧式建筑商业区的夜景灯光要与其建筑风格等相融合。

（七）加强商圈文化建设，塑造具有特色的商圈

重庆商圈不仅是繁华的商业街，也承载着山水之城独特的人文气质与时代风范。重庆文化除了巴渝文化、抗战文化、三峡文化外，商圈文化也是其中的重要

组成部分。应将产业集聚和独具特色的商圈文化共同发展，及时补充商业业态，促进商、文、旅一体化发展，打造复合型商圈。同时，以文化馆、博物馆以及城市公园等为载体，提供文化体验服务，渲染商圈文化氛围，吸引广大消费群体观光旅游。尤其注重让重庆古韵的文化历史和华丽的国际时尚在解放碑商圈交相辉映，观音桥、南坪、杨家坪等商圈更注重巴渝传统文化的传承和培育。对于续建和新规划的商圈应该实现历史文化遗迹与休闲娱乐设施的有机结合，将传统的巴渝文化与现代商业文明相互融合，更加注重深入挖掘和保护商圈传统历史文化，让都市商圈成为重庆文化的集中展示窗口。

（八）加强对外立体宣传，提高各大商圈知名度

一是充分利用各种媒体的宣传优势，针对各大商圈的特色精心制作商圈宣传册和宣传片。例如，宣传观音桥商圈的"八大领先优势"和打造"名街、名品、名店"活动，以及宣传南坪商圈南滨路上美食节、火锅节的特色等。二是紧紧围绕购物、休闲、饮食、生态四大主题文化，通过节假日以及黄金周开展的各类主题活动和各种大型商业活动、公益活动、广场文化活动，集聚人气、商气和财气。以中国美食节等大型活动，不断提升商圈的知名度和美誉度，并在电视、报纸、广播、互联网等媒体上进行全方位的宣传，形成立体式宣传格局。

# 第九章　重庆城市社区便民商圈发展研究

社区便民商圈是以一定地域居住区为载体，以便民利民为宗旨，以提高社区居民生活质量、满足社区居民综合消费为目标，提供日常物质和精神生活商品及服务的属地型商业集聚区，是城市商业的基础。打造覆盖全域居民的社区便民商圈，对于加快重庆区域经济发展、提升居民幸福感、增加就业具有重要作用。

## 一、社区便民商圈的特征及要求

### （一）社区便民商圈特征

国外的社区商业主要以购物中心的形式出现。而国内所指的社区商圈则更侧重于走进居民生活，以更加丰富便利的商品和服务，满足社区居民日常需要，以达到便民、利民的目标。

#### 1. 属地性商业

社区便民商圈的建设发展有许多必备因素，如有一定规模的顾客群体、优秀的经营者、科学高效的贸易管理、良好的形象、全面的功能、规范的建筑形态。社区便民商圈的业态配置应加强必备业态设置，以必备业态和选择性业态相结合，同时与不同居住区居民的消费水平、消费结构相适应。必备业态以满足居民日常基本生活需求的消费为基础，如社区综合超市和标准化菜市场等。在社区便民商圈的建设中，社区的菜市场、超市等门店在经营规模、经营特色上的差异，以及在居民人口分布、顾客的流动性、城市建设、交通设施状况及地理状况、商业布局等方面的区别，都体现了社区便民商圈的属地性。

#### 2. 注重便利性

社区便民商圈的业态业种与居民生活息息相关。社区便民商圈的主要商品要在满足社区居民基本需求的基础上丰富完善，力求多种类、高质量。随着零售业的发展，消费者对社区便民商圈的方便性的要求越来越高。这种要求逐渐从离家近、交通便利上升到了社区便民商圈购物方便、购买时间自由等。

3. 产品与服务并重

优质的服务是现代零售企业在销售过程中不可或缺的部分，已成为消费者选择的决定性要素之一。社区居民不仅追求好的产品，更要求享受优质的服务。当今市场竞争已由商品竞争演变成服务竞争，商家纷纷把提高服务质量作为竞争的重要手段，服务创造价值、塑造形象，形成无形资产。

（二）社区便民商圈的配置标准与功能要求

社区商圈按居住人口规模和服务的范围可分为小型社区便民商圈、中型社区便民商圈和大型社区便民商圈。社区商圈的配置标准和功能要求分别见表9-1、表9-2。

表9-1　　　　　　　　　　社区商圈的配置标准

| 分　类 | 指　标 | | |
|---|---|---|---|
| | 商圈半径 $r$(千米) | 服务人口 $n$(万人) | 商业设置规模 $S$(平方米) |
| 小型社区便民商圈 | $0<r\leqslant0.5$ | $0<n\leqslant1$ | $0<S\leqslant1$ |
| 中型社区便民商圈 | $0.5<r\leqslant1$ | $1<n\leqslant2$ | $1<S\leqslant2$ |
| 大型社区便民商圈 | $1<r\leqslant1.5$ | $2<n\leqslant3$ | $2<S\leqslant3$ |

资料来源：商务部网站。

表9-2　　　　　　　　　　社区商圈的功能与业态组合

| 分类 | 业态组合 | | |
|---|---|---|---|
| | 功能定位 | 必备型业种及业态 | 选择型业种及业态 |
| 小型社区便民商圈 | 保障基本生活需求，提供必需生活服务 | 菜店、食杂店、报刊亭、餐饮店、理发店、维修店、再生资源回收店 | 超市、便利店、图书音像店、美容店、洗衣店、家庭服务等 |
| 中型社区便民商圈 | 满足日常生活必要的商品及便利服务 | 菜市场、超市、报刊亭、餐饮店、维修店、美容美发店、洗衣店、再生资源回收店、家庭服务店、冲印店 | 便利店、药店、图书音像店、家庭服务、照相馆、洗浴、休闲、文化娱乐、医疗保健、房屋租赁等中介服务等 |
| 大型社区便民商圈 | 满足日常生活综合需求，提供个性化消费和多元化服务 | 百货店、综合超市、便利店、药店、图书音像店、餐饮店、维修店、美容美发店、洗衣店、沐浴、再生资源回收、家庭服务、照相馆 | 专卖店、专业店、旅馆、医疗保健、房屋租赁等中介服务、宠物服务、文化娱乐等 |

资料来源：商务部网站。

## 二、重庆城市社区便民商圈建设现状、措施及存在的问题

### (一) 重庆城市社区便民商圈建设现状

重庆社区便民商圈的规划建设已见雏形。早先的社区商业主要是由历史延续演变而成的沿街形式的商铺，这种商铺随着市场经济发展和交通道路的规划自然形成，其缺点是缺乏科学统一的规划、商业水平低耗低产，以及社区商业功能不够齐备。随着商业地产的逐步成熟，社区商业的发展取得了巨大的进步，产生了一大批购物中心、生活广场、文娱休闲一条街等社区商业项目。重庆的社区商业设施正逐渐被规划建设成为一个综合性的建筑，为社区居民创造欢聚热闹的社区商圈。

1. 发展基础不断夯实

社区商业是最根本、最基础的民生商贸经济工作，是保证市场供应、建设城乡统筹的商贸网络体系，是实实在在的政府民生工程。2013 年，重庆市商业委员会在《关于进一步做好社区便民商圈建设工作的通知》中明确要求，要全力推进商贸民生工程，大力发展与老百姓日常生活密切相关的社区商业。截至 2016 年 3 月底，全市社区便民商圈已建成 202 个，商业网点数 5.68 万个；年营业收入达到 478.7 亿元，亿元级商圈 162 个；社区连锁门店 2.75 万个，连锁经营比重占 48.2%；解决就业 10.5 万人，实现了群众就近消费的目标，有效缓解了城市交通压力。

2. 规划体系逐步形成

《重庆市城乡规划公共服务设施规划导则》《重庆市公租房设计规则及技术措施》，以及重庆市人民政府《关于加快发展社区商业的意见》、重庆市商委《关于加快建设社区便民商圈的意见》等一系列准则和规划的出台，为重庆社区商业发展制定了规范标准，并且提供了理论及技术支持。按照已建居住区基本实现便民商圈全覆盖的目标要求，全市计划建设便民商圈 550 个。

3. 政策支撑日益增强

2010 年重庆市人民政府《关于加快发展社区商业的意见》、2012 年重庆市人民政府《关于加快公租房配套商业发展的指导意见》等文件，成为全国第一批省级政府层面支持发展社区商业、公租房配套商业的文件。重庆市商委《关于加

快建设社区便民商圈的意见》《关于进一步做好社区便民商圈建设工作的通知》等文件，细化政策措施，夯实发展基础，提出要严格落实重庆市人民政府《关于加快发展社区商业的意见》中关于用不低于 1% 比例的城市建设配套费支持发展社区商业的规定，积极争取税收、规费减免和土地保障等配套政策支持。

4. 示范效应不断突显

实施示范工程，带动社区商业快速发展。一是制定了社区商业建设规范和标准，引导企业树立现代社区商业发展理念；二是培育示范龙头企业，坚持政府引导和市场运作相结合的原则，培育了 50 个社区商业示范龙头企业，支持绿优鲜、渝百家等一大批企业加大社区商业网点建设投入力度；三是开展示范创建活动，先后创建 16 个国家级商业示范社区、85 个市级商业示范社区，建设标准化菜市场 524 个、社区规范化经营网点 2 000 个、直销菜店 251 个、示范社区便民商圈2 个，评选 200 个社区示范超市，实现每个区县都有商业示范社区的目标，调动各类社会资本发展社区商业的积极性，打造了沙坪坝金阳易诚社区、渝北汇祥好莱坞、荣昌玉屏社区等一批以集中布局为主的社区商业综合体，促进了社区商业集约化、品牌化发展。

5. 电子商务进入社区

发展电子商务，积极促进传统社区商业和电子商务融合发展，建设"一店多能"网点。一是发展 B2B 社区零售业采购服务平台，如奇易网、宅天下实行"社区电商平台+共同配送"模式，吸引了 650 多家社区门店实行在线采购、统一配送，为社区门店和群众提供网络购物服务。二是发展社区生活综合服务平台，如秦煌网络科技、九樱电子等社区电商企业搭建一站式生活馆，提供代收代缴、代订代办、家庭理财等综合性社区服务。三是大力发展社区末端物流配送平台，如爱达、时报优配等建设搭载集快递末端配送、O2O 体验购物等多种功能于一体的社区便民店。四是积极发展智慧云社区服务平台，如九龙坡石坪桥骏逸新视界智慧社区便民商圈，实现公共区域免费 WiFi 网络覆盖，居民可通过手机APP 查询政务信息、社区新闻和社区生活指南，以及办理水电气缴费、门诊预约、订餐订位和公共交通查询预定。

（二）重庆城市社区便民商圈建设措施

重庆市出台了各项措施建设社区便民商圈，以实现社区商业全覆盖。

一是出台《重庆市社区便民商圈建设规范》，从如何规划布局、如何进行设施建设、如何配置业态、如何规范服务、如何日常管理等方面提出具体要求，突出社区便民商圈的属地性、便利性、规范性和持续性等特征。

二是结合《重庆市现代商贸服务业发展"十三五"规划》，制定与城市核心商圈相承接、与宜居重庆"51015"目标符合的社区商业布局，保证城市住户出家门走路5分钟能够抵达便利店，走路10分钟能够抵达超市和餐饮店，骑车15分钟能达到购物中心，满足居民日常生活"一站式"消费需要。编制全国首个公租房配套商业规划，解决主城区40个公租房小区商业配套建设、管理的难题。

三是加强必备型业态配置，重点配置社区菜市场、中大型生活超市及生鲜超市、社区便利店、餐饮店、家庭服务中心、小型理发店、洗衣房、家电修理等业态，达到必备型业态全覆盖。按照市规划局《重庆市城乡公共服务设施规划标准》，将菜市场确定为社区公共设施，规划新建120个标准化菜市场。

四是使96980家政服务平台等与社区服务站完美对接，让市民在家时能够轻松享受信息共享、预约预定、商品订购、商品配送等各种便民功能，以及家庭服务、修理修护、生活购物、餐饮美食、休闲娱乐等多种便民服务。

到"十三五"期末，重庆将建成一批布局十分合理、设施配套完整、业态业种齐全、功能完善强效、使用方便快捷、管理合理有序、服务热情优质、商居和谐共进的市级社区便民商圈，并基本实现已建成居住区社区便民商圈全覆盖，主城区社区电子商务覆盖率达到80%。

（三）重庆城市社区便民商圈存在的问题

1. 监管落实手段不足，社区商业规划执行困难

各级政府出台的各类商贸规划，对各社区商业业态分类要求不具体。《城市居住区规划设计技术规范》是目前有关社区商业设施规划布局的最明确标准，其中对居住区配套公共服务设施做了相关规定，但是对菜市场、中型商场、社区便利店、社区肉菜店等老百姓感受最深、最实在的社区商贸服务业设施设置仍无具体规定。《重庆市城乡规划公共服务设施规划导则》《重庆市公租房设计规则及技术措施》同样存在此问题。

总的来说，目前社区商业基本上是以房地产商为主体进行开发，开发商没有从开发时代向运营时代转变，政府也没有从市场自主发展向科学规划引导与市场机制相结合转变。缺乏科学的发展理念，给社区商业带来定位失衡、发展缓慢、业态结构不合理、功能不完善、持续发展较难等问题。

2. 商业设施配套不足，社区居民消费仍感不便

目前重庆各区县城乡接合部和新建小区的社区商业发展相对滞后，商业网点疏密还不平衡。商业店铺面积普遍偏小，传统商品比重较大、商品档次偏低，社区便民商圈缺少中心商场支撑。新建居住区的商业设施不配套，社区中小型商贸服务网点偏少，尤其是菜市场等生活必需品市场建设滞后，网点建设跟不上城市发展，难以满足居民购物及服务需求。此外，目前重庆市缺乏大型社区商业示范龙头企业，现有的相当一部分连锁企业仍不具有现代意义的连锁经营企业的竞争实力，不少社区缺少菜市场、家政服务店、代收代缴点，给居民日常生活消费造成不便，存在居民"住新楼、添新愁"现象。并且，不少社区尚未形成自身的社区商业特色，社区便民商圈特色不突出，业态不齐全，商业品牌品种少、档次低，缺乏满足性和安全性，尚未真正达到"便利消费进社区、便民服务进家庭"和"51015"的社区商业要求。这一系列的问题，造成社区群众消费不便。

3. 部门协调配合不足，持续的市场监管不够

重庆各区县商务局大都成立了社区商业服务中心建设领导小组，但社区商业建设涉及城市规划、建设、国土、房管等多个环节，由于协调配合不够，很难确保社区商业建设工作落到实处。由于受"社区商业规模小、限上企业不多"的观念影响，较长时期以来政府对社区民生商业体系建设的领导、管理和调控不够重视。从各区县商委到各街道，从事社区商业的管理工作人员不足，而加快社区民生商业发展所涉及的规划、日常统计、监管等基础性工作严重缺乏人手。目前重庆市还没有形成对社区商业的纵向管理体系，贯彻落实市、区有关社区商业工作的政策和法规存在一定困难。

4. 扶持激励力度不足，政策支持仍需加强

各区县出台的商贸流通扶持政策，侧重对大市场、大商贸、大流通方面的支持，对社区民生商业的着力点不多，支持量不大，导向不明确。虽然国家和市级政策对于社区民生商业的支持在逐年加大，但是难以实现政府意图和市场机制的有机结合。另外，流通现代化水平低、物流配送体系不健全、信息化水平低以及财政支持力度明显不足等一系列问题导致规划建设社区商业组团式综合体较难。

### 三、重庆城市社区便民商圈发展对策

（一）创新社区商业管理模式

以往社区商业设施大多是以单个房地产商为主体进行开发，然后在楼盘一楼临街处进行出售或招租，管理混乱，使得社区商业发展缓慢、业态不完善。创新社区商业管理模式，新建社区商圈应鼓励和引导多开发商联合开发，鼓励开发商持有物业，鼓励专业管理公司统一管理经营，以提升社区商业的管理水平；对于已建需改造的社区商圈，应鼓励专业管理公司管理经营社区商业，引导社区商业健康、有序地发展和运行，更好地服务于社区居民，实现便民利民的目标。

（二）创新社区商业服务体系

各社区商圈可根据实际情况，创新社区商业服务体系，尤其是特大型和大型社区商圈应完善商业服务体系，更好地满足本区域及周边居民的日常生活需要。推进家政服务网络建设，引进家政行业的连锁品牌企业，建设家政服务网络中心，提升服务水平，更好地满足居民家庭服务需求；大力推进电子商务进社区，打造社区商业电子商务平台和便民服务网，让社区居民足不出户就可以享受送货、送餐、维修等上门服务，充分发挥社区商圈的服务便捷功能，促进居民便利消费。

（三）完善社区商业必备型业态

实施"十个一"工程，完善社区商圈业态，即每个社区商圈至少有一个社区综合超市、一个标准化菜市场、一批便利店、一批大众餐饮店、一批大众理发店、一批社区药店、一批洗衣店、一个以上家政服务店、一个以上维修店、一批便民服务项目。同时，配置两个以上选择型业态。根据各个社区商圈的特点，配置和完善商圈商业业态，优化结构，加快形成业态齐全、数量适宜、功能完善、消费方便的社区商业体系。

（四）大力发展连锁经营

鼓励连锁品牌企业入驻社区商圈，大力引进社区超市连锁、餐饮连锁、便利店连锁、药店连锁、家政连锁等，更好地满足社区居民的日常消费需要，提高居民的消费水平，提升社区居民的幸福感。

（五）建设社区商业特色街区

社区商圈应根据自身的区位特点及发展优势，在商圈内建设特色的商业街

区。特色商业街区除了能满足本社区居民的日常生活消费需求外，还可以吸引社区周围的居民到商圈内消费，更好地发挥社区商圈的辐射功能。

### (六) 加强特色商业文化建设

随着生活水平的提高，人们越来越重视精神层面的消费，培育社区商圈特色的商业文化成为建设和发展社区商圈的重要部分。每个商圈应结合自身的特色，发展民族文化、欧式文化、养生文化等商业文化，提高社区商圈的档次和品位，加强社区居民的精神文化建设。

### (七) 建设和规范再生资源回收网点

社区商圈应加快再生资源回收体系建设，支持和鼓励龙头企业建设集分拣中心、初加工、交易等为一体的综合市场，并将垃圾集中到综合市场统一管理；规范社区回收网点布局，加强网点的规范管理，彻底改变回收网点脏、乱、破的局面，改善社区商圈的整体形象，为社区居民提供更舒适、更干净的社区环境。

### (八) 实施社区商业示范工程

要积极开展社区商业示范工程，加快规范化社区商业网点的建设。其具体措施包括实施早餐示范工程、改建标准化菜市场、培育示范社区超市等。充分发挥商业示范社区的引导作用，带动更多的社区实现社区商业规划合理、功能完善、业态齐全、消费便捷的目标，不断推动社区商业规范化、人性化发展，提高社区居民的生活质量。

### (九) 建立社区商圈统计体系

做好社区商圈的统计工作，建立一套完善的社区商圈统计体系。通过相关指标对社区商圈进行定量分析和定性分析，同时与成熟的社区商圈进行比较分析，可以及时发现社区商圈发展中存在的问题，以促进商圈更好更快地发展。

### (十) 加强社区商圈日常管理

城市各街道应组建社区商圈管理专门机构，具体负责社区商圈建设、招商、管理等日常工作。政府应加强社区商业设施用途管理，支持开发商或物业公司持有物业，并监督其严格按规划用途使用商业设施。同时，政府还要加强社区消费环境的管理，加强日常的监管。

# 第十章 重庆特色商业街转型升级研究

商业街是商业、建筑和城市文化特色突出的繁华街道，是城市商业的缩影和精华，是城市人流最为聚集的场所，也是一个城市最引人注目的名片之一。重庆是山地城市，有着得天独厚的地理条件，同时具有深厚的历史文化底蕴，重庆的商业街已经成为承载重庆商业发展的重要载体，成为彰显重庆历史文化的名片，是加快建设长江上游地区现代商贸中心的重要组成部分。

## 一、重庆特色商业街发展现状

特色商业街，又称单一型商业街，其业态单一、差异化小，一般走特色化路线，多表现为主要提供餐饮、购物、休闲等某一类服务，如服装一条街、餐饮一条街、婚纱一条街、啤酒一条街、茶叶一条街等。随着城市和商贸服务业的快速发展，重庆特色商业街不断发展壮大，数量逐步增多，影响辐射范围日益扩大。截至 2015 年 12 月，重庆已经建成特色商业街 122 条（凡是城市核心商圈里面的综合性商业街都不在这个范围内），其中国家级美食街 16 条，市级美食街 52 条，市级商业特色街 10 条；在建和拟建特色商业街 63 条，其中特色餐饮街 18 条。特色商业街已经成为重庆城市商业发展的重要载体。

（一）重庆已建特色商业街发展现状

1. 特色商业街空间分布

截至 2015 年 12 月，重庆市已经建成的特色商业街在五大功能区中的分布为：都市功能核心区和都市功能拓展区有 48 条，占比 39.3%；城市发展新区有 35 条，占比 28.7%；渝东北生态涵养发展区有 19 条，占比 15.6%；渝东南生态保护发展区有 20 条，占比 16.4%。重庆特色商业街已经覆盖重庆市五大功能区，特色商业街的空间分布相对比较合理。其具体情况如图 10-1 所示。

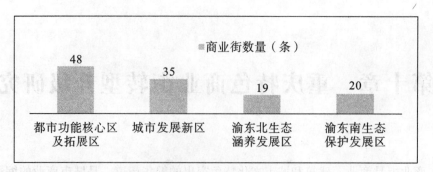

图 10-1 重庆市五大功能区特色商业街的数量（2015 年）

数据来源：重庆市商业委员会及课题组调研数据。

2. 特色商业街的长度及商业设施面积

截至 2015 年 12 月，重庆市特色商业街的总长度达 100 千米，每条商业街的平均长度为 1 000 米左右，800 米以下长度的特色商业街 110 条，占 90.2%。其中，都市功能核心区及拓展区的特色商业街平均长度为 963 米，城市发展新区特色商业街平均长度为 766 米，渝东北生态涵养发展区特色商业街平均长度为 734 米，渝东南生态保护区特色商业街平均长度为 1 677 米（具体见图 10-2）。重庆市特色商业街总体商业设施面积达到 475.81 万平方米，其中都市功能核心区及拓展区的商业设施面积为 202 万平方米，城市发展新区的商业设施面积为 157.75 万平方米，渝东北生态涵养发展区商业设施面积为 52 万平方米，渝东南生态保护发展区商业设施面积为 64.06 万平方米（具体见图 10-3）。

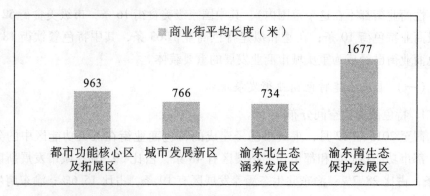

图 10-2 重庆市五大功能区特色商业街平均长度（2015 年）

数据来源：重庆市商业委员会及课题组调研数据。

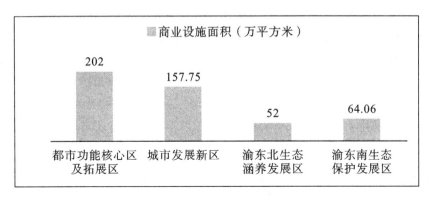

**图 10-3　重庆市五大功能区特色商业街商业设施面积（2015 年）**

数据来源：重庆市商业委员会及课题组调研数据。

3. 特色商业街的社会消费品零售总额、网点及业态

截至 2015 年 12 月，重庆市特色商业街社会消费品零售总额为 271.73 亿元，占重庆市社会消费品零售总额的 4.2%。其中：都市功能核心区及拓展区社会消费品零售总额为 120.75 亿元，占比 44.4%；城市发展新区的社会消费品零售总额为 96.23 亿元，占比 35.4%；渝东北生态涵养发展区社会消费品零售总额为 27.5 亿元，占比 10.1%；渝东南生态保护发展区社会消费品零售总额为 27.25 亿元，占比 10.0%（具体见图 10-4）。商业网点数量 24 035 个，其中：连锁经营网点 9 614 个，占比 40%；业态以餐饮店、专卖店、专业店、百货店为主；业种以餐饮、购物、休闲、娱乐、旅游体验等为主。

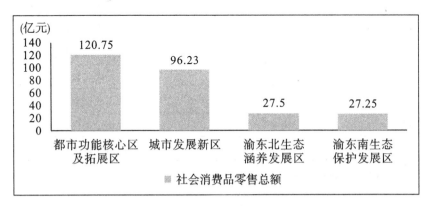

**图 10-4　重庆市五大功能区特色商业街社会消费品零售总额（2015 年）**

数据来源：重庆市商业委员会及课题组调研数据。

4. 美食街成为重庆特色商业街的重要组成部分

在重庆已经建成的特色商业街中，以餐饮为主的美食街占到总数的75%。在重庆已有的62条市级特色商业街中，美食街达52条，占总数的83.9%，其中，中华美食街有16条，市级夜市街有22条。在市级夜市街中市级特色夜市街有12条，市级创业夜市街有10条。目前，重庆全市美食街总长度达5万米，店铺总数共4 200多家，营业面积163万平方米。重庆市中华美食街具体情况见表10-1，重庆市级夜市街见表10-2。

表 10-1  重庆市中华美食街一览表

| 序号 | 区位 | 名称 |
|------|------|------|
| 1 | 九龙坡区 | 重庆直港美食街 |
| 2 | 九龙坡区 | 重庆巴国城美食街 |
| 3 | 九龙坡区 | 直港大道美食街 |
| 4 | 南岸区 | 重庆南滨美食街 |
| 5 | 南岸区 | 重庆南山美食街 |
| 6 | 渝北区 | 重庆嘉州美食街 |
| 7 | 渝北区 | 金港国际美食大道 |
| 8 | 渝中区 | 重庆洪崖洞民俗风貌区 |
| 9 | 江北区 | 江北区北城天街美食乐园 |
| 10 | 沙坪坝区 | 磁器口老重庆民俗风情餐饮街 |
| 11 | 万州区 | 重庆万州美食城 |
| 12 | 永川区 | 永川棠城公园美食街 |
| 13 | 云阳县 | 云阳外滩美食街 |
| 14 | 荣昌 | 荣昌昌州故里美食街 |
| 15 | 秀山 | 秀山花灯美食街 |
| 16 | 长寿 | 古镇美食街 |

数据来源：重庆市商业委员会。

表 10-2　　　　　　　　　　重庆市级夜市街一览表

| 种类 | 区域及名称 |
|---|---|
| 市级特色夜市街（12 条） | 渝中区较场口夜市、江北区不夜九街、九龙坡区南方花园夜市、万州烤鱼城、北碚区泰吉正码头滨江夜市、长寿区菩提古镇夜市、荣昌区昌州故里夜市、黔江区恒盛·伴山金街夜市、梁平县乾街夜市、武隆县夜宴商业街、酉阳县桃源水街、璧山区南门唐城夜市 |
| 市级创业夜市街（10 条） | 九龙坡区黄桷坪夜市、南岸区城南家园夜市、沙坪坝区双碑夜市、南川区名润河滨夜市、铜梁区马家湾夜市、开州区滨湖中路夜市、石柱县滨江金岸夜市、彭水县黔龙金街夜市、秀山县朝阳路夜市、万盛经开区孝子河夜市 |

数据来源：重庆市商业委员会。

## （二）重庆在（拟）建特色商业街情况

截至 2015 年 12 月，重庆市有 29 个区县在建或拟建特色商业街 63 条，其中特色餐饮街 18 条。在建或拟建特色商业街具体分布情况是：都市核心区和都市功能拓展区 13 条，占比 20.6%；城市发展新区 22 条，占比 34.9%；渝东北生态涵养发展区 23 条，占比 36.5%；渝东南生态保护发展区 5 条，占比 7.9%。在建或拟建特色商业街主要集中在渝东北生态涵养发展区。拟建特色商业街商业设施面积达 271.73 万平方米，商业街总长度 60 千米左右。具体情况见表 10-3。

表 10-3　　　重庆市在（拟）建商业街的基本情况表（2015 年）

| 区县 | 商业街名称 | 商业街长度（米） | 商业设施面积（万平方米） |
|---|---|---|---|
| 渝中区（4 条） | 融创白象街 | 500 | 10 |
| | 二厂文创公园 | 200 | 3 |
| | 较场口夜市 | 1 500 | 13.7 |
| | 鲁祖庙风貌区 | 150 | 5 |
| 大渡口区（2 条） | 观渡坊娱乐美食街 | 150 | 2 |
| | 中交丽景商业街 | 400 | 3 |
| 江北区（1 条） | 源著天街 | 500 | 30 |
| 九龙坡区（1 条） | 新九龙商业步行街 | 1 000 | 7 |

表10-3(续)

| 区县 | 商业街名称 | 商业街长度(米) | 商业设施面积(万平方米) |
|---|---|---|---|
| 北碚区(2条) | 大科园—万达商业街 | 500 | 15 |
| | 偏岩古镇 | 450 | 0.65 |
| 巴南区(3条) | 巴文化鱼洞老街 | 550 | 3.3 |
| | 龙洲湾品牌汽车销售商业街 | 800 | 3 |
| | 新京广场美食街 | 2 000 | 3 |
| 长寿区(4条) | 富盈湾市级美食街 | 1 000 | 0.5 |
| | 东海假日花园市级美食城 | 600 | 0.3 |
| | 滨江长寿谷特色商品街 | 600 | 0.9 |
| | 香江国际泰晤士小镇风情商业街 | 1 000 | 1.9 |
| 江津区(3条) | 智慧熙街 | 350 | 1 |
| | 祥瑞·时尚天街 | 650 | 0.87 |
| | 白沙新城商业步行街 | 800 | 1.5 |
| 合川区(1条) | 铂金灯光夜市街区 | 800 | 3 |
| 永川区(1条) | 名豪夜市街区 | 640 | 5 |
| 綦江区(6条) | 綦河特色美食商业街 | 1 000 | 6 |
| | 通惠滨河美食街 | 1 500 | 2 |
| | 古剑山风景区特色商业街 | 500 | 3 |
| | 半边街特色风情街 | 1 500 | 1 |
| | 羊肉系列美食街 | 500 | 1 |
| | 高庙特色街 | 800 | 0.75 |
| 大足区(3条) | 大足口福街 | 1 386 | 4.5 |
| | 海棠国际商业步行街 | 512 | 2 |
| | 海棠人家步行街 | 700 | 4.5 |
| 潼南区(1条) | 鸥鹏·潼南天地 | 1 800 | 25 |
| 铜梁区(1条) | 安居火神庙文化旅游工艺品商业街 | 1 000 | 1.9 |
| 荣昌区(1条) | 昌州风情步行街 | 300 | 3 |
| 万盛经开区(1条) | 伯利兹风情商业街 | 500 | 2 |

表10-3(续)

| 区县 | 商业街名称 | 商业街长度(米) | 商业设施面积(万平方米) |
|---|---|---|---|
| 万州区(3条) | 万州烤鱼特色夜市街 | 350 | 0.5 |
| | 观音岩汽车销售街 | 3 000 | 5.8 |
| | 鸽子沟仿古建筑街 | 600 | 2 |
| 城口县(1条) | 滨河路休闲风情商业街 | 500 | 20 |
| 丰都县(6条) | 滨江路特色街 | 900 | 2.7 |
| | 滨江路夜市街 | 300 | 1.3 |
| | 龙河天街 | 2 300 | 7.5 |
| | 特色旅游文化商品街区 | 2 000 | 15.7 |
| | 乡村旅游特色产品展示平台 | 1 500 | 0.3 |
| | 龙城香街 | 600 | 2.5 |
| 垫江县(2条) | 明月大道风情休闲街 | 1 000 | 0.5 |
| | 南内街步行商业街 | 800 | 0.3 |
| 开县(4条) | 开州古城 | 500 | 1 |
| | 雪宝山旅游商业街 | 800 | 0.5 |
| | 创业夜市街 | 600 | 0.4 |
| | 浦里工业新区商业街 | 2 000 | 2 |
| 云阳县(3条) | 商业步行街 | 1 500 | 1.3 |
| | 特色夜市街 | 800 | 0.5 |
| | 孝仪文化用品街 | 1 000 | 0.6 |
| 奉节县(2条) | 奉节县夔门印象商业特色街 | 1 500 | 8 |
| | 奉节滨江公园美食街 | 1 000 | 1.5 |
| 巫山县(1条) | 高唐美食街 1 500 | 5 | |
| 巫溪县(1条) | 漫滩路(三期)美食街 | 1 000 | 6 |
| 黔江区(1条) | 黔江民族风情城 | 1 600 | 5.7 |
| 武隆县(1条) | 仙女天街 | 2 000 | 3.3 |
| 石柱县(1条) | 石柱旗山餐娱商业特色街 | 800 | 2.2 |
| | 石柱礼堂坝商业步行街 | 500 | 1.8 |

表10-3(续)

| 区县 | 商业街名称 | 商业街长度(米) | 商业设施面积(万平方米) |
|---|---|---|---|
| 彭水县(2条) | 黔龙阳光金街品牌夜市 | 1 500 | 1.2 |
| | 江城名都创业夜市街 | 800 | 1.36 |

数据来源：重庆市商业委员会及课题组调研数据。

## 二、重庆特色商业街存在的问题分析

### (一)特色商业街区位布局不均衡

从区位分布看，特色商业街规划布局不均衡。大部分区县的商业街仍主要分布在老城区，导致布局过于集中，不利于综合利用城市资源，容易引发交通拥堵和恶性竞争。因此，应根据城市发展趋势和城市规划的要求，适度均衡布局，考虑新城区的发展对商业网点的需求，便于交通组织、基础设施配套、旅游资源开发等。

### (二)特色定位不突出

重庆市知名特色商业街中市级美食街占了86.5%，其他类型的特色商业街只占到13.5%，特色商业街建设同质化现象严重。部分商业街在建设、改造过程中未能结合本区域的自然、历史、区位条件等形成自身的特色，商业街的商业特色、产业特色、地方特色和文化特色等有待进一步挖掘、培育。

### (三)建设标准有待进一步规范

从调研情况看，各区域打造的特色商业街长度从百余米到几千米不等，特色商业街长度差异非常大，空间长度有待规范。特色商业街商业网点的数量较多，但是连锁经营网点所占比重有待进一步提升，有些特色商业街连锁经营网点数量仅占网点数量的8%左右。此外，即使是综合性的商业街，业态同质化现象也较为严重，部分商业街存在业态组合不合理、经营业态与特色不衔接等问题。如，部分古镇历史文化街重商业，轻历史，轻文化，在餐饮、旅游纪念品、住宿等业态经营上缺乏特色和文化底蕴，导致街区缺乏经营活力。

（四）配套服务不够完善

特色商业街的配套设施尚不够完善，综合配套服务能力有待提升。特色商业街尤其应完善人性化的街道设计、绿化景观风貌、停车场、公共厕所、治安岗亭等公共配套设施，以促进商业街的纵深发展。

## 三、重庆特色商业街转型升级对策

（一）四态合一，丰富商业街的建设理念

特色商业街的建设、发展和完善要贯穿形态、业态、生态、文态四态合一的建设理念。在形态方面，商业街是城市、地区发展形象的重要组成部分，也是城市和地区形象的展示窗口，因此其整体景观风貌要与城市、区域发展整体形态相一致；业态要丰富，结构合理，依据现代消费需求创造性布局，实现多功能复合发展，开拓消费业态；生态要实现绿色发展，从生态文明的角度实现城市发展、人与自然的和谐统一；文态要从文化遗产的文脉精神方面，挖掘历史，传承文化，让商业街成为城市历史文化的传承载体。

（二）功能复合，提升商业街的社会服务水平

特色商业街作为城市的社会活动中心，集购物、餐饮美食、休闲娱乐、旅游观光、文化性消费等多功能于一体。然而，目前重庆特色商业街过于注重商业功能，而休闲体验、文化传承等功能较为欠缺且配套功能薄弱。因此，要把商业功能、休闲体验及文化传承等功能与配套功能复合起来，使特色商业街成为城市展示窗口及社会活动中心。

（三）线上线下，创新商业街的商业模式

移动互联网的发展，使消费者可以通过互联网、手机软件（APP）等线上方式在线购买商业街商家的产品或服务，然后线下到商家消费。商业街的创新发展要充分利用这种新型商业模式，有效地利用互联网和电子商务，吸引消费者到商业街体验和消费；同时通过网络社区互动和大量消费数据的挖掘，有效利用消费者口碑，反过来指导线下商业的品类战略和业态组合，提升商业街的品牌形象以及文化传承力，增强商业街对经济的拉动效应。

（四）信息分享，提升商业街的智慧化水平

在智慧化时代，商业街的建设要充分整合城市智慧化建设的信息资源，通过网络技术设备及信息分享平台等，将商家的信息和相关公交线路、停车场信息等方便快捷地展示出来；通过搭建商业街社群平台，发展粉丝经济等。合理的信息分享，可以提升商业街的服务水平和能力，有助于打造智慧化的特色商业街。

（五）突出特色，实施街区错位发展策略

商业街在功能布局特色化发展方面要错位发展。首先，商业街的发展定位要错位，应根据其特有的区位环境、资源环境及文化历史等确定特色定位，实现街街有特色，并根据街区的特色定位合理确定业态组合，进行有效的功能分区；其次，注重商业街内店与店业态之间的错位，确保各种业态组合合理；最后，商业街内店与店之间经营的商品要错位，主力商品特色要鲜明，店与店之间服务要错位，突出服务特色，实现服务错位。

# 第十一章 重庆零售业服务创新对策研究

## 一、零售服务创新的内涵与类型

### (一) 服务与服务创新

服务是具有无形特征却可以给人带来某种利益或满足感的可供有偿转让的一种或一系列活动。与有形产品相比,服务具有无形性、差异性、不可分离性和不可储存性的特点。因此,服务创新也必须立足于服务的这些特性的基础上。服务创新的概念是从创新的概念演变而来的。服务创新是指一方提供给另一方与以前不同的服务满足,即服务组织机构提供更高效、周到、准确、满意的服务产品,通过服务理念、服务模式、服务过程或服务运营体系等方面的变化,做出改善或改变,从而创造更大的价值和效用。服务创新是一个过程,企业要为顾客提供服务,同时继续分析顾客的需求,尽可能地寻找出能够进行创新的切实可行的切入点。

### (二) 零售服务创新的类型

顾客服务是零售企业的一项基本活动,服务创新是零售企业应对市场竞争、获取竞争优势的重要途径。那么,零售企业可以在哪些方面进行创新呢?创新的关键维度是什么?比尔德贝克(Bilderbeek)等学者在整合前人研究成果的基础上,在1998年提出服务创新的四维度模型,较为全面地描绘了服务创新的实施过程和可能维度,为服务业政策制定者和企业家实施服务创新提供了理论依据与指导。服务创新四维度模型提供了分析服务创新的基本框架(图11-1),四个维度分别是新服务概念、新顾客界面、新服务传递系统以及技术,不同维度间存在关联和相互作用,分别对应不同的职能活动。实际上,大多数创新并不是由单一要素产生的,而是各种要素综合作用并包含不同程度变化的混合体,它们共同作用形成了最终的创新成果。

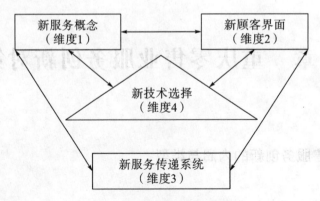

图 11-1　服务创新四维度模型

根据服务创新四维度模型，零售服务创新可分为四种类型。

（1）服务概念创新。服务的无形性特征决定了服务创新在很大程度上是一种概念化的创新，即解决一个问题的概念、方法或思路的创新，其核心问题是零售企业提供什么新服务以保留现有顾客并发展新的顾客。概念创新是相对于每一个服务市场的，即使某个概念在其他市场中已被顾客所熟悉，但对某个特定市场仍是一种创新。15 天无条件退换货、免费包装、提供送货安装服务等，均属于概念创新。

（2）顾客界面创新，是指服务推送给顾客的方式以及企业与顾客间的交流、合作方式的创新。随着服务经济时代的到来，越来越多的企业以顾客为导向提供产品和服务，针对顾客界面的分析已成为当前服务创新研究的热点问题之一。由于服务的不可分离性特征，顾客是零售服务环节不可缺少的重要部分，顾客的参与程度、参与方式均影响服务产品的质量。因此，服务提供者与顾客间的交互界面就显得尤为重要，需要服务提供者投资于顾客关系建设，并不断开发新的顾客交互作用方式。大数据的应用为顾客分析与顾客细分提供了条件，能帮助零售企业更加精准地找到目标顾客并推送服务，进一步促进零售企业的顾客界面创新。而电子商务的实施显著改变了服务提供者和顾客相互作用的界面方式和互动形式。

（3）服务传递系统创新。服务传递系统主要指生产和传递服务产品的组织，因此服务传递系统创新又称组织创新。服务传递系统创新强调现有零售组织结构以及员工能力要适应服务开发的需要，否则就要通过组织架构变革和员工能力的提升来促使创新顺利进行。最明显的例子是，企业将电子商务引入商业过程时，要进行较大的流程再造与组织重组，国美 2015 年实施的蜂巢式组织变革即属于此类。

（4）服务技术创新，即技术带来、引领的创新。新技术对零售企业的经营管理的直接影响主要有三类：创新零售新形式、使零售交易更有效率、改善零售经营控制。近些年电子支付、智能客服、自动收银机等服务项目的应用都是技术创新在服务领域的体现。

## 二、零售业服务创新的必要性

对于零售企业来说，顾客买单就是在买服务。在零售企业在商品、选址、价格、设施等方面越来越难以形成差异化优势的情况下，服务对于零售企业来说前所未有地重要。而在竞争态势、市场环境、消费者行为等均发生重要变迁的今天，零售企业经营面临重重困难，还有不少企业面临亏损或倒闭。在这一背景下，零售企业服务创新更是具有必要性与迫切性。

（一）服务经济时代的到来对零售企业转型提出迫切的要求

2015 年，中国服务业增加值占 GDP 比例为 50.5%，标志着中国经济正式步入从工业经济向服务经济转型的新时期。这为服务业企业的发展提供了巨大的机遇，也提出了诸多挑战，要求我国服务业必须提高经营绩效，以技术特别是信息技术推进服务业现代化，以制度变革和创新释放服务业生产力。而传统零售企业必须实施服务转型，即由过去卖产品转变为卖服务，由过去以产品为中心的利润链转向以顾客价值为中心的价值链，由一买一卖的传统商业业态向体验经济、社交平台、休闲中心、生活中心转变。

（二）互联网大格局给零售企业服务带来新的挑战

流通领域是与互联网接触最早、融合最深的领域之一。电子商务时代的到来，尤其移动电子商务的发展，带来零售产业组织结构、交易模式、盈利模式等的重构，丰富了流通业态，改变了流通市场的格局。一方面，零售组织及其经营方式的变革，以及电子商务时代的定制化、大数据、人工智能、共享经济等应用对零售服务的形式与内容均带来彻底的颠覆。另一方面，越来越多的消费者转向网上购物，为应对电商冲击，传统零售企业必须进行以消费者为中心的服务变革，尤其要通过改善服务、体验、物流等网络零售的"痛点"建立服务的差异化竞争优势。在这一背景下，零售企业必须加快服务创新的步伐，才能够有效应对白热化的市场竞争。

（三）个性化时代的消费需求对零售服务提出了更高的要求

在服务经济时代，过去排浪式的消费逐渐让位于个性化的消费。迅速崛起的"90 后"和"00 后"消费者，其消费更加个性化、自由化、共享化，对消费主权的要求更加严格与迫切。这部分消费者喜好参与、互动，擅长表达思想与分享情感，使信息时代的消费行为变得更加碎片化、更短暂和更全方位。新时代的消费者对服务的需求更加多元化，要求服务由过去的功能性服务向功能、情感并重的服务形式转变，消费行为则追求感性与情境的诉求，注重与零售企业、服务人员的互动，这使得企业对顾客忠诚度的培育难度增大。如何留住老顾客并获得更多新的顾客、如何进行精准化识别与个性化服务的准确推送，是每个零售企业不得不思考的重大课题。

（四）供应链模式变革进一步增强了流通组织的服务性

在消费主权日益强化的互联网时代，去中间化的产销对接流通方式应运而生。供应链模式也逐渐从由生产到营销的推动式策略，转向由需求到生产的拉动式策略。在此过程中，中间商不断分化，流通业的服务性越来越强。与此相适应，流通组织模式的发展分为了三类：一是由过去的商品经营彻底转向服务；二是保留传统优势，继续发挥推动式策略中传统渠道、分销和库存集散的作用；三是将商品经营与服务经营相结合。

## 三、重庆零售业服务发展现状及问题

（一）重庆零售业服务发展现状

1. 零售行业服务能力显著增强

重庆成为直辖市以来，商贸快速发展，商贸服务业先导作用进一步增强，经济社会发展呈现出更多依靠消费引领、服务驱动的新特征，长江上游地区购物之都、会展之都、美食之都建设成效明显。目前，重庆市 10 平方千米的中央商务区开发建设初具规模，相关零售企业从提升服务品质入手，开发了从衣食住行到身心健康各个环节的生活性服务项目，初步形成从出生到终老的完整消费链条。通过这一系列的现代商贸服务业体系建设，重庆商贸服务能力显著增强，商贸服务业进入从以实物消费为主向以服务消费为主转变的新的发展阶段。

2. 零售企业初步形成服务优势

重庆市零售企业重视服务建设，在激烈的市场竞争中，形成了自己在服务方面的优势。例如，西部最大的商业零售企业——重庆百货的销售收入 1996 年不足 8 亿元，2015 年已达 300.79 亿元，其核心竞争力就是服务。早在 1993 年重百就在全国首创百万元维护消费者利益基金，把切实维护消费者合法权益放在最重要的位置，1997 年又在全市首批向消费者公开服务承诺，提出"绿叶不忘根的情"的企业理念和"为您服务、让您放心、使您满意"的核心价值观，获取了大量忠实客户，从而能在外资、外地零售商"群雄逐鹿"重庆市场的竞争中始终保持竞争优势。

（二）重庆零售业服务存在的主要问题

综观重庆零售业，大部分零售企业在服务方面仍然存在一些突出问题，制约了重庆零售业的进一步发展。

1. 缺乏对消费者心理与行为的深入了解，服务偏离顾客价值

商品与服务的销售离不开顾客价值。顾客价值包括情感价值、社会价值、功能价值、感知利失和品牌价值。为实现顾客价值，零售服务企业必须了解顾客的需求，并以顾客喜欢的方式为其提供商品与服务。如今，消费者行为模式发生了巨大改变，"80 后""90 后"甚至"00 后"逐渐成为零售主力消费人群，这部分新生代消费者与上一代有着完全不同的消费特性，比如追求自由、创新，更加具有"影响世界"的情怀。与此同时，大数据时代的到来使得信息传播速度与范围空前扩大，消费者自主权进一步增强，消费行为更加理性，对品牌依赖度逐渐下降；网络零售的迅猛发展也改变了消费者的购物习惯。在这样的背景下，部分重庆零售企业却忽视对消费者的购物心理与购物行为的研究，未能有针对性地提供产品和服务。

2. 服务理念不够，服务质量参差不齐

一是对服务重视程度不够。还有相当多的重庆零售企业，其经营者只关心商

品的销售，而没有意识到服务的重要性，只将服务作为商品的附加价值，这是影响重庆零售业服务水平提升的一个重要因素。二是服务规范性建设滞后，全过程管理能力较薄弱，导致服务质量不高。目前，重庆市零售企业还存在一线员工素质参差不齐、人员流失率高等问题，很多企业缺乏员工服务手册或员工行为细则，对员工服务意识、服务技巧、服务知识方面的培训不足，更没有对服务作业系统和服务传递系统实施服务接触点管理，难以为消费者提供全过程、高质量的服务。比如：员工服务语言、手势、站立姿势、仪容仪表不够规范，接待顾客不能准确运用书面语言传达信息；对商品知识掌握不全，缺乏专业知识，销售技能不高，无法向顾客传达准确的商品信息；缺少专业的服务技巧，缺乏服务热情，主动服务意识淡漠；服务各环节的衔接不够紧密，如销售部门只负责商品销售，不关心商品安装与售后环节，从而造成服务环节脱节，影响服务质量。

3. 服务内容和服务设施较单一，体验功能不足

部分重庆零售企业依然是运用传统思维做服务，认为服务不需要什么技术，只要服务人员热情就能干好服务工作。零售企业在为顾客服务时未对顾客进行细分，未对顾客的行为特征与服务需求进行分析，对不同的顾客提供大致相同的服务并且同行业间相互模仿，创新能力弱，缺乏独特性，导致整个行业的服务停留在较低水平上。另外，有不少零售门店的服务设施不完善，如缺乏导购图、休息椅、收银机等，没有给顾客创造方便、舒适的购物环境。单一的服务内容和简单的服务设施，自然无法为顾客提供难以忘怀的体验感受。

4. 企业组织及结构的固化，无法适应服务创新的需要

重庆零售企业仍普遍处在传统的推动式供应链模式下，企业组织及结构采用分层模式，在此基础上以营销部门为主来策划各种营销活动，其他部门进行协调，这不利于服务创新。在现代拉动式供应链模式下，商品和服务的提供完全取决于顾客的实时需求，它要求企业整合所有的运作过程与内部组织结构，尤其在网络营销环境下，线下线上互动为顾客提供全渠道的服务界面，更是打破了传统营销与服务供给模式的固化。这就使得零售企业无法再采用单一的、固定的、传统的实体供给模式，而需要在服务供给过程中不断根据客户需求和市场需求来调整服务营销策略。因此，重庆市零售企业有必要对企业组织结构进行适当调整，以适应电子商务时代服务创新的需求。

5. 运用互联网和信息技术能力不足，服务创新效果欠佳

近年来，我国互联网和信息技术发展取得了巨大成就，同时，也对企业的经营结构、经营理念、运营模式和营销策略带来了强烈冲击。互联网时代要求零售企业与过去有不同的服务营销思维。面对电子商务带来的竞争挑战，重庆市大部分传统零售企业均是以价格战来应对，对服务的理解还停留在过去的服务标准、服务规范、服务补救、服务质量体系等方面，运用互联网和信息技术的意识和能力严重不足，欠缺"互联网+"背景下对服务创新的更深入的思考。大部分零售企业依然很难借助电子商务平台、信息技术有效开展服务创新活动。在口碑营销、体验营销、全渠道营销、精准营销、社群营销、关系营销、数字营销、定制化等相对前沿的服务营销领域，虽然已有大量零售企业开始尝试，然而成功案例并不多见。

## 四、推动重庆零售业实施服务创新的对策

（一）以消费者为中心，树立全员服务的行业理念

①零售企业应回归消费者本质，深入研究居民消费心理、消费动态和消费市场细分化特征，掌握目标市场的顾客价值所在以及顾客行为特征，从而能够因地制宜，有针对性地为目标消费者提供精致的服务。②要以消费者为中心强化服务意识，树立全员服务的理念，建设企业服务文化。提高零售企业的服务水平绝不仅是与顾客接触的一线营业员的事情，而需要企业上下全体员工的共同努力。每一个员工的工作都会直接或间接影响企业的服务水平，任何一个工作或环节的差错都会降低服务水平，从而影响整个企业的服务形象。因此，要避免服务事故的发生，提高整体服务能力，必须树立全员服务的意识，建立企业各具特色的服务文化，对全体员工进行教育与管理，使每个员工都恪尽职守，高质量地做好本职工作。

（二）加强员工培训和内部营销，提升员工服务能力

员工是服务创新的核心要素，只有员工从内心认同服务理念，才能真正将服务落到实处。根据郝斯科特的服务利润链理论，员工培训和内部营销等措施，能够提升员工的工作满意度，最终影响企业的销售能力与利润获取能力。①加强员工培训。零售企业必须致力于长期不松懈地对员工进行培训，尤其加强一线员工

的培训，培训内容包括服务意识、服务理念、专业知识、专业技能、沟通技巧、服务形象等各方面，提高员工对顾客需求的快速响应能力。另外，应授予一线员工适当的权限，以便他们更好地服务顾客。②开展内部营销，努力为员工提供优质的内部服务。建立透明和清晰的过程管理，完善工作福利等激励方式是内部营销的主要形式。

### （三）鼓励业态创新，增强零售店复合式体验功能

零售企业应通过业态创新和跨界融合，推进服务创新与体验功能的打造。①培育新业态。优先发展与消费者体验、社交、文化、生活服务和购物融合为一体的全新商业业态，支持发展C2B（消费者对企业）、O2O（线上线下结合）、体验式购物等新型商业模式。②鼓励业态叠加与跨界融合，促进零售业向复合体验型发展。比如，大型购物中心可以适当减少零售类业态，增加以文化教育、休闲娱乐、餐饮等为代表的体验性业态，鼓励"咖啡+书屋""餐饮+花店""创意工场+展示展销"等跨界业态发展。在百货商场购物中心化趋势下，鼓励百货店、专业市场调整业态布局，探索引进书店、影院、艺术馆、咖啡、休闲餐饮、美容、母婴养护、康体娱乐、专业医疗机构、教育培训等业态，实现多行业多业态跨界融合，推进一买一卖的传统商业业态向体验经济、社交平台、家庭休闲场所、生活中心方向转变。在零售门店增设休闲、体验、休息区，加强管理，提升服务，打造舒适、优美、优雅的消费环境。

### （四）构建强用户关系，顾客参与服务创新

顾客参与是服务创新的最大特征。传统的零售商与消费者之间的关系是弱用户关系，即简单的买卖关系、一次性交易关系，交易结束则关系终结。提升零售服务要求建立强用户关系，即朋友关系、彼此信任的长期合作关系，只有这样，零售企业的网络中心地位才会不断提高，从而在产业价值链中获得持续竞争优势。构建强用户关系的途径主要有：①通过特色服务、便民服务、生活服务、代表顾客采购、为顾客提供解决方案等一系列举措，成为顾客生活中不可或缺的服务提供商，与顾客彼此信任和信赖，共同获益。②积极利用各类社会化媒体，包括网站主页、社交论坛、微博、微信、QQ、邮箱等，打造与顾客能够全天候沟通的多维界面，发展口碑营销、社群营销、微营销、"粉丝"经济、分享经济等服务营销新模式。③选择、培训恰当的顾客参与企业产品或服务的开发与改进过

程，促进顾客的知识转移，增强企业创新组合能力。

（五）打造服务特色，建立差异化服务竞争优势

打造服务特色是零售企业提高竞争能力的重要手段。实施服务特色营销，可以从以下方面着手：①增强服务设施，优化服务环境。根据企业定位和目标顾客需求，更新与完善服务设施设备，增加一些便利性服务设施和补充性服务设施，注重服务细节的打造，为顾客营造干净整洁、安全典雅、舒适愉悦的购物环境。如，便利店可适当配置顾客用餐与休憩区，提供无线 WiFi、手机充电等服务；百货商场可配置顾客休憩区、儿童娱乐区、咖啡厅、自动取款机、停车场及为残疾人开设绿色通道等，构造一个集购物、休闲、娱乐、社交等功能于一体的购物场所。②创新服务内容。如，零售企业可提供咨询、代缴代收、快递配送、送货上门、包装服务、维修服务、幼童临时托管等服务；具体服务内容的设计要依赖于企业管理层在营销策略上推陈出新、独树一帜。③优化服务流程。一是按照"顾客便利，提高效率"的原则，对营业场所进行科学分区和合理布局。二是建立规范化的服务标准并严格实施。三是加强服务接触点管理，将服务分解为若干关键环节、关键时刻，对每一个关键时刻的服务加强管理与监督，重视环节之间的紧密衔接。

（六）线上线下结合，提高大数据与信息技术运用能力

（1）线上线下结合，实施全渠道服务。从消费者的需求角度看，多渠道界面能进一步改善顾客的体验，而线上线下融合是一种成本低、效率高的运行模式。应将线上便利、信息交流快速高效的优点与线下展示与服务的功能进行有效融合，通过各种界面与消费者保持密切的联系与互动，使消费者能够实现全渠道搜寻，全渠道参与产品设计、生产，全渠道消费，全渠道收货，全渠道评价、反馈、传播。重视电子渠道在关系营销中的重要作用，零售企业要积极运用各类社会化媒体，包括网站、论坛、微博、微信、QQ、邮箱等，与消费者进行潜入式互动，及时了解消费者的需求及体验感受，快速反馈给上游供应链。鼓励网络零售企业开设实体展示店、体验店，提供退换货和到店取货服务；或者与实体店合作，将线上交流互动与线下真实体验相融合。

（2）提高大数据应用能力，构建零售服务的数据竞争力。大数据时代，零售企业经营管理决策越来越依赖于数据分析而非经验或直觉。具有大数据分析能

力的零售企业可以多维度、多角度地追踪与分析消费者，洞察消费者行为特征及消费趋势，实现大数据基础上的精准营销。基于大数据应用的服务创新包括：基于数据分析的产品及经营活动的改善、实现大规模生产基础上的个性化定制、有效串连线上线下为顾客提供一体化的智慧零售购物体验、企业重点客户筛选、客户分级管理、一对一的精准营销推广活动、品牌传播、基于无线网络（WiFi）或超声波的智能商店等。

（3）加强企业流通信息化建设，提高新技术应用能力。政府应加强信息基础设施建设，通过局域网（LAN）、广域网（WAN）、因特网（Internet）乃至物联网（Internet of Things）等建立开放的流通信息服务平台，建设共享数据库和数据仓库，为零售企业服务创新提供更好的外部条件。同时，零售企业应积极实施信息化改造，积极采用条码技术、射频技术、仓储计算机管理、电子数据交换、全球定位系统（GPS）、地理信息系统（GIS）等现代信息技术。另外，政府与零售企业都应关注新技术在零售行业的最新应用，比如人工智能、机器人、VR技术等。

# 参考文献

[1] 邵一明，钱敏. 零售企业竞争力指标与评价模型 [J]. 统计与决策，2003 (6)：17-18.

[2] 岳中刚. 基于因子分析法的区域零售业竞争力研究 [J]. 山西财经大学学报，2006 (2)：24-29.

[3] 李飞，曹兰兰. 零售企业核心竞争力：概念、内容和测评 [J]. 科学学研究，2006，24 (S2)：564-569.

[4] 栾晓梅，张虎. 湖北省零售业竞争力问题的研究 [J]. 统计与决策，2013 (10)：111-114.

[5] 孙璐，毛义有，宋德军. 黑龙江省零售业整体竞争力测评 [J]. 学术交流，2005 (6).

[6] 王健，王丽芳，周箭. 基于财务视角的上市百货公司竞争力评价实证研究 [J]. 北京工商大学学报（社会科学版），2013，28 (3)：40-46.

[7] 杨宜苗. 零售企业竞争力的地域差异及宏观影响因素——以31个省（市）限额以上零售企业为样本 [J]. 商业经济与管理，2008，206 (12)：11-16.

[8] 马龙龙. 中国城市流通竞争力报告·2008 [M]. 北京：中国经济出版社，2009.

[9] 刘根荣，付煜. 中国流通产业区域竞争力评价——基于因子分析 [J]. 商业经济与管理，2011 (1)：11-18.

[10] 曾庆均，等. 重庆商贸发展研究——重庆商贸中心的历史、现状与前景 [M]. 重庆：重庆出版社，2001.

[11] 曾庆均，等. 长江上游商贸物流中心研究——基于重庆的视角 [M]. 北京：科学出版社，2016.

[12] 马英. 面向终端客户的重庆市网络零售一体化物流应用研究 [D]. 重

庆：重庆大学，2015.

[13] 黄博韬. 我国零售业物流现状及发展对策分析 [D]. 苏州：苏州大学，2005.

[14] 陈焱晗. 零售业物流配送中存在的问题与对策探讨 [J]. 商业时代，2012 (2)：36-38.

[15] 赵冰冰. 我国零售业物流的发展现状与研究 [J]. 现代经济信息，2012 (10)：193-194.

[16] 郭燕，陈国华，陈之昶. "互联网+" 背景下传统零售业转型的思考 [J]. 经济问题，2016 (11)：71-74.

[17] 杨继瑞，薛晓，汪锐. "互联网+现代农业" 的经营思维与创新路径 [J]. 经济纵横，2016，362 (1)：78-81.

[18] 王海波. 网络零售业态发展的经济效应及对策 [J]. 理论与改革，2016 (1)：161-164.

[19] 刘向东，陈成漳. 互联网时代批发商的 "再中介化" ——价值链整合视角 [J]. 商业经济与管理，2016 (6)：5-14.

[20] 王晓华. 传统零售业 O2O 发展对策探析 [J]. 商业时代，2014 (13)：16-17.

[21] 汪旭晖，张其林. 电子商务破解生鲜农产品流通困局的内在机理——基于天猫生鲜与沱沱工社的双案例比较研究 [J]. 中国软科学，2016 (2)：39-55.

[22] 李冠艺，徐从才. 互联网时代的流通组织创新——基于演进趋势、结构优化和效率边界视角 [J]. 商业经济与管理，2016 (1)：5-11.

[23] 洪涛. 2015 年我国农产品电商发展与 2016 年展望 [J]. 商业经济研究，2016 (11)：63-66.

[24] 魏国辰. 电商企业生鲜产品物流模式创新 [J]. 中国流通经济，2015 (1)：43-50.

[25] 谢茂华. 农产品电子商务国内研究分析 [J]. 科技经济市场，2011 (1)：42-44.

[26] 毛丽佳. 生鲜农产品电商的供应链管理研究——以重庆市涪陵区为例 [J]. 市场观察，2016 (747)：126-127.

［27］向敏，陈建. 重庆农产品电子商务交易模式探索［J］. 商业时代，2014（4）：72-74.

［28］唐雅颐. 重庆市农副产品企业冷链物流现状及优化［J］. 市场观察，2016（748）：214-215.

［29］郭丹凤. 我国零售企业连锁经营存在的问题与对策分析［J］. 企业技术开发，2013，32（25）：82-84.

［30］李飞. 全渠道零售的含义、成因及对策——再论迎接中国多渠道零售革命风暴［J］. 北京工商大学学报（社会科学版），2013，28（2）：1-11.

［31］许宁. 电子商务背景下传统零售企业转型思考［J］. 商业经济研究，2016（7）：121-123.

［32］张维今，李伟，李凯. 基于我国零售业市场特征的大型零售商买方势力效应研究［J］. 中国软科学，2016（8）：175-183.

［33］祝怡文，刘志文. 外资进入重庆零售业的状况及其影响因素分析［J］. 重庆社会科学，2001（6）：22-24.

［34］黄学锦，曾德高. 外资进入与重庆零售业发展研究［J］. 江苏商论，2009（4）：45-47.

［35］洪涛，李国玉. 中国零售业结构性调整分析——2014 年中国零售业关店报告［J］. 中国流通经济，2015（3）：1-9.

［36］甄程成. 外资零售巨头在我国遭遇困境与启示［J］. 中国市场，2016（31）：116，133.

［37］王厚东. 商圈理论分析［J］. 山西财经大学学报（高等教育版），2002，S1：113.

［38］陈杜军. 重庆主城区商圈空间结构研究［D］. 重庆：重庆大学，2012.

［39］王先庆. 都市型商圈聚集的影响因素研究［J］. 中国流通经济，2010，12：30-33.

［40］王利强，王培. 零售业商圈研究［J］. 经济研究导刊，2013，36：94-95.

［41］王丹妮. 城市核心商业区的更新发展研究［D］. 重庆：重庆大学，2011.

［42］吴晓辉. 中国社区商业发展现状及对策研究［J］. 北京财贸职业学院

学报，2013（2）：12-14.

[43] 彭艳君，等. 顾客参与零售企业服务创新研究 [J]. 企业经济，2012（9）：56-59.

[44] 曾庆均. 长江上游地区商贸物流中心研究 [M]. 北京：科学出版社，2016.

[45] 鲁汉玲. 医药零售行业竞争力及服务创新研究 [J]. 商业研究，2011（8）：107-111.

[46] Pim Den Hertog. Knowledge-Intensive Business Services as Co-Producers of Innovation [EB/OL]. [2017-08-22]. https://www.researchgate.net/publication/228580007_Knowledge-Intensive_Business_Services_as_Co-Producers_of_Innovation.

[47] 刘向东，等. 中国零售企业竞争优势的构建路径——一个社会网络视角下的探索性案例 [J]. 中国流通经济，2016（8）：56-65.

[48] 王健. 中国零售业服务质量研究对比分析：2005—2010 [J]. 区域经济评论，2011（8）：16-20.

# 后记

　　本书是在重庆市商业委员会、重庆市零售商协会委托重庆工商大学研究的《重庆市"十二五"零售业蓝皮书》基础上编写而成。

　　《重庆市零售业蓝皮书（2016）》分为上下两篇。在调查研究基础上，课题组充分讨论，确定了编写大纲、基本思路和主要内容，并明确了各部分的执笔人：第一篇，第1~4章，张驰；第5章，杨荷、陈龙；第6章，陈龙、杨荷；第7章，曾庆均、曾蓼。第二篇，第1章，曾庆均；第2章，张驰；第3章、第6章、第11章，宋瑛；第4章，曾蓼、张驰；第5章，宋瑛、杨建安；第8章、第9章，王晓琪；第7章、第10章，张桂君。最后由曾庆均统稿定稿。在此，谨向同事们致以崇高敬意！

　　本书在编写过程中，得到了重庆市商业委员会（现改名为重庆市商务委员会）的热忱关怀、支持和具体指导，以及为本书提供的大量相关业务资料和统计资料；重庆市商业委员会余晓玲、张嵩健、陈晓等同志给予了我们大力帮助；在调查过程中，各区县商务局提供了必要的统计数据。特此深表感谢！

　　本书列入重庆市高等学校特色专业建设项目贸易经济专业的专著资助出版计划。

　　由于水平有限，研究中尚存诸多不足与不尽人意之处，恳请学界前辈、同仁批评指正。

曾庆均

2017 年 1 月 20 日